[illegible]先生：

[illegible]了[illegible]工作[illegible]的原因，有12天没有和您通信了。昨天从电视新闻中[illegible]台湾发生里氏7.6级大地震，伤亡人数上万[illegible]财产损失无数，心中深感[illegible]。[illegible]我们一个不可分割的[illegible]，对台湾的关心[illegible]使我们决定把[illegible]人[illegible]台湾人民，[illegible]干部[illegible]，[illegible]向[illegible]如下：

尊敬的[illegible]政府干部：

从[illegible]电视新闻中[illegible]台湾[illegible]遭遇了百年不遇之大地震，伤亡[illegible]，财产损失无数。心中深感不幸。[illegible]人员，[illegible]之心不[illegible]在我们同胞遭此悲痛之际，[illegible]台湾[illegible]同胞手足相[illegible]之情。

此致

敬礼

我们本想去信您，在八九年五月下旬熱心的人道
主義的學生們將您捐的物資送到了八九北京學生
的手上，送到了我們的手上，我們，中國學
生的英勇的努力未能推動 ~~在這個世界上最~~
~~大的國家~~ 去推翻那個這個法西斯集團，也
就是說，推翻了，並沒能把這個國家建設成一
個民主的國家！一個自由、民主的國家，一
個人道與文明的國家！

先生，您，安息吧！說心裡話吧！

我們本想在不久的將來，您會在天
堂看到我們燦爛的笑容，看到中國人
文明人真誠的笑容！

[illegible]

2005年5月[illegible]

[illegible]

[illegible]

2002年11月在郑旭光的192名学者……
大大的公开信中也呼吁当局恢复您的人身自由
和美国国会议员意……应将此作为对他的一大罪行
逮捕入狱；

后来从……鲍彤先生打过电话，后
来他曾……鲍彤先生打听过您的生活健康状况，
他成了……您的安全，遗憾的是鲍彤先生在
……一他也无法与您联系，因而也不知
您的情况。在此情况下，我……
……上花……保护您……健康了，然而……
……您在……先生带着……离开人间的……
……也带着深深的……离开了您……生活过八……
……的……离开了人间……

〈八〉

行文至此，我觉得这篇文章已经写不下去
我们心中积满了悲痛，不仅仅因为……国，
我……无法为您……的一个……悲剧，正因为这个世
人……的……
下，……之一年……的……大悲……
……没有一丝……的……，……
……人士……被一次又一次的逮捕入狱，……
……的……不可能……文……
……也不……
……的……上，……

趙常青・著

獄中日記

趙常青

「八九一代」的先鋒，肩負起為死難的同學和人民尋求公正的歷史使命，不惜付出一切代價。

歷史會證明，他們的努力不會白費，而趙常青，就是這批人中的傑出代表。

下篇　渭南監獄日記

中國民主運動
教育基金會

NOTE BOOK
NOTEBOOK

我們沒有放棄——趙常青書序（王丹）

一九八九年中國爆發民主運動，當年的青年學生提出「反腐敗，要民主」的主張，獲得廣大中國人民的支持。但是，以鄧小平，李鵬為代表的中共內部的保守勢力，不願失去獨裁的權力，不願讓中國人民享有民主自由，悍然出兵，血腥鎮壓了民主運動。作為當年那場運動的參與者之一，我經常那個被問到一個問題：八九民運的意義是什麼？對於中國的影響是什麼？這當然是一個需要長篇大論來回答的複雜的問題，但我要特別指出其中一個意義和影響，那就是「八九一代」的誕生。

廣義來說，當年還在大學就讀本科生和研究生的學生，幾乎都經歷了八九民運，他們就是「八九一代」的主體。八九一代完全可以成為一個集體概念，因為這一代人有著共同的美好回憶和共同的歷史記憶。所謂「美好回憶」，指的就是啟蒙運動之下，八十年代中國呈現出的活躍的社會和政治氣氛，八九一代都從中獲益匪淺並且吸收了大量的精神和知識養分；所謂「歷史記憶」，就是對八九民運的參與的記憶，包括激情澎湃的部分，也包括血腥結局的痛苦與悲憤。所有這一切，都構成了「八九一代」的群體特點：理想主義，激情，對國家的責任感，以及對於極權的痛恨。

八九民運雖然被鎮壓了，但「八九一代」由此成型，歷史將證明，這去黑暗中成型的一代人，也是很有可能為將來的中國帶來光明的一代人。三十年過去了，「八九一代」

中有很多人改變了想法和生活軌跡，很多人不再提起當年的事情。但是我可以很肯定地說「八九一代」中的大部分人，只是把記憶埋在心中，他們沒有忘記，也沒有放棄，他們只是等待時機。這一代人的存在，就是中國的希望。這就是八九民運的意義之一，也是八九民運將對中國的未來產生的影響之一。

在「八九一代」中，還有那麼一小部分人，堪稱是「八九一代」的先鋒。他們經歷了鎮壓之後就仍然決定在政治高壓下繼續前進。他們總覺地肩負起為死難的同學和人民尋求公正的歷史使命，他們決心繼續投入民主運動，為爭取一個光明的中國而奮鬥。為此，他們不惜付出一切代價。這批人，是「八九一代」的精銳部隊，也是付出待機最大最多的一部分，但是，歷史同樣也會證明，他們的努力不會白費，他們的堅持和奮鬥為未來的中國奠定了廢墟中重建的基礎。

趙常青，就是這批人中的傑出代表。

我無意詳細介紹趙常青，我相信有興趣的讀者可以從本書中得出自己的印象。我只是建議那些想瞭解中國的人，尤其是那些願意想像未來中國發展的人，應當看看這本書。理由很簡單：「八九一代」必將改變中國，而趙常青，就是這一代的代表人物之一。瞭解他，你是部分地瞭解中國；認識他，就是部分地認識未來中國的可能性。

二〇一八年六月四日，以海外「八九一代」為主體的一些海外華人知識分子和政治工作者，聯合成立了中國反對派的第一個智庫「對話中國」。在「對話中國」的工作中，很重要的一部分，就是為中國保留一部分歷史記憶。為此，我們計劃編輯叢書，收集我們對於中國的發展的看法和記憶。二〇一九年六月，我們的智庫叢書出版了第一本書，另一位「八九一代」的成員王超華的《從來就沒有救世主》，而本書，就是叢書的第二本。我們的工作是有價值有意義的，我們將持續出版類似的著作。這樣的努力，也希望得到外界的大力支持。

在此，我作為「對話中國」的所長，要代表智庫全體同仁，感謝作者的辛勤寫作，要感謝美國「Summer Star（夏季星辰）歷史研究基金」以及很多朋友對智庫和智庫叢書的支持。

王丹

二〇一九年十月二十四日

今入老君八卦爐——趙常青書序（蘇曉康）

從秦巴山區裡走出來一個陝西娃，在中國最發達的「盛世」，偏偏鍾煉自己成為體制的異議者，先後六次被捕，累計入獄時間超過十一年，為什麼？這些資訊含有強烈的意味，比如，出生窮鄉僻壤的娃兒如何培育政治訴求？他代表農民不再支持這個政權嗎？全民掉進錢眼兒裡的時代他怎麼熬苦刑？正是求解這些疑問，我便很樂意為趙常青的這本《獄中日記》作個短序，也令我有機會表達對這位八九後生的激賞。

趙常青說他出生在一個非常偏僻落後的村子，叫「紅藤凹」。他的家鄉山陽縣，地處商洛南部，靠近豫鄂陝三省交界，那地界雖然崇山峻嶺，但是風景如畫，也不算太閉塞，尤其那個商洛地區，所謂「秦嶺最美是商洛」，加上賈平凹的「商洛系列」，自詡「寫下千萬文字，每一部作品裡都有商洛的影子和痕跡」，而「美化家鄉」早已是「歌頌祖國」的一種雞湯了。但是，我看趙常青下筆沒有一句家鄉的讚美，這大概是他的第一塊「反骨」。

「打豬草、尋野菜、拾乾柴、挖藥燒炭基本是我放學後必須做的事情。母親對於我們兄妹的家教很嚴，絕不姑息我們在生活中所犯的過失，總是有錯必糾」、「上小學和初中時每逢寒假我總要與夥伴們在冰天雪地裡背上二三十斤木炭去縣城賣」；不僅如此，「從我上初中開始，幾乎每週回家（到縣中讀書後是每月回家一次）母親都要問我考試了沒有、考得怎麼樣？說『人往高，水往低』，不斷教育我『要爭氣、要成器』！」所以趙常青初中、縣中、陝西師大一路讀出來，實在是深受他母親的恩惠，由此「人生識字憂患始」，這個千古不易之理，照樣會映照到「紅藤凹」來，否則「秦巴山娃」趙常青大凡二十歲上下就會加入中國兩三千萬的「農民工」大軍，日後在京津滬大都市打工度日了。

然而，若非趙常青有他獨特的人生路徑，拿文憑「鯉魚跳龍門」也無濟於事。中國每年幾百萬大學生（如2017年應屆大學畢業生人數795萬），多數仍庸庸碌碌，原因很複雜，但是一言以蔽之，還是黑格爾說過的一句話最地道：「中國還是一片沒有被人類精神之光照亮的土地。在那裡，理性與自由的太陽還沒有升起，人們還沒有擺脫原始的、自然的愚昧狀態，凡是屬於精神的東西都離它很遠。」這話對孤獨渺小的個體來說，不是很無奈嗎？因而每一個人的個性、愛好、天賦，又可能創造新的機緣，那就全是運氣了。比如趙常青很喜歡閱讀，尤喜偉人之著述，如《曾文正公家書家訓》、幾種版本的林肯傳記、毛澤東《講堂錄》、甚至希特勒《我的奮鬥》，「在二十歲以前活動在我心靈舞臺上的主要大人物就是：蘇秦、張儀、諸葛亮、周恩來、毛澤東、林肯、希特勒——他們深深地影響了我的青少年時代，並因此而立志要使自己成為『周總理式的人』」，甚至他坐監了還跟曼德拉柏楊比較「太太離婚」、跟金大中比較監獄生活—— 這哪裡還是一個「紅藤凹」的娃兒？

不過，一個商洛青年「有大志」，也是很危險的事情，因為他遭遇的這個時代不好，它已經是一個「超極權」，我看到關於它成因的一種描述：「可遠追馬列意識形態殖民大陸、日寇入侵、雅爾達格局形成暨戡亂又抗戰之錯亂，最終導致四九國變，又生文革、六四等整肅殺戮，體制遭遇了前所未有的合法性危機，內外壓力幾致其解體，然其借內外綏靖與懷柔策略得以喘息平穩化解了危機——其時，王朔體電視劇吸引民眾於室內，李劉告別革命論，加袁偉時挺北洋否孫蔣觀念先行，思想史歷史學話語合謀消解革命正當性，助力維穩，此後漸進改良論盛行於世，超極權建構初始化漸成，再建構成型於互聯網大資料人工智慧技術之應用，現身於一帶一路中國方案與返祖修憲之刻。」

這描述未必準確厚道，也不過點到為止，遺漏省略的太多了，比如激進化傾向，怎能不是一個推助力，而令體制暗喜？總之大潮滾滾、風口浪尖，容不得你細思量、度分寸，趙常青竟在一九八九年走進秦城，直到二〇一五年六月走出陝西西安監獄，從二十歲坐牢，幾度進出，四十六歲方把牢獄坐完！這才是他的煉獄，盡顯他的《獄中日記》，給我印象深的，有三點：

二〇〇四年十二月二十四日平安夜，趙常青於渭南監獄，洗了一個冷水澡後，便「自我受洗成為基督徒」，以獲取一種超越性的力量，來支撐他的精神，化解獄中苦難。趙常青禱告：「主啊，我相信在你的啟示和感召下，我和我的人民必將掃除一切虛假、醜陋和罪惡的角落！我的祖國必將因為你的厚愛而獲得一個民主、自由、統一與繁榮的未來！阿門！」二〇〇九年他出獄後，外面所有的教會和牧師都不承認他是基督徒，後來只好又找牧師「補辦手續」。我見過無數的基督徒，在和平安逸中信主，大多為祈福求平安，或者一點點小的恩惠，但是我相信，這個異議分子，在暴力和欺凌中，不需要任何牧師和繁複的儀式，就自己清清爽爽的跟了基督，不是更真實、更信靠嗎？我想上天一定更樂意接納他這樣的信徒。

獄中種種非人待遇，如「燒火是二中隊最苦、最髒、最累的活，燒一爐管件從準備工作拉煤開始到結束，需要連續奮戰四十個小時，真是好累呀」、「尤其是拉架子車上坡真是太累了」、被列為「頑危犯」、多次關入禁閉室等等，趙常青特別形容的恐怖「馬桶文化」，「最不文明、最不雅觀的是大便」、「戴著手銬，解完手後便遇到了一個難題」……等等，不堪卒讀，而且苦刑漫長，對身體、心智、精神的摧折，都是正常人不堪負荷的。中國良心犯被迫害而身染重病、心情憂鬱者眾多，最著名的就是女律師曹順利，二〇一三年九月十四日被綁架，此後失蹤、刑拘，在朝陽看守所遭到殘酷迫害，她本患有雙肺結核、肝腹水、子宮肌瘤及囊腫等多種疾病，健康急劇惡化之下，當局仍拒絕予以就醫治療，以至她昏迷後送急救中心，最後死於重症監護室。此案顯示良心犯在中國制度下所面臨的可怕精神和性命代價。

第三點最出人意料的，是《致若蘭書信》，有九封之多，加上幾次夢境，構成趙常青的獄中煎熬，也是他自己所說的「獄內生活的感性內涵」、「對女友的愛情、思念和嚮往」、「內心情感活動」、「我甚至在獄內創作了我的唯一一部愛情小說《最隆重的讚美》以及書信體自傳《致遠方的洛梅》，還有幾十首婉約體詩詞」——他其實虛構了一個情感依託、宣洩的物件，其心理學的意義之大，對一個受刑人來說，無論怎麼高估都不過分，我不知道趙常青意識到沒有？在此，「若蘭」、「洛梅」是誰，根本不重要。可是他卻覺得「是錯誤的——甚至錯誤到荒謬的程度」——對此我有點驚訝，其實正是這些對於異性、愛甚至性的思念、纏綿、掙扎、煎熬，才是人性和本能中的精粹，跟一個人對超越的神的嚮往一樣，是苦難和淩辱中得以精神補給、充電、慰藉的源泉，是比神性還要真實的人性，所幸趙常青有這樣的本能，否則他渡卻這場煉獄要支付的代價將高得多。

他在完成這部《獄中日記》的時候，引用劉曉波的話做題記，說明他已經獲得昇華：「在獄中保持尊嚴和激情，既不能把苦難加以浪漫化，也不能誇大個人所遭遇的苦難。面對危險或死亡的從容是無法偽裝的，你是什麼就是什麼，恐懼及其懦弱無法偽裝，勇敢及其堅強更無法偽裝。」

最後我還想說一點批評。一個良心犯留下的文本，其中充斥著不克制的「國家話語」，我讀來很不舒服，這或許也顯示了一個有思想史含義的面向，即八九一代及其影響下的許多世代，基本上還掙脫不了「民族主義」精神桎梏。

趙常青寫到台海危機的思考，居然稱「如果李登輝明確宣佈臺灣獨立，那麼作為一個反對分裂、主張祖國統一的中國公民，我將堅決支持中央政府對台獨勢力進行迅速有效的武力平叛」。他雖然一再聲明「不贊成武力統一」，但是那只是一個蒼白的態度，在他的觀念裡，「國家」價值壓倒一切，是沒有通融餘地的，這在他看電影《國歌》，「好幾次感動得流下青春的熱淚」，並且「對於我們來說，不僅要通過奮鬥來實現祖國大陸的民主變革事業，而且將通過由奮鬥得來的大陸民主體制去努力完成中華民族的最後統一」，已經做了再清楚不過的宣示。另外，他也說「朱鎔基關於臺灣問題的答記者問我基本上同意，那就是一個中國的立場和原則不能有絲毫馬虎……」。

趙常青是一個極有「政治自覺」的八九青年，然而這恰恰最容易將他們引入一個未被解構的意識形態牢籠之中，那就是中國從近代以來的恥辱歷史中建構起來的、極為強大的「國家話語」，而今天的這個專制，又非常善於將民族的舊時之痛，用於為他們的黨派利益服務，無論是在意識形態上，還是在修辭、情感上，大家都知道的中共利用「抗日戰爭」的伎倆，乃是最為典型的一例，中國的國歌就是一個標本，然而絕大多數青年，反體制的異議分子也不例外，一看「抗戰神劇」還會熱血沸騰、智商下降，就是這個道理。這並不是一個政治、理論、概念的問題，也不能靠讀林肯曼德拉來解決。對抗「國家」話語的建構，須始自個體（individual）的建樹，甚至在思維、話語上自覺拒絕整體主義、民族和國家的傾向，都是起點。

讓我以趙常青隨口吟成的《卅年人生感懷》中的一句「今入老君八卦爐，再煉金睛與赤膽」做題，祝福他煉成大情懷。

NO.
DATE

囚中吟清明

清明时节雨纷纷，
天阴丝丝透心冰，
远离心许愁心许；
乘母陵前祭神树？

00.4.4.

今天，又是清明节了。

我从96年腊月将母亲安葬于故乡的山坡下后，从97年正月初十去到母亲陵前烧上一炉香后，至今都已有三年时间未回故乡了，想来坟上该长满了杂草吧。前天晚上在梦中梦到故乡与母亲他们团圆了，谁知醒来却只一梦，后来我又想，也已有可能明年出狱后给母亲扫墓了。我的心中真[illegible]门！母亲保佑吧！

00.4.4.

自序：你是什麼就是什麼（趙常青）

「對一個國家來說，擁有一個講真話的作家就等於有了另外一個政府」

——索忍尼辛

「在獄中保持尊嚴和激情，既不能把苦難加以浪漫化，也不能誇大個人所遭遇的苦難。面對危險或死亡的從容是無法偽裝的，你是什麼就是什麼，恐懼及其懦弱無法偽裝，勇敢及其堅強更無法偽裝。」

——劉曉波

我從上高中開始就有斷斷續續寫日記的習慣，這種習慣一直延續到我的大學時代直到一九九八年元月我因競選人民代表被漢中市國家安全局逮捕前。在那次逮捕中，我的幾十本日記也被警方抄沒，但是我並沒有因此放棄以日記方式記錄生活的習慣。

一九九八年七月我被陝西省漢中市中級法院以「煽動顛覆國家政權罪」判處有期徒刑三年並剝奪政治權利一年，根據獨立中文筆會張裕先生的統計，我是第一個被中共當局「授予」「煽顛」殊榮的。考慮到王丹、胡石根等國內良心人士被判刑上訴後都被上級法院維持原判，我乾脆拒絕上訴，最後被警方送進漢中監獄服刑。二〇〇一年二月刑滿釋放後，我到西安邊打工邊繼續從事民主人權活動，結果在二〇〇二年十一月再次被警方逮捕，二〇〇三年七月我被西安中級法院以同樣罪名判處有期徒刑五年，剝奪政治權利三年，後送入渭南監獄服刑。

在漢中監獄和渭南監獄服刑的數年生活中，我斷斷續續的記有十七、八萬字的獄內日記，非常幸運的是這些獄內日記我都想辦法帶出來了。前不久，我將這些日記請王丹看了，並徵詢他「有無出版的價值」，王丹回信說：「你發來的日記我看了，深受感動，也覺得有出版價值。」並表示願意幫我出版，囑我寫一篇有關獄中日記的導讀性文字。現在，我就來談談與這些獄中日記有關的必須向讀者朋友說明的一些問題。

一、是獄中日記還是獄中文集？

就我瞭解的一些獄中作品而言，絕大部分都是獄中文集、坐牢回憶錄及獄內書信彙編。如著名的朋霍費爾的《獄中書簡》收錄的就是作者在法西斯集中營期間寫給親友的信箚、禱文和詩歌等等；哈威爾的《獄中書簡：致親愛的奧爾嘉》也是作者在服刑期間寫給愛妻的書信集；《古拉格群島》則是索忍尼辛結束集中營生活後對蘇聯共產主義勞改營生活的「事後」加工；桐城派文學大家方苞筆下的《獄中雜記》是作者被康熙赦免後對「刑部大獄」生活的回憶性文字；真正的獄中日記好像只見過陳水扁的——陳水扁曾經在一九八六年入獄服刑八個月，他也在獄中記有日記，他當選總統後臺北總統府還展示過他的獄中日記手稿，但手稿只有區區五頁，我還弄不清楚陳水扁的獄中日記是自己帶出監獄的還是獄方沒收了他的日記保存到臺灣民主化後歸還給他的，但從展出內容看，毫無疑問是「日記體」文字，而不是獄中書信集或獄中作品集；當然王丹的《獄中回憶錄》雖然是他對第一次被捕判刑及秦城監獄生活的回憶，但非常難得的是該書收錄了他在獄中「以手紙卷成的圓珠筆寫下的一行行詩句」。

我的這部《獄中日記》則是非常真實的在漢中監獄和渭南監獄服刑期間的「日記」，儘管書中也收錄了九篇寫給當年女友的書信，但書中的所有文字都是日記體裁的，那九篇涉及愛情的書信也是我發信前抄錄到獄中日記本的。當然細心的讀者會發現我的《獄中日記》竟然有「目錄」，而且似乎每篇日記都有題目，這當然不符合日記的形體，會不會是偽造的？答案當然是否定的。之所以對一部分篇幅相對較長或相對重要的日記編列了目錄，是為了方便讀者朋友的閱讀興趣。除了個別篇目如《三十年人生散記》、《我想說——就管事犯的刁難致中隊幹部的一封信》、《第四次禁閉及其激動人心的收穫》等是原日記舊有的標題外，其他絕大部分標題都是為方便讀者朋友閱讀查找而添加的，原日記是沒有這些標題的。不過，並不是每一篇日記都擬有標題的，有一些日記並沒有增加標題。

我在獄中的文字除了日記外，還有將近三十多萬字的寫作，包括文學性寫作如《致遠方的洛梅》（十三萬字）、《最隆重的讚美》（五萬字）以及二十多萬字的政論性寫作如《馬克思國家社會理論的誤區》、《共產主義政體下的中國農民問題》、《中國共產主義政體下的歷史悲劇和現實悲劇》等等都沒有收錄到這本《獄中日記》中，如果將來具備條件的話，可以將這些文字作為《獄中文集》出版，當然有些理論性思考或政論性文字如《馬克思主義的思想陷阱》、《關於集體自由及其異化的問題》、《關於民主的黃金法則》等獄內文章已經在一些海外刊物零星發表，但它們都不屬於「日記」體裁——在這本書中，只以真正的監獄日記為本色。

二，為什麼我的《獄中日記》是斷斷續續的？

歷史上的有名日記很多，如《蔣介石日記》、《魯迅日記》、《胡適日記》、《吳宓日記》都是洋洋灑灑數十萬字甚至數百萬字不等，就連李鵬記錄自己從一九八九年四月一五日到六月二四日共七一天政治犯罪的《六四日記》也出了一本大書。為什麼？因為這些日記的主人在進行日記記錄的時候內心並沒有恐懼，更不會擔心自己的日記會隨時被國家利維坦吞噬，因此大都具有連續性和完整性的特徵。但坐過牢的人都知道所有的監獄都是有監控制度的，尤其在極權主義國家，監獄對政治犯和良心犯有著各種各樣的限制。如哈威爾在《獄中書簡——致親愛的奧爾嘉》中就寫道：「在獄中我們被嚴格禁止寫任何東西，但寫家書卻是我們的合法權利」、「極度缺乏空間、時間和集中精力寫信的機會」——這是一點也不假的，有禁止、有限制就有懲罰，有懲罰就會有恐懼，我想沒有人喜歡懲罰和恐懼的。當羅斯福一九四一年在國情咨文中提出人類應該享受「免於恐懼的自由」時，這個目標是多麼的偉大和神聖。但這個目標直到今天對於中國人還是一個目標，對於中國監獄的服刑人員來說就更是一個目標。正因為監獄有著各種各樣的限制和懲罰，所以持不同政見者在獄內的寫作總是具有很大的風險，弄不好會因為獄內寫作而招致種種麻煩和危險，林昭當年就是因為獄內日記和寫作而被酷刑虐待乃至於被不斷加刑並最後處死的。也正因為這份恐懼，加上同時分擔的獄內勞動（曼德拉、哈威爾、索忍尼辛等等都要承擔獄內勞動的）占去太多的時間，真正的獄內日記才會是鳳毛麟角、少之又少。而我七、八年的獄內日記之所以斷斷續續、之所以不到二十萬字，一個主要原因正是因為來自獄內的各種擔心和恐懼，因為這種擔心和恐懼，所以儘量避免各種風險，能記就記、感覺不能記就乾脆放棄了。我前後被關押的看守所和監獄有十六個，僅監獄就包括秦城監獄、漢中監獄、西安監獄、崔家溝監獄、渭南監獄、北京天河監獄，其中西安監獄還被先後送進去兩次，卻只有漢中監獄和渭南監獄留有斷斷續續的日記和其他作品，而其他監獄的生活都沒有留下文字記錄，原因正在於種種的顧慮和恐懼，在於種種的條件制約。

三，我的《獄中日記》是怎樣帶出監獄的？

既然中國監獄有著各種各樣的監管制度，我在漢中監獄和渭南監獄的日記及其他作品為什麼能夠存在並帶出監獄？這當然是一個很有分量的問題，答案如下：

在毛澤東的絕對專制主義時代，因言獲罪是一個普遍的社會政治現象，有著太多的國家公民因為言論和寫作而入獄甚至被送上刑場。改革開放後，儘管還有很多人因為同樣的原因而入獄，但類似於毛澤東時代的那種無處可逃的絕對言論控制還是鬆綁了許多（習某上臺後又開始加速倒退）。在監獄裡，儘管持不同政見者仍然受到最大限度的束縛和限制，但截至目前還沒有聽說某某因獄內寫作而被加刑的情況。也因此，有很多良心人士入獄後都會努力在監獄利用時間寫點東西，有些勤奮的師友甚至在監獄裡能寫出上百萬字的東西，如秦永敏因為組建中國民主黨在九八年被武漢當局判刑十二年，服刑期間就寫出了數百萬字的作品，我相信秦先生平時在獄中寫作的時候，監獄當局是多多少少瞭解這個情況的，但這個時代的監獄員警和大多數員警一樣，考慮最多的還是怎樣撈錢，思想改造和政治改造早已經讓位於勞動改造，多勞動、多出產品並最終多撈鈔票才是他們最關心的事情，靠截獲政治犯的文字產品而升官發財的空間很小很小。不能升官發財，就不會有主動作惡的心理動因，因此，當代政治犯在監獄裡有一定的寫作空間，當然這並不能構成監獄員警對政治犯的獄內寫作睜一隻眼閉一隻眼的根本原因。根本原因在於所有服刑人員出獄時都要接受檢查，尤其是政治犯在刑滿釋放的時候，都要接受極為嚴格的出獄搜身程式，隨身攜帶的所有文字記錄筆記本之類的東西都會被當場沒收。舉一個例子，二〇一〇年十一月二九日秦永敏在漢陽監獄服刑期滿出獄時就遭到野蠻的搜身檢查，他在接受自由亞洲電臺的電話採訪時說：「我今天早晨五點鐘被漢陽監獄的武警和特警綁架，將我的一兩千萬字的文稿，十二年的心血，十幾部著作，全部沒收了⋯⋯」這是用不著奇怪的，從一九八九年到二〇一六年我先後六次被捕，我每次走出監獄或看守所的時候也會接受嚴格的搜身檢查，如二〇〇七年十一月二七日我從渭南監獄出獄前，三個監獄員警讓我帶著所有的東西進入到一個封閉的房間進行檢查，這些幹部不僅搜查了我的所有行李物品，而且讓我當場脫光，包括襪子、內褲都要脫下，然後他們一件一件的進行捏摸擠壓，直到他們認為我確實沒有帶出任何違禁品才放心的讓我走出監獄大門，而我當時在事實上也的確沒有攜帶任何可能是違禁品的東西。正是因為這最後一道嚴格的搜身檢查程式，才使得他們不是特別擔心政治犯在獄內的寫作，寫得再多，通過這最後一道搜身程式，你所有的獄內心血都會瞬間清零⋯⋯

那麼我在兩個監獄的日記等作品又是怎樣帶出來的呢？

我當然知道自己的獄內作品是無法直接帶出監獄的，幸運的是，我在漢中監獄服刑時，結識了一位能量極大的獄友，這位獄友對於我也有一種特別的尊重。通過多次私下交流，我們之間建立起了充分的信任。他多次表示可以幫助我將我的獄內作品帶出去，於是，出獄前我將自己在漢中監獄的日記本和其他獄內作品全部託付給他，請他幫忙帶出去。結果，我出獄後真的從他指定的地方拿到了我的全部獄內作品包括獄中日記。至於這位獄友是誰？現在情況怎麼樣？我在這裡還不方便說，免得給他增添額外的麻煩。

我後來在渭南監獄服刑期間，同樣知道自己是無法直接帶出獄內作品的，於是和在漢中監獄一樣，努力去發現能夠幫我運出監獄作品的獄友，感謝上帝，我再次發現了這樣一位神通廣大的朋友——這樣，我在渭南監獄的文字作品也非常僥倖的帶出來了。

四，我的《獄中日記》究竟記錄了些什麼？

從理論上講，所有日記都不應該設定記錄的內容，日記是沒有邊界的。我的獄中日記也一樣，幾乎什麼內容都有，大至國際政治、小至個人夢境，寫實和務虛都有，但大體仍可以區別為以下幾類：

其一，時評類。

對於從電視和報紙中看到的重大政治經濟文化類事件進行自己的評論，如《薩達姆被捕了》、《悲悼紫陽先生》、《觀朱鎔基答記者問有關臺灣問題的思考》、《觀看電影〈國歌〉後的隨想》、《幹部認為我捐款給臺灣地震災區是「不合適的」》等等就屬於這類日記。

其二，與監獄員警和制度的衝突。

對於我來說這是無法避免的，我前後六次被捕三次判刑，從來沒有一次認錯認罪的。二〇〇二年在西安中級法院一位辯護律師因為扛不住司法部門的巨大壓力，在法庭上給我做無罪辯護的同時卻說我的言行「在政治上是錯誤的」，逼得我不得不當庭解除他的辯護。

也因為這種政治上的不妥協，使得我在每個監獄都要和政府幹部發生比較尖銳的矛盾和衝突，對於這種矛盾和衝突我進行了某些日記記錄，如：《我和杜監獄長的一次衝突和感想》、《明確向幹部表示：「不使用報告詞」》、《我被列為「頑危犯」》等都真實的記錄了這類衝突。

其三，獄內抗爭。

監獄是國家刑罰執行機關，每個監獄都把每一個送進來的服刑人員看作是有罪的，所有因信仰和政治問題被關進來的國家公民也概莫能外。我進到每一個監獄，管理幹部都會把我按罪犯對待，這當然是巨大的屈辱和侮辱，因此我會為自己設定一些底線，過了這些底線，我就會進行一些有限抗爭。對於這些抗爭以及我所受到的相應處理我也會在日記中做些記錄，如《因看望范寶琳第二次被關禁閉》、《拒絕全天勞動》、《消極怠工，每週上交一個草墊》、《第四次禁閉及其激動人心的收穫》都比較詳細的記錄了我的多次獄內抗爭的事情。

其四，和犯群的關係。

這裡面包括與管事犯的關係以及一些普通服刑人員的關係，如《就管事犯的刁難致中隊幹部的一封信》、《與法輪功監護人員打架》、《管事犯為什麼能夠打人》以及《「唯如此，我才相信那偉大的上帝不會責怪我」》等就記錄了我和犯群的關係。

其五，獄內生活與勞動環境的記錄。

中國監獄由於其封閉性管理，社會人員包括服刑人員家屬都很難真切的瞭解到服刑人員在獄內的生活，如服刑人員在監獄的居住環境、勞動狀況以及日常生活情況等，因此絕大部分國人對監獄生活是陌生的，儘管我在獄中日記裡的相關篇幅並不多，但還是會有一些文字大致的記錄了獄內生活情形，如：《二中隊最苦、最髒、最累的活》、《我的第一次禁閉室生活》、《我和金大中先生獄中生活的比較》、《我初步學會了兩種樂器》等等篇目就屬於監獄生活環境的紀實。

其六，親友的關懷。

毫無疑問，每一個服刑人員的入獄首先成為自己家庭和親人的拖累。無論看守所還是監獄，裡面的生活都是非常艱苦的，要克服這種惡劣的環境除了服刑人員必須有強大的心理意志外，還必須有來自親友的關懷和幫助，在漢中監獄和渭南監獄服刑期間，我還沒有成家，因此，我的妹妹和哥哥作為我困難時期最主要的幫助者我在日記中做了記錄，如《感謝兄妹對我多次牢獄生活的關心》、《妹妹的一封來信》、《在漢中監獄的花費清單》等等。此外，一些朋友的關心和人道說明我也做了記錄，如《友人的關心》、《來自美國的明信片》等等。

其七，有關理想與抱負方面的自我激勵和期勉。

中國監獄是一個非常惡劣和險酷的環境，來自政府和牢頭獄霸的各種虐待和迫害會隨時降臨到自己頭上，在這種時候就需要強大的精神力量來支撐自己和勸勉自己，而尋求民主政治的理想因為符合人類正義、符合國家前進的方向就有了強大的道德召喚力，這種「精神勝利」就會極大的減輕現實苦難所帶來的創傷和疼痛，如果在通向理想的征程上再賦予自己某種清晰的或朦朧的角色暗示和期許，無疑，會激勵著自己穿越牢獄生活的黑暗並勇敢的走向前方。《我的旗幟和奮鬥》、《我的奮鬥》、《努力吧，永不放棄》等等都是這種精神期勉和自我激勵的獄內寫照，儘管有些話語在今天看來是不合適的，但並不妨礙讀者朋友理解我寫日記時的真實心靈活動。

其八，關於獄內信仰生活的記錄。

早在大學時代我就閱讀了新約聖經，耶穌的博愛主義哲學對我產生了深厚的思想影響，在某種意義上我認為自己所尋求的民主事業正是耶穌基督所高揚的博愛主義事業。而歐美基督教世界在政治經濟和文化上的先進與發達又在現實層面夯實了基督信仰的根基，因此，我在日記中多次記錄了自己對於基督上帝的信仰以及與此有關的祈禱和救恩，如《自我受洗成為基督徒》、《為「六四」死難者祈禱》、《主啊，為這新一代的中國青年賜福》等等。尤其《第四次禁閉及其激動人心的收穫》裡面詳細的記錄了在我人生的危機時刻，上帝對我救恩的美好見證，這些日記記錄我相信主內弟兄姐妹是非常感興趣的。當然這種獄內信仰活動也有出現偏差的時候，如我在日記中曾多次就個人感情問題利用抽籤形式向上帝尋求答案，這當然是錯誤的，通過這種形式得到的答案也常常是靠不住的，正如高智晟在《二〇一七，起來中國》一書中所記錄的「全黨歲九六」、「四九六八」等神啟資訊也是靠不住的一樣。但特殊時空下因殘酷環境高壓而產生的這些心靈異象不可按一般邏輯去理解，無論我、高智晟或者其他什麼人的類似獄內活動對於當事人而言都是有著積極意義的，這種積極意義有兩個方面，其一，幫助自己穿越艱難的獄內歲月；其二，在心靈宇宙幫助自己建立起強大的「天人合一」同盟，祈禱或暗示一種超自然的神秘力量來幫助自己完成政治理想和社會理想的跨越和征服。這在古今中外的歷史上都是由先例可循的，當然，做這些事的時候必須十分謹慎，一不小心，就會跌入非常危險的精神致幻陷阱。我在獄中日記裡的類似言行記錄在今天看來也只具有獄內精神生活記錄的意義，讀者朋友不可有額外的理解或誤解。

其九，性壓抑、性幻想與意志修煉。

這方面的日記記錄似乎難登大雅之堂，但既然是日記就不必凡事高大上。畢竟性懲罰是國家對服刑人員的殘酷懲罰之一，無論普通服刑人員還是良心人士，對於性生活都有著同樣的需求。但監獄畢竟是一個性壓迫的地方，如何處理與「性」相關的問題是所有服刑人員都必須修煉的功課。記得印度聖雄甘地曾經說：「在我看來，克服微妙的情欲比用武力征服世界要難得多。我自從回到印度以後，總感到情欲一直在我的內心裡潛伏著，這一種感覺使我感到慚愧」，我認為甘地的相關表述是一份真實的心靈自白，因為這份真實的心靈獨白，甘地贏得了歷史的敬意。那麼我在監獄日記中又是如何記錄這方面的資訊的，有興趣的讀者朋友可以看看《有關「夢遺」的獄內記錄》、《婉拒「洋娃娃」》、《竟然將〈春閨秘史〉看了兩遍》等篇目。我希望的是，一些相關資訊讀者朋友不要僅僅當作獵奇，我希望的是在進行我的《獄中日記》閱讀的時候，如果讀者朋友能夠設身處地的做一些換位思考，我會非常高興、非常感謝的……

其十，有關愛情與情感生活的記錄。

歌德曾經借浮士德之口說：「永恆之女性，引領我們飛升。」這個邏輯並不是先驗的，而是由其刻骨銘心的情感生活體驗來做強大的事實支撐的。對於許多成年男女來說，可能都曾經歷過情感天空的惆悵或歎息。我也一樣，在我四十二歲與劉曉冬女士結婚前，有兩位美麗的女性曾經對我的青春時代構成重大影響，一位是我在漢中八一三廠工作期間相處三年的戀人「王若蘭」，一位是我大學時代的女同學「洛梅」（這兩個名字都是日記中使用的化名，真實姓名不是這樣的——作者注）。在漢中監獄和渭南監獄服刑期間，我曾多次在獄內日記中談到我對這兩位女性的愛情、思念和嚮往，因為這種內心情感活動我甚至在獄內創作了我的唯一一部愛情小說《最隆重的讚美》以及書信體自傳《致遠方的洛梅》，我還因為這類獄內相思寫作了幾十首婉約體詩詞。這些因愛情而產生的文學活動無疑增加了我獄內生活的感性內涵，這當然是有價值的。不過我關於情感問題的某些記錄和想法卻是錯誤的——甚至錯誤到荒謬的程度，但既然是獄中日記，也是我在特殊歲月性靈活動的真實剪影，無論今天看來多麼淒美或者多麼荒誕不經，我都不想遮掩自己苦難歲月的情感掙扎和幻想，是非曲直，由讀者朋友自己去感受鑒別吧。

就獄中日記的內容而言，大體上主要包括上述十個方面，當然還參雜著其他一些雜七雜八的東西，這裡就不一一區分了。不過，所有的日記都只具有「當時當地」的意義，隨著時空的變化，隨著某些外在情況的扭曲變形，一些原來在日記中表述的判斷和結論顯然不具有恆久真理性。我的《獄中日記》同樣跳不出這樣的有限性和相對性。從今天的眼光來看，我的獄內日記會有一些需要特別「消毒」的地方，我不妨也在這裡囉嗦一二。譬如說，我在漢中監獄日記中記有一篇張也等人去漢中演出的事情，因為憎惡江澤民，所以對以嚎叫《走進新時代》而聞名的張也便表示出強烈的憎惡，我在一九九九年十月二十的日記中寫道：「我對歌星們從來沒有好的感覺，有一部分例外，如崔健、毛阿敏、騰格爾、李娜、彭麗媛等，我從來沒有追過星，尤其對董文華、張也之類的歌壇政客惡而遠之。如張也唱的《走進新時代》從詞作者、曲作者到唱者本人全部讓人倒胃口，太可惡了。」在這裡我提到了彭麗媛，並對她表示了某種好感。這是當時的真實心理，因為彭麗媛在民族聲樂專業方面還是很有造詣的，她曾經首唱或演唱的一些歌曲如《在希望的田野上》、《我愛你，塞北的雪》、《珠穆朗瑪》等歌曲我還是非常喜歡的，但這種心理美感發展到二〇〇三年便發生了顛覆性變化——二〇〇三年春節晚會我在西安市公安局看守所性質的安康醫院治病時看到彭麗媛演唱的《江山》，裡面有關「打天下坐江山」的歌詞讓我立即對這位主旋律歌手發生了心理層面的一百八十度翻轉，從此，她永遠地失去了在我心靈舞臺上的高貴身影。又如在二〇〇三年十二月十〇日的獄內日記談到中國人權的某些進步時我寫到：「與奉行絕對專制的毛澤東時代相比，改革開放時代的中國人權狀況還是有所進步的，譬如說人們不用擔心因收聽了VOA或BBC而會遭到政治員警的逮捕，也不用擔心自由戀愛會受到國家的干涉和破壞，婦女、兒童也受到國家的特別保護，民間也可以大量流傳對黨政要人的議論和批評（口頭），甚至對發生在最高層的緋聞也會被民間編造成肆無忌憚的笑話（如流傳最廣的江某某與「三英」的段子），人們不會因為這種議論而被追究和逮捕，冤假錯案也可以得到國家賠償，國家實行九年制義務教育等等。」從我二〇〇三年十二月十日記日記的時代大環境來說，這段文字問題並不大，但從習某上臺後這六七年時間中國人權的嚴重倒退觀察，日記中的結論顯然是存在問題的，如江澤民確實沒有因為「三英」問題抓過人，但習近平卻因為「夢雪」等六個情人問題前往香港銅鑼灣越境抓人，更不用說一些民間人士會因為在微信中使用「習包子」或者使用VPN翻牆上推而受到行政拘留甚至刑事拘留，從這些不斷湧現的案例看，中國人權狀況的惡化已經距離罪惡累累的毛澤東時代不遠了。但我不會因為後來發生的諸多變化就去篡改當年的獄內日記，我覺得像雷鋒那樣去刻意杜撰日記是非常可笑的——日記是需要講真話的，不僅索忍尼辛曾經說過：「一句真話比整個世界的分量還重」，而且耶穌基督也教導門徒說：「你們的話，是就說是，不是就說不是；若再多說，就是出於那惡者。」

另外，需要說明的一個情況是在我正式生活過的六七個監獄裡，秦城監獄、漢中監獄、北京天河監獄都是相對比較「好」、比較規範的監獄，渭南監獄雖然關了我四次禁閉，但基本上也是比較規範的管理，幹部很少使用暴力或者縱容牢頭獄霸使用暴力對服刑人員進行毆打，我在這些監獄受到的直接人身傷害也比較少。我待過的非常黑暗的監獄是崔家溝監獄（二〇〇三年九、十月分）和西安監獄（二〇一五年六月、十月），尤其是西安監獄，服刑人員一天幹活時間普遍十四到十六個小時，中午吃飯半個小時、晚上吃飯半個小時，當天勞動任務完不成的必須加班，很多服刑人員不得不加班到深夜兩點才能回宿舍休息，睡眠四五個小時後又得起床開始第二天的勞動改造——連司法部規定的服刑人員必須收看晚七點新聞聯播的規定都被剝奪。在西安監獄，幹部為了完成監獄下達的利潤指標，直接使用牢頭獄霸進行管理，這些牢頭獄霸對於不聽話或者完不成任務的服刑人員，進行肆無忌憚的毆打，而且牢頭一旦動手，手下的一群打手就會像瘋狗惡狼一樣撲上去進行群毆，而幹部對於這種毆打熟視無睹，只要打不出人命、打不死人，所有的牢頭獄霸都不會受到半點處分。如果說在漢中監獄、渭南監獄和北京天河監獄我或多或少地還看到了一部分來自政府和員警主持的國家正義的話，在西安監獄我看到的則全然是國家正義被員警和牢頭獄霸們合力踐踏的魔鬼的影子！

正因此，我在渭南監獄和漢中監獄的日記裡都有不同的篇幅對監獄員警的工作表示了肯定，如在二〇〇〇年五月十一日的漢中監獄日記裡我寫道：「回想起來，儘管我覺得在某些方面中隊幹部對我的要求有些過分苛刻，但在另外一些事情上則對我是關心和照顧的。比如說，才入監時，十分監區李指導員給我找些相關文章閱讀，小王幹事為我配眼鏡，九九年元月下隊後，張幹事為我買達克寧治療腳氣，劉指導員在春節聯歡會上特意讓我這個新下隊的『大學生』講幾句話以示另眼相待，穆宏慧隊長數次叮嚀我在生產上要注意安全，張幹事給我取報紙、訂報紙等等。」二〇〇四年五月二十八日我在渭南監獄寫給幹部的啟蒙信裡也提道：「在我所去過的五六所監獄裡，渭南監獄的幹部管理就其規範化和文明程度而言是僅次於北京的秦城監獄的。」這樣的日記記錄也許會受到一些讀者朋友的批評，認為我在這裡對中國政府（監獄當局）進行了「美化」，但我想說的是這些日記記錄都是很真實的，我不會因為習近平時代的重大人權倒退就連曾經經歷的某些人權進步也統統抹殺。而且劉曉波在《獄中重讀〈獄中書簡〉》一文中也明確說過：「在獄中保持尊嚴和激情，既不能把苦難加以浪漫化，也不能誇大個人所遭遇的苦難。面對危險或死亡的從容是無法偽裝的，你是什麼就是什麼，恐懼及其懦弱無法偽裝，勇敢及其堅強更無法偽裝。」正是本著實事求是的態度，劉曉波在《我沒有敵人》的法庭辯護詞中才會對中國人權的某些進步、對北京第一看守所的某些「人性化管理」措施進行了正面肯定，雖然這種肯定被部分人士批評為「美化粉飾政權」，但我還是要重申「在獄中保持尊嚴和激情，既不能把苦難加以浪漫化，也不能誇大個人所遭遇的苦難……你是什麼就是什麼」的曉波法則是正確的，記住索忍尼辛的另外一句名言：「對一個國家而言，擁有一個講真話的作家就等於有了另外一個政府。」

需要補充說明的是，因為恐懼，擔心日記被幹部沒收而招致風險和麻煩，原日記有部分內容在服刑期間就被染成墨疙瘩甚至有些頁碼被直接撕掉了，這很遺憾，這份遺憾是無法彌補的。我能夠保證的是這些日記被帶出監獄後，無論裡面有多少內容在現在看來不合時宜或荒誕不經，我都原文照錄，畢竟這些零碎的文字斷片忠實的記錄了一位元共產主義國家囚徒在獄中的思想和生活狀況。正如王丹談到自己的獄中詩文所說的那樣：「我並不認為自己的作品從藝術水準上講可以成集，但從歷史的角度看，它仍是彌足珍貴的，因為它從一個側面表現了一個青年學生在特殊的經歷及環境下的那種特殊心情。從中我們不難看出，歷史是如何以自己的波瀾起伏鍛造一個普通人的靈魂的。」

當然，儘管漢中監獄和渭南監獄都是我待過的相對規範的重刑犯監獄，儘管我在日記中的文字記錄都是比較溫和的，但讀者朋友也一定可以從我在監獄裡的勞動、生活、抗爭及多次被嚴管禁閉的實際情形觀察出監獄對我的各種虐待和迫害的，窺斑見豹，也可以從我的遭遇看到十多年前中國人權狀況的真實縮影。在北京政權對各界民主人士、維權人士及宗教信仰人士進行越來越嚴重的人權迫害的今天，我希望我的獄中日記能夠引起海內外各界良知力量的注意，讓我們共同努力，早日結束北京政權的極權主義統治，早日促成民主中國、法治中國與憲政中國的到來。

趙常青

二〇一九年八月二十六日於舊金山

勿忘六四 展望未來
八九民運三十週年紀念研討會

（上篇）漢中監獄日記

（一九九九年十月五日——二〇〇一年二月二十三日）

作者注：一九九七年底我在陝西漢中八一三廠工作期間曾以獨立競選人身分參加了南鄭縣第十三屆人民代表的競選，在競選初期當局竟然下發檔規定「人民代表初步候選人必須是中共黨員、廠級領導」，我對這一非法規定進行了公開揭露，漢中市國家安全局有關負責人便在八一三廠中高層幹部會議上指責我具有「八九六四背景」，是「打著合法性旗號公開與共產黨進行較量」。即便壓力山大，我依然堅持競選，最後安全局公開出面以所謂涉嫌「煽動顛覆國家政權」的名義對我進行了逮捕。一九九八年七月漢中市中級法院通過秘密審判的方式以「煽顛」罪判處我有期徒刑三年，附加剝奪政治權利一年。同年九月底我被送到陝西省第三監獄（漢中監獄）服刑。在服刑期間我斷斷續續的記有一些日記，現將這些日記以及我在獄內的部分書信公開，供關心中國政治犯在獄內生活狀況的各界人士參考。

致若蘭的第一封書信（一九九八年十月五日）

有花名勿忘我
開滿藍色花朵，
願你佩戴於心，
常思念我……

——題記

若蘭：你好！

大半年未曾見面了，你，過得怎麼樣？還好嗎？我於九月三〇日被送來省三監服刑，現寫信告訴你如下幾件事：

一，我被中院判刑三年，二〇〇一年三月十五日出獄。

二，按規定，我現在可以給你寫信了。

三，我愛你，深情地愛著你。

四，我衷心的希望你能等我幾年，我希望你能做我的妻子，做我的愛人，做我百年人生行程中的忠實伴侶。

五，如果你覺得我做你的愛人已經不合適的話，我將尊重你的選擇。並願意將我的所有圖書做為新婚禮物贈送給你，我相信並祝願你擁有一個幸福的小家庭。

六，如果前述第四點能成為事實的話，請給我來信。同時我建議你：一，學好英語；二，寫點散文、美文並嘗試著投稿，要相信你有這方面的天賦，別浪費了。

七，如果前述第五點成為事實的話，我會在這裡為你祈禱、為你祝福的。若蘭，還記得九六年十月你的生日時我送給你的那本日記嗎？那上面有一首歌——

輕輕地捧著你的臉，
為你把淚水擦乾，
緊緊地握著你的手，
告訴我不再孤單……

若蘭，請記住這首歌——在我想念你的時候，你就會聽見這首歌，聽見這首永不凋零的、永遠飄揚在我心中的美麗的歌……

一九九八年十月五日

致若蘭的第二封書信（一九九八年十一月八日）

我，祈禱在每一個清晨，
我，盼望在每一個黃昏，
我愛的人呵，
何時，能得到你的信？
何時，我不再悲吟？
何時，我不再擁有惆悵的心？

——題記

若蘭，親愛的若蘭：你好！

今天是十一月八日，Sunday，陽光燦爛。按陽曆算，今天是你二十五周歲生日，我在這距你並不遠的地方祝福你——若蘭，生日快樂！

自從今年三月十四日下午你來我宿舍在員警的監視下默默地陪伴了我半個下午後，自從三月二三日中午我在走廊的窗口與正在下山的你說了最後幾句話後，三月二十五日我便被逮捕了。屈指數來，我已經有二百三十一天未曾見到你的面了。你，過得好嗎？我真的好想念你呀……

四月中旬我在看守所給你發過一封信，不知你收到沒有？但自五月分開始直到離開看守所（九月三十日）我是沒有辦法給你寫信的。七月上旬開庭審判前，我曾向中院書面申請要求你做我的法庭辯護人（其實我只是想見你，並不需要你為我辯護），法院也沒有同意。直到上個月初我被送來三監服刑後，按照有關規定，我才給你發了一封信。但是一個月過去了，卻沒有得到你的回音——是你沒有收到我的信呢？還是工作調動了？還是另有其他什麼原因？但不管是哪一種情況，我對你的掛牽和思念都促使我現在再給你寫封信。

若蘭，自從九五年春我們相識以來，我們在一塊相處了將近三個年頭。三年時間裡雖然我們之間發生過一些爭吵和不愉快的事情，但誰能否認我們之間的愛情呢？還能記得燈光下我們共同賞析徐志摩、朱自清散文時的情景嗎（我讀《荷塘月色》給你聽，你又讀之我聽，其情其景多麼令人懷念呵……）？還能記得在我學業屢逢挫折時你給我以鼓勵、以安慰的情景嗎（你的淚水、柔情和私語消融了我多少跋涉的疲倦呀）？還能記得我送你《宋美齡傳》、《傅雷家書》時的情景嗎（你的那份小小的陶醉和喜悅曾使我內心得意不已……）？還能記得山崗上、漢水江畔你唱《魂斷藍橋》主題歌時的情景嗎？那是一首多麼好的歌呵，以至於有一天下午當我正在小睡時，突然從電視劇裡傳出《友誼地久天長》的樂聲，我感到自己的眼睛一下子就濕潤了——那是你教給我的一首歌呀，若蘭，我多想唱，我多想聽你唱，我多想在這首Waltz圓舞曲的旋律中與你再蕩愛的雙槳、再揚金色的理想……！

幾乎每個週末我都能自覺或不自覺地想到你要回家了，幾乎每個週日我都能想起你又要去學校上班了。哦，若蘭，有人接你嗎？有人送你嗎？雖然我接你送你並不多，但每逢週末的黃昏我總會想到這些問題，總會在心裡把你呼喚，總會在心裡把你祈禱、遙望、嚮往……

若蘭，我愛你，深情地愛著你，我希望你能等待我兩年，做我的妻子、做我的愛人，做我百年人生行程中的忠實伴侶。

自然，愛是不能勉強的，也許你已經選擇了與我的分離，也許你的身旁已經有了另一個伴你讀書、伴你歌唱、伴你風雨、伴你人生的人。如果那樣的話，我的心裡是多麼的不情願呀。畢竟在我的情感歷程上你是第一個讓我想把愛情提高到婚姻高度的人。我對你的愛雖不能說是死去活來，但我對你生命內涵的感觸卻是至深至微、刻骨銘心的，你的輕靈靚麗、溫綿純真、正直善良曾無數次讓我驚羨不已、自豪不已、心慕不已。若蘭，我的戀人呵，若你就此離去，我能不難過嗎？但鑒於我目前的特殊處境，若你執意而去，我也只好飲下這杯不期而至的苦酒，並願意將自己的所有圖書作為禮物贈送給你新建的小家庭、送給你未來的孩子，並祝福你的人生充滿陽光、歡樂和微笑……

一九九八年十一月八日於漢中監獄十分監區

三十年人生散記

（一九九八年十一月十九日十分監區李指導員讓我寫一份個人簡歷，於是我寫了這份《三十年人生散記》上交，因留有底稿，現將原文照錄如下）

中秋八月裡，囚衣身上穿；
或雲我犯罪，丹心照藍天。

——題記

我的家鄉坐落在秦巴山區裡一個非常偏僻和落後的村子裡。一九六九年四月六日晨我出生於山陽縣北溝鄉紅藤村一個名叫「紅藤凹」的地方。在我童年時，家庭發生了系列變故，但由於母親的努力，一九七六年春我還是在本村小學上學了。在小學讀書時我是別的孩子經常欺辱的對象，但因為我學習好，品德好，老師（潘昌亮先生）很喜歡我，讓我當學習幹事、少先隊副大隊長，上小學三年級時我便能讀報紙了。大概是窮人孩子早熟，在家裡我也很懂事，打豬草、尋野菜、拾乾柴、挖藥燒炭基本是我放學後必須做的事情。母親對於我們兄妹的家教很嚴，絕不姑息我們在生活中所犯的過失，總是有錯必糾。這樣一九八一年秋天我以全公社（那時還不叫鄉）第二名的成績考入北溝公社初級中學。

北溝初中距離我村有二十五里路，因此必須住學，每週末徒步回家一次。因此從十二歲開始，我便背著被子開始了自己的求學歷程。上初中時還談不上有什麼理想的，只是根據大人們的說法多學點文化，防止長大後算帳時被別人混了。儘管心態如此，但我在學習上始終處於班上的前幾名，尤其是我的作文幾乎成了語文老師（楊來明先生）作文講評時必讀的範文。加之自己也總是當班幹部，因此差不多每個學期期末我總能得一張或幾張獎狀回家。因為領獎狀的同學總是少數幾個人，因此每次領獎時總有一種榮耀感。

一九八二年十一月我申請加入了共青團，但到一九八三年上級決定我所就讀的北溝中學合併到距離家鄉四十里外的板岩中學去，而臨鄉的長溝中學距離我們村只有二十里路，於是在同本村的其他幾個同學商議後我們決定轉學至長溝中學，並集體決定繼續上初二（這使我初中讀了四年）。在長溝中學讀書的兩年我依然是班裡的「尖子生」，獎狀、獎品、班幹部、三好學生評選都少不了我的。上初三時，校長舒守穩先生給我們代政治課（《法律常識》），他經常勉勵我們要好好學習，說「恆心架起通天路，毅力築起凱旋門」，這給我影響很大，但當時我對考學並沒有多少強烈的要求，認為那是非常遙遠的夢想而已。只是希望初中畢業後回家鄉當村長，帶領鄉親勞動致富，因為家鄉的貧窮給我留下了太深的印象。

但一九八五年中考時，我竟然考上了中專。家裡人當然非常高興，因為我能吃「商品糧」了。但後來到縣裡進行體檢時卻出了差錯，談起那次體檢非常好笑，我各方面都通過了，但在嗅覺檢測時卻出了差錯，當時檢驗員在桌子上放了一瓶水、一瓶酒精、一瓶醋，我把水、酒精都說對了，但聞醋時我只是覺得酸，可由於我們家鄉偏遠落後，吃的是自家泡製的酸菜，幾乎沒人買醋、味精之類的東西，所以自己的腦子裡平時就沒有「醋」這個概念，這樣在聞到醋時就根本說不出來是什麼東西，結果檢驗員在嗅覺欄給我填寫了一個「迷鈍」或「遲鈍」，大概因為這兩個字中專最終未能上成，而把我錄取到縣中去了。

在家人的支持下，一九八五年九月我背著被子，翻越五十多里山路來到縣城。對於縣城我並不陌生，上小學和初中時每逢寒假我總要與夥伴們在冰天雪地裡背上二三十斤木炭去縣城賣，但這一次我不是去賣炭，而是到全縣最好的學校去上學的，這在我們家鄉尚無先例，當看到校園黑板報上寫著「歡迎你，未來的大學生」時，我的心裡確有一種自豪感。開學之初看到高八五級同學考取大學的名單時，我的心靈有些震顫，在人生歷程上我第一次為自己確立了一個明確的奮鬥目標——中國人民大學，是的，我想考取人民大學。

一九八六年暑假我去西安打工，在雁塔書店我買了一本《阿道夫・希特勒的興亡》，應該說這本書對我產生了影響，這個影響不是希特勒的納粹暴政，也不是他的國家社會主義學說，而是青年希特勒的好學精神。流亡維也納（一九〇九年—一九一三年）時期的希特勒在常常面臨饑寒交迫的情況下可以一連好幾個小時蜷縮在某個角落讀書——讀德意志的神話和歷史，他豐富的歷史知識為他後來的事業（當然是反動的事業）提供了必要的學識前提和精神動力。聯想到毛澤東對歷史和哲學的偏好，於是我也決定學好歷史。在八六年十月的日記裡我特別提醒自己要弄通弄懂世界各國變革的歷史，為將來中國社會的變革事業做出自己的貢獻。基於這種想法，基於自己的興趣和特長，在文理分科時，我選擇了文科，並經常就一些社會問題和同學們發生辯論。一九八七年（高二）春我的一篇關於社會問題的作文被高三的語文老師（馮新發）拿去高三某班評讀，引起許多同學的共鳴（作者注：一九八七年寒假期間我曾走訪了一些因逃避計劃生育而被鄉村幹部扒房、砸東西、抬傢俱、拉牲畜的人家，他們都很生氣，覺得這不像共產黨人幹的事——「比國民黨還壞」。我也很生氣，便以此為題材寫了一篇類似於報告文學的作文在開學後交了上去。奇怪的是語文老師沒敢給我寫批語，卻在班級宣讀了，並引起許多農村學生的共鳴。而高三文科班的語文老師馮新發還把我的這篇作文拿去在他的班上做了宣讀，老師和同學都在私下裡說我的作文講了實話。我現在還記得原作文裡有這樣一句話，我說：「我們是共產黨領導的社會主義國家，人民政府是為人民服務的，怎麼可以像國民黨土匪那樣扒房、抬傢俱、拉豬牽羊呢？如果馬克思的在天之靈看到了這種現象的話，他老人家也會流淚、也會生氣的！」這篇作文可以說是我對現存社會「優越性」的第一次懷疑和批評，但這種懷疑和批評還沒有上升到體制和制度層面，而只是針對個別社會現象做的批評，由於時間和精力的有限，由於資訊的封閉和匱乏，同時由於學習上的壓力，我還不可能在這個問題上有多麼深刻的思考。有趣的是，二〇一〇年十月八號我因在北京參與組織集會活動被行政拘留後又被警方接回老家山陽縣一家賓館軟禁了兩個多月。在軟禁期間一位曾經是高中同班同學的柳姓副局長邀請了部分在縣城工作的同學以及當年的班主任與我一起敘舊，酒酣耳熱之際，另一位也在公安局工作並且是主管國保工作的趙姓副局長當著大家的面說：「我記得你在高中時候就是個反動分子？」我笑著問：「什麼情況，我怎麼就記不得自己當年是個反動分子了？」他說：「你還記得吧？上高二時有一次你在作文裡利用計劃生育問題談到對黨和社會制度的不滿。」……我真佩服這位老同學有那麼好的記憶力）。

當然在學習上我是很用功的，高二年級的四次大型考試，我一次第三，三次獲文科學生第一，高中畢業考試預選第一。

這裡我想提的是我非常感謝自己的母親，從我上初中開始，幾乎每週回家（到縣中讀書後是每月回家一次）母親都要問我考試了沒有、考得怎麼樣？說「人往高，水往低」，不斷教育我「要爭氣」、「要成器！」（既就是工作後母親仍然這樣教育我、勉勵我），由於母親的教育勸勉，也由於自己的勤奮刻苦，一九八八年高考時我取得了全縣文科第二名的好成績（比第一名差四分），其中數學考取一百一十七分，只差三分就是滿分（滿分為一百二十分）。

但一九八八年可以說是我受到打擊非常嚴重的一年，高考填報志願時，按照自己的願望和感覺，也按照校教導主任李基山的意見，我第一志願填報了中國人民大學國際政治系。但八八年人大錄取競爭非常激烈，因此雖然我的總成績名列全縣第二，但還是未被人民大學錄取，最後竟把我調配到陝西師範大學歷史系去了（而考取第一的同學竟被調配到寶雞師範學院去了，這位同學沒去上，復讀一年，第二年考取武漢一所學校了），而陝西師範大學我根本沒填報，我一心想去北京讀書，因此，當我接到陝西師範大學歷史系的錄取通知書時，我氣得睡了整整兩天。但由於家庭經濟條件的限制去高三補習一年再考很困難，同時由於我是我們家鄉建國四十年來的第一個大學生，我的被錄取受到了父老鄉親太多和太令人感動的祝賀，看到家鄉的落後，想到父老鄉親們的祝福和熱望，一種責任感和使命感油然而生，於是一九八八年九月我再次背起被子毅然踏上了去省城西安求學的道路。

進入大學後我們首先去寶雞隴縣接受了一個半月的軍事訓練。在軍訓期間我曾與連指導員黃和平廣泛而深刻地談論過一些現實問題（如價值觀、教育危機、道德滑坡及官場腐敗等），由於自己努力認真，軍訓結束時，獲得一次連嘉獎。同年十月底回到西安後便開始了比較正規的大學生活。在第一學期有兩件事需要提一下，第一件事是系上為我們開設的古希臘羅馬歷史對我觸動很大，古羅馬的法制尤其是古雅典從梭倫經比希特拉圖、克里斯提尼到伯里克里斯時期的民主政治給我的觸動非常大，我覺得當時國家政治生活和社會生活在某些方面連古雅典的民主政治時期也不如，因此產生了國家應該進行政治體制改革的思想萌芽。第二件事是自從上高二（八六年九月）開始我就開始注意觀察一些社會問題，而八七、八八年存在的教育問題、農業問題、物價問題、社會秩序問題及官倒腐敗問題都引起了我的注意。於是八八年底至八九年初我寫了一篇題為《危機！危機！！危機！！！》的論文，從政治、經濟、文化、教育、農業、意識形態等方面論述了中國社會潛在的危機問題——按照自己的想法（當時的日記記錄）原準備在八九年二、三月分將此文修改後寄給趙紫陽或鄧小平的，但在我還未能完成這項工作的時候，我在文章裡的預感就演變成了學潮的現實。而八九年春之所以未完成這個工作是因為開學後我沉浸到對五四新文化運動及五四運動的學習研討中去了。通過對五四前後的歷史學習使我對五四精神的靈魂——民主、科學的意義有了更深層次的把握，並著筆寫下《西化與現代化》的論文（注：該文是校刊《大學春秋》「五四精神與現代化」的應徵文），全文一萬二千餘字，編輯部的評語為：「本論文體系龐大，前後貫通，但篇幅過長，可做畢業論文入選」，而當時我只不過是一個大學一年級學生）。非常坦率地說，那一段時間的讀書常常讀得我心潮澎湃、熱血激盪，甚至讀得我淚流滿面、激動難支。五四青年——包括青年陳獨秀、毛澤東、周恩來、胡適、張國燾、傅斯年、許德珩等人的社會責任意識深深地激發了我的社會責任感和使命感，在當時的日記裡我充分表述了自己對現存各種社會危機的擔憂以及對解決危機出路的思考（如組織宣傳團、演講團到民眾中去宣傳以引起國民的重視等），湊巧的是八九年四月中旬大規模的學潮便爆發了。很自然我覺得是該自己充分為國家、為社會盡責任的時候了。於是我全心全意的投入到學潮中去了，和其他同學自發地組織了陝西師範大學學生自治會，並擔任自治會宣傳部長，撰寫了《五四宣言》、《告師大老師書》等文章，組織了十幾個演講團、宣傳團，並親手製作了陝西師範大學五四大遊行的第一面大旗，上書「民主、自由、人權、法治」八個大字。到五月二十日凌晨北京宣佈戒嚴後，我又組織並帶領了一支聲援團前往北京聲援，並參加了「外高聯」（外地高校赴京學生自治聯合會），結果在六四慘案後我被北京市公安局收容審查，從六月初到九月下旬在秦城監獄關押了將近四個月。那一年我二十歲。

二十歲的一九八九年對於我的人生來說可能具有里程碑的意義：
第一，中國共產黨當權的保守派在學潮中的兇惡表現在我的心中留下了深深的創傷；
第二，從實踐的角度使我認識到了民主法治的重要性；
第三，從此時開始我決定為祖國的民主化事業奮鬥終生！

八九年九月底出獄後我又回到了西安的校園，我決定在學業上深下一番功夫，在主修歷史的同時我開始系統地攻讀西方哲學、中國哲學及馬克思主義哲學。結果，在西方哲學史上普羅泰格拉（他提出了「人是萬物的尺度」）、蘇格拉底（他提出了「認識你自己」的思想）、柏拉圖（「哲學王」思想）、康德（「人是目的」的思想）、尼采（超人哲學）、早年馬克思（人道主義與異化思想）等人的影響非常大。至於十六世紀的人文主義、十七十八世紀英法思想家如洛克、孟德斯鳩、盧梭、伏爾泰等人對我的影響就更不用說了。從中國哲學史的角度講，孔子、孟子、朱熹、王陽明、曾國藩、康有為、孫中山、胡適、毛澤東等人的某些思想都曾讓我受益不淺。從政治歷史的角度講，近現代歷史上的一些偉大的改革家、政治家和社會活動家如華盛頓、傑弗遜、林肯、甘地、曼德拉、戈巴契夫、康有為、孫中山等人都為我所深深地敬仰，我相信在這些思想巨人和行動巨人的啟迪感召下，在追求中國民主化事業的道路上我也會邁出深深的足跡。

在進行刻苦學習的同時，我還擔負著班幹部的工作，大三、大四兩年我是班上的學習委員，應該說我的大學生活還是比較成功和充實的，但也有幾個非常大的遺憾：

第一個遺憾便是我想主辦一份刊物或主持一個學術團體的願望始終未能實現。九〇年春我曾企圖在西北大學、西北政法學院和我校之間組建一個學術團體，我將署名「未名社」的徵稿啟事都張貼出去了，結果該啟示被校方派人撕毀，並馬上在全校發出通告，嚴禁自發性團體的組建，系領導還找我談了話，此事只好作罷。九一年嘗試組建「哲學同學會」，並向有關方面遞了申請，結果申請書從校方轉到系上，系上又轉給輔導員，輔導員一口予以回絕了事——那真是令人非常悲哀的事！

第二個遺憾是我想去燕園讀書的願望也未能實現。五四精神及八九學運使我對北大產生了一種神往，我決心去北大深造，於是九二年我投考了北京大學英美哲學專業研究生，結果因英語相差四分而落選。

大學生活的第三個遺憾是在從八九六四後到九二南巡講話前的兩年半時間裡，校園文化可以說完全放棄了八十年代中後期討論啟蒙的傳統，呈現出非常陰暗沉悶的格調，對於我們這些希望瞭解世界、放眼未來的學生來說，那真是不幸到極點了。

但無論如何，我覺得自己的大學生活未曾虛度，我感到自己的學習很扎實，眼界非常開闊，理論思維也得到了良好訓練，尤其是當時正處於蘇聯東歐發生偉大變革的時期，幾乎每天都有令人振奮的消息從報紙、電視或收音機中傳來，我常常為蘇聯東歐人民的變革事業而歡呼，又常常為自己祖國百花凋零、萬馬齊喑的現狀而感到沮喪、歎息和悲哀，從而也加深了自己為祖國改革事業而奮鬥的信心和決心。

九二年七月大學畢業後，我被分配到中國核工業總公司八一三廠工作。九二年七月到九三年元月在生產線勞動半年，九三年二月被分配到廠子弟學校從事高中部政治課教學工作。應該說我認真和負責任的工作態度得到了學校領導的充分肯定，九四年三月我開始擔任學校教工團支部書記工作，九六年十月又被委任為學校政史地教研組組長，九七年下學期我同時肩負起高一、高二、高三三個年級的政治教學工作直到我被漢中市國家安全局逮捕前。

工作後，我對中國社會的發展仍然保持著高度的關注。九二年十月二十五日中共召開十四大，我在上午從電視上看了政治報告中要求建立市場經濟體制的決定後，下午就給身在山東的大學女友發了一封電報表達了自己的喜悅之情。但九十年代的官僚腐敗、農民負擔等問題卻越來越嚴重，這種狀況再次激發了我的社會責任感，我覺得非政治體制改革不能解決這些社會弊端。但當時自己還想考研，我想在學業上進行更高層次的深造之後再具體的考慮變革的問題。於是九五年我投考了北京大學社會發展研究所社會主義體制改革專業的研究生。非常高興，我的成績非常好，當時該專業計劃招生六名，其中北大自身推薦一名，面向全國社招五名，而我的成績排列第二。我去北京後，導師和該所辦公室主任都說我被錄取是沒有什麼疑問的，但我從北京回單位不久卻傳來了截然相反的消息——我不可能被錄取。後來我才弄清楚我很早就被國家安全部門注意上了（在九八年七月九號的法庭上漢中市檢察院公訴人王崗等也向法庭出示了九三年秋天陝西省國家安全廳決定對我進行立案偵查的書證）。九五年在北大研究生錄取工作的關鍵時刻，有關部門向北大研究生院打了招呼，結果，我的燕園深造計劃徹底破產。

應該說一九九五年的這次挫折對我的打擊太大，以至於我較長時間難以振作（我感到自己與共產主義政治體制已是勢同水火、勢不兩立了），好在是當時有了工作後的愛情，在戀人的安慰和朋友們的鼓勵下，在九五年秋我總算脫離了噩夢般的陰影，我的生活與思想又恢復到了正常狀態。

九六年暑假我攜女友回故鄉山陽探望病中的母親，母親自然很高興，要我繼續爭氣、向前走、向上走，不幸的是，這是我與母親的最後一次見面，這年十月，即在我和女友回單位不久，老家來電，家母竟然病逝了……母親的去世使我萬分悲痛，作為勞動婦女，母親賢慧、勤勞、善良，極受父老鄉親好譽。作為一位母親，她養我、育我、慈我、愛我，要我努力、要我進取、要我爭氣、要我向上！母親的期勉曾無數次化為我人生的動力，母親的光耀曾無數次照亮我人生的方向，但是母親就這樣走了，甚至不辭而別，怎能讓我不悲痛呢？但是我非常清楚母親對我的期望是什麼，九六年十一月在母親的墳前我擦乾悲痛的淚水對母親說：母親，您安息吧！我將牢記您的期勉，以自己的實際行動為您爭氣！為父老鄉親爭氣！為老百姓爭氣！這一點我一定會做到的！

工作後的業餘生活主要是讀書和散步。從九三年到九七年底的五年時間裡我讀的書，從書本中得到的教益可能比我的大學時代還要多。尤其是結合蘇聯東歐變革的現狀，我更為系統地研讀了國際社會主義運動的歷史、中國近現代歷史及世界近現代文明發展的歷史，從而更充分地意識到了民主和科學對於人類發展的意義。科學的重要性執政黨已經有所認識，如朱鎔基政府上臺伊始就把發展科學教育事業作為本屆政府最重要的任務。但對民主重要性的認識執政黨還缺乏必要的熱情。尤其是在很大程度上，執政黨還對近代民主制度充滿敵意，因而還在以各種方式有意阻礙中國社會民主化的進程，這是我最焦慮、最失望、也是最為關注的問題。在此情況下，為了引起執政黨的重視，一九九七年八月初我便起草列印了那份致中共中央並各省省委的公開信——《改革政治體制，走民主化道路》。這封公開信實際上是經過長期的深思熟慮後的改革意見書。我在「信」中詳盡的、實事求是的分析了共產主義政治體制給國家、給人民、給中國的現代化、給中國共產黨本身所造成的危害，詳盡的陳述了民主政治對於國家、對於人民、對於中國的現代化及中共本身所具有的重要意義，並具體地提出了六條政治體制改革的意見和建議，我將之分寄給中共中央並各省省委，以期執政黨在即將召開的十五次全國代表大會上引起重視和討論，以此推動中國政治民主化的進程，卻根本沒有想到會因此而招致牢獄之災。

工作後的最後一次有意義的活動便是九七年底我在八一三廠競選人民代表的活動。「從大處著眼、從小處著手」是我行事的一個原則，所謂「從大處著眼」就是從宏觀上把握社會和人生，如國家發展方向、人生奮鬥長遠目標等等都是「從大處著眼」的內容。所謂「從小處著手」，就是為了實現宏觀目標，必須從小事做起、從平時做起，如加強自身修養，做好本職工作以及把自己的奮鬥目標和周圍群眾的現實利益結合起來，否則事業就會失去根基，理想就會成為空想。

而九七年十二月，八一三廠領導突然宣佈從九八年二月分開始執行百分之五十工資標準（直接減半），這在廣大職工中引起強烈反響。本來由於經營管理不善，由於決策失誤而造成八一三廠長期處於虧損狀態，職工平時就有意見，現在突然將企業損失全部轉移到廣大職工身上，管理者卻依然是管理者，這顯然是不合理的。於是我便衝破有關方面的種種阻撓，在全廠範圍內做了客觀公正的民意調查，結果果然不出所料廣大職工對廠領導層意見很大，而此時恰遇南鄭縣人民代表換屆選舉，於是在朋友們提議支持下，我決定競選人民代表（我在九七年八月致中共公開信中提出的六條改革意見中的第六條便是：修改

《選舉法》，在八屆人大換屆選舉來臨之際，允許縣級人民代表及其行政長官實行民主競選制），但廠裡有關方面知悉我的競選決定後卻公開下發一個檔要求男性代表候選人必須是中共黨員、廠級幹部，這不但違犯《憲法》和《選舉法》的有關規定，而且顯然是沖著我來的。其目的在於以此條件來限制我的參選。然而即使如此，仍然有六十一名職工簽名推舉我為人民代表初步候選人（法定條件是：只要有十人聯名推薦即可），在此情況下，廠選舉委員會無法公開違反《憲法》和《選舉法》的有關規定，張榜公佈了我作為人民代表初步候選人的合法性（而同榜公佈的其他七位男性初步候選人都是廠處級幹部，他們是廠黨委書記邱德全、副廠長石泓然、副廠長張清源、副廠長孫樹坤、廠工會主席李友德、財務處長李中白、勞人處長張以新；女初步候選人則有包括代廠長劉澤玲在內的四十多位廠內職工）。但元月六號由廠選舉委員會「醞釀」而出的正式候選人卻沒有我，這當然沒有出乎我的意料，但我並沒有因此而偃旗息鼓，我想通過親自實踐看一下民主在祖國的土地上究竟會遭遇到什麼，於是我決定繼續競選。也是從元月六號開始我先後在數千選民中散發了《民意就是真理》、《為了心中的那份良知，我請求支持》等競選材料數千份，結果在廠內引起強烈反響，廣大職工熱情支持，如有職工要在廠廣播站為我點播《國際歌》、《真心英雄》、《好人一生平安》等歌曲，卻被廠宣傳部拒絕；有職工要主動為我募集經費，被我婉言謝絕；有許多職工還親自跑到我的宿舍樓甚至以寫信的方式對我表示支援。與此同時，廠方卻連續召開緊急會議要求各生產線處室設法阻止職工對我的投票，甚至許多分廠開會以下崗對職工進行威脅。更重要的是在選舉日的前一天（元月十三號）下午三點左右，安全部門突然對我採取行動，將我傳喚到漢中市公安二分局（和八一三廠保衛處是一個單位兩塊牌子）拘押，直到元月十四號投票活動結束後才將我釋放，而釋放不到半小時，又以涉嫌危害國家安全為由派出六名員警對我晝夜二十四小時監視居住。儘管如此，儘管廠裡採取了各種各樣的措施防止我的當選，卻仍然有上千名職工投了我的票，而廠選舉委員會內定的四位正式候選人（兩男兩女：石泓然、孫樹坤、馬蘭、張素珍）全未當選，我的選票居第二（自友人處得知），得票最多的孫樹坤只比我多四十餘票，而另外一位副廠長石泓然得票則比我低二百多票。在此情況下，按《選舉法》規定，廠裡應該進行二次選舉，但由於我在第一輪投票中得票第二，要進行二次選舉我肯定是法定的正式候選人，選民只需要在選票上畫圈表達自己的意志（不像第一輪選舉中既要在選票上不同意正式候選人，又要寫上我的名字，還要注明性別，太麻煩且太讓人擔心），這樣我當選的可能性就會更大。在此情況下，為防止我當選，廠裡乾脆取消二次選舉，其結果南鄭縣第十三屆人民代表大會根本沒有八一三廠四千人民的代表，只為我廠指定了一位列席代表，這實在是令人可歎的事。更可歎的是由於競選前後國際輿論（如法新社、路透社、美聯社、VOA、BBC、法國國際臺、加拿大國際臺等等）對我的報導及對執政黨操縱人民代表選舉的批評更是觸怒了有關方面，才使得有關方面對我的處理一步步升級——

九八年元月十三日對我進行傳喚；
元月十四日、十九日轉監視居住；
元月二十日刑事拘留；
二月十八日、三月二十四日轉二次監視居住；
三月二十五日被安全局逮捕；
七月十日被漢中中級法院判刑三年；

九月三十日便被送來省第三監獄服刑！

好在「歷史是人民書寫的」（劉少奇語），我將以對人民的無限熱愛、以對祖國的無限忠誠去度過鐵窗歲月，去書寫人生、去書寫未來！

回顧近三十年人生行程，總結起來可概括為以下幾點：

（一）自小學至大學，純粹求學十六年，接受了比較良好的教育，這為自己追求的事業打下了必要的學識基礎；

（二）生活清貧，遭遇的失敗坎坷很多；

（三）人生方向正確，價值觀念正確，願意將自己的畢生與人民大眾的需要結合起來，願意為一個偉大的、富強的、民主的、法治的、統一的中國而奮鬥終生！

大道之行也，天下為公。

如今，雖然我入獄了，但通過近十年的學習、觀察、思考和實踐，我對祖國的民主化事業，對中華民族的未來充滿無限的信心，我願在這裡以一個囚徒的身分為祖國的明天、為人民的未來而祝福！而歌唱！而祈禱！

一九九八年十一月十九日草於十分監區

一九九九年八月二十日抄錄於二分監區

致若蘭的第三封書信（一九九九年一月三十日）

輕輕地你走了，
正如你輕輕地來，
揮一揮手，
別作西天的雲彩。

——憶錄志摩《再別康橋》

若蘭：你好！

非常抱歉，在這農曆的歲末，我再給你寫一封信。

前天，我接到妹妹自西安寫來的一封信，從她的信裡我確切的瞭解到了你為我們的關係所做的最終性結論。

說心裡話，儘管我有思想準備，但接到梅的信時，我還是獨自一人難過了好一陣，之所以難過，是因為我們確曾相戀相愛三年。那三年時間雖然不長，卻有著許多美麗的故事，有著無限滋潤的內涵，有著我所留戀和難忘的一切！

然而那一切終於成了過去，我們終於「默默地」分手了……

是的，分手了，若蘭！

應該說近一年來我從心理上一直不希望這樣的情況出現，你知道我從內心裡是愛你的，我一直希望你能等待我兩年，希望你能做我的百年愛妻，我也一直希望在我入獄的幾年我們能相互通信、相互給對方以心理的安慰和支援，從而使我們的愛情也能增添一份患難的基礎；我甚至還時常幻想在我出獄的那天你能帶著一個能喊「爸爸」的孩子在監獄門口迎接我……但是如今，我知道那一切都不可能了……

是的，若蘭，不可能了！

我們終於分手了，分手在這淒冷的冬天，分手在這蒼茫而又令人悲傷的季節……

記得在去年十月寫給你的第一封信裡曾摘引了一節小詩——

有花名勿忘我
開滿藍色花朵，
願你佩戴於心，
常思念我……

毫無疑問，你曾在心中為我佩戴過這美麗的小花，你曾為這美麗的小花灑過無數的淚水和歡笑。但現在，是該你摘掉那朵藍色的小花了，也許你早已把她摘掉了……不過，若蘭，請別隨便扔掉她，請把它連同我曾付諸給你的那份情感一併埋葬在那綠色的山崗上吧，讓她在那裡輕眠，讓她在那裡長眠……我想我會在這裡為那泥土裡的一切編織一個永不褪色的花環的！

若蘭，親愛的若蘭，我曾相戀相愛三年的若蘭，自今而後，我就不再對你做愛的呼喚，不再對你做愛的期盼和愛的嚮往了。甚至我也永不可能對你的身體、工作和生活做語言和文字上的關心和問候了。請你多多愛惜自己，多多保重身體，並衷心的祝福你擁有一份新的關懷、擁有一份濃濃的愛、擁有一個溫馨的家、擁有你所期望的一切。

我曾在前兩封信裡，向你表明我願把自己的所有藏書送給你作為相戀三年的紀念，我現在的想法仍然沒有改變，希望你接受我的贈書並希望你充分運作自己的天賦，在不久的將來也寫出屬於自己筆下的美麗文字來。

再見了，若蘭！

再見了，那美麗的一切！

此　致

真善美與愛的敬禮！

一九九九年一月三十日於漢中監獄二分監區

致若蘭的第四封書信（一九九九年五月五日）

若蘭：

你還好嗎？

你的身體怎麼樣？你的工作與生活呢？

我想念你——

太多的思念，太深的思念，太令人痛苦的思念！

給我寫一封信吧！

並請你將九五年春天使用的那個筆記本送給我吧。畢竟是由你的那個筆記本引起我對你的愛戀和嚮往的，畢竟是那個筆記本最早向我注解了你的人生內涵。請送給我吧，作為一份禮物，我會像基督徒珍存《聖經》那樣深情地愛護她並保護她的。

我很想擁有你的一張照片。若蘭，如果你不介意的話，就請將九六年七月我帶你回故鄉時你在縣河橋上照的那張具有「印度味」的照片送給我吧。畢竟你曾置足於我的故鄉，畢竟，你曾在我故鄉的青山綠水間微笑……

我很喜歡《魂斷藍橋》主題歌，我更喜歡由你來表現它的旋律和格調。如果，如果你能回信的話，請你一併寫下這首經典名曲（《友誼地久天長》）的譜和詞，我想我會唱著你寫來的這首歌從獄內走向獄外，從現在走向未來，從陰雲彌漫的凹谷走向陽光照耀下的燦爛與輝煌的！

總之，若蘭，我請求你——

給我寫一封信吧，

給我那個筆記本，

送我一張照片，還有一首經典的歌，

你，能夠嗎？

一九九九年五月五日

致若蘭的第五封書信（一九九九年六月二日）

白首為功名，
舊山松竹老，
阻歸程。
欲將心事付瑤箏，
知音少，
弦斷有誰聽？

——憶錄岳飛《小重山》

若蘭：你好！

我終於收到你的信了，無論這是一封什麼樣的信，我總算能讀到你的文字、讀到你的心靈、讀到你的情感了。僅憑這一點，我就應該歡呼，就應該為你做一首美的頌詩，甚至，我應該在心靈大地為你的來信建立起一坐紀念碑——若蘭，我真是太高興了！

也許你認為我太誇張了。不，一點也不。你大概不知道我現在對你是多麼的思念。不錯，我在寫給你的第三封信裡確實有過「再見了，那美麗的一切」的文字表述，但從我的信文裡你肯定能讀得出我的內心情感是一千個、一萬個的不情願。為什麼呵，只因為那綿綿至厚的戀愛，只因為那刻骨銘心的愛戀。

我愛你，若蘭！

我愛你，那牽之於魂、繞之於夢的若蘭！

誠然，從內容上看，你的信就像一篇討伐檄文。初讀之時，如那撕裂長空的閃電，如那震撼大地的滾雷，讓我驚駭不止。我沒有想到三年相戀給你留下的是如此強烈的「恨」、如此強烈的譴責。我為此而感到遺憾，感到悲傷。如果你真是如此「恨」我的話，若蘭，請允許我在此向你致以深深的歉意。

但沒想到的是，你現在的生活也不太如意——甚至，你在信中用到「悲慘」二字來形諸你目前的生活感受。這讓我感到十分難過。我原以為這麼長時間你不理我是因為你已經有了新的生活伴侶，有了新的幸福與歡樂，卻沒想到你正做著頗為艱難的人生跋涉。你在信中說：「如果這種決定早三年做出的話，我不會過得像現在這樣悲慘」、「現實總是冷酷地拷打著人的心靈」、「我現在好如一葉風吹雨打中的浮萍」……這些文字所隱蘊的內涵真讓我不忍心去細想，甚至寫信的此刻，我的雙眼有些發澀。你是那樣的柔弱，現在卻做著那樣的苦旅，而這一切的不幸和苦痛卻都是因為我。若蘭，我因此而慚愧、而負疚，如果，如果我現在不是在監獄，而是處在自由世界的話，讀了你的這封信我一定會來到你身邊的，哪怕相隔千山萬水，我也一定會來的。不因為別的，只因為你孱弱，只因為我不想讓孱弱的你繼續那種「風雨飄萍」般的生活……也許你認為我又是在癡人說夢了，也許你會對我上述的想法做出辛辣的冷嘲。但那沒有關係，你愛不愛我是另一回事，但我對你的愛情卻是千真萬確、不容懷疑的。不錯，我們曾鬧過幾次分手，但請你細想一下，又有哪一次是我真心想跟你分手，又有哪一次不是我主動去到你面前為你擦乾溶溶的淚水。既就是在九七年夏天的感情危機面前，我的內心仍然充滿著對你的愛戀、對你的厚戀。若蘭，請細想一下，難到不是這樣嗎？

很自然，我也只是一個普普通通的人，我的身上也有著這樣或者那樣的人性弱點。在我們的戀愛期間，我所犯的一個最大的錯誤就是不恰當地實踐了傳統文化中的男子本位主義。正如你在信中所說的「你只知憑你的強權意志、憑你的感覺來改造我，絕不肯悉心愛護一種天性，不會默默地欣賞她人，你只為改造複改造。」細心反省起來，這一點真好像讓你說准了。在我少兒時期的成長環境中，我所接受的就是男人本位文化的薰陶，倒不是誰有意給我灌輸過這種理論，而是在我的家鄉，一家之中，男人便是主宰，女人服從男人好像是一種不成文的生活律令。這種倫理背景的文化可能在耳濡目染中不自覺地滲透到我的潛意識中，結果便出現了你所說「為改造複改造」的問題。而恰遇你自小出生於長江邊的重慶，且又在一個工人家庭中成長，長江文化（楚文化）中的先天開放、平等、自由的內涵大概也於無意識中在你的心靈深處產生了深厚的積澱。這樣，在我們的戀愛當中，由於文化背景的差異便產生了許多衝突。其結果我非但未能將你「改造」成為我的愛人，反而使自己淪為你現在口誅筆伐的物件。行文至此，頗多感慨，文化之過，罪莫大焉。但是，若蘭，我們都是受過一定教育的人，在我的學生時代，廣袤無際的心靈曠野更多地灑滿了近代文明理念的種子如民主、自由、平等、博愛等等。這些理念正在促使我追求一種新的品質。我不是那種喜歡巧言令色、文過飾非的人。當我致力於改造客觀世界的時候，我也會在主觀世界上進行自我改造、自我規範和自我修正的。作為一面生活的鏡子，你讓我從你的眼中看到了自己的不足和缺陷。你的如長空閃電、如天宇滾雷般的文字更是讓我幡然猛覺、勵志圖新。我想，經過三年監獄生活的煉造，該留下的我一定會留下的，而該拋棄的我也一定會永遠拋棄的！

但不管怎麼樣，你現在的苦旅總讓我感到不安，我突然覺得自己現在在某種意義上就好像《復活》中的聶赫留朵夫一樣，聶赫留朵夫對瑪斯露娃的那份情感和心靈自責時時充溢著我的心間，然而我並不是聶赫留朵夫，我不相信「一切都結束了」，就像你在信中所說的那樣「有如一片樹葉，早已從樹端旋轉、飄落，零落成泥，不再有生命，不會有將來。」相反，我相信，在真、善、美、愛的陽光雨露潤澤下，一切的不幸都將改變，一切的美好都將複歸，不僅有綠色，不僅有生命，而且會有桃李芬芳、花果飄香的未來！

你現在一個人生活，不僅要承受工作的重壓，生活的重壓，而且還要承受許多心靈的煎熬和折磨。但請你一定要放堅強些，應像我一樣——你看我現在不僅丟了工作，蹲了監獄，而且還失去了戀人和愛人。但是，我不僅沒有垮掉，而且在精心總結三十年來成敗得失經驗教訓的同時，還想做我的戀人和愛人的工作呢。若蘭，請不要因為我的緣故而喪失對生活的興趣和信心。俗話說「寶劍鋒從磨礪出，梅花香自苦寒來」，當我們身臨「苦境」的時候，就要善於琢磨這些古訓的深刻內涵。有位作家（蔣金庸，此人我不太瞭解，我只是在一本雜誌的扉頁上讀到他一篇小文）曾這樣說到：

「受挫一次，對生活的理解加深一層；失誤一次，對人生的醒悟增添一階；不幸一次，對世間的認識成熟一級；磨難一次，對成功的內涵透徹一遍。從這個意義上來說，要想獲得成功和幸福，要想得到快樂和歡欣，首先要把失敗、不幸、挫折和痛苦讀懂。」

我想，現在正是你我共同研讀「不幸、挫折和痛苦」的時候，望我們都用點心吧，我相信我們會在這份閱讀中感悟出許多人生的真諦、感悟出許多先知先哲般的啟示的。

若蘭，儘管你的信把我大大地譴責了一番，但我還是很高興讀你的文字。你的字寫得很規範、工整、清秀，這也是九五年春天我開啟你心靈大門的第一把鑰匙，對嗎？我尤其喜歡你的語言風格和思維方式。記得九六年的一個冬夜你曾把你大學時代的幾頁日記讀給我聽，我的感覺就如徜徉在竹海深處的小溪裡一樣，我為你清新素雅、輕靈靚麗的內心世界而感動、而陶醉。記得我曾幾次給你說過，如果你稍微用點心的話，你會在散文方面，尤其是美文方面有所作為的。現在我仍然持此觀點，我相信我的判斷沒有錯，請用你的小畫筆為我們的家園，為我們的人類家園增添一些動人的符號和顏色吧。

不知近一年來你的身體狀況怎麼樣？這是我至為關心的問題。我曾在去年給你的一、二封信中再三要求你將我的那份小存單拿去滋養一下身體，但看樣子你好像沒有這樣做。若蘭，我衷心的希望你的身體能好一些、健康一些。假如在我出獄後還能看到你、還能握你的小手的話，我希望你的身體能比分離前的狀況要好一些，這是我的願望，一個非常真誠的願望。

我知道你現在的心靈很痛很痛，痛如我現在之心靈一樣。但我無法借助別的方式給你以安慰，我只能讓這有限的語言和文字「常回『家』看看」。假如在冷雨敲窗、涼意綿綿的日子這些文字能為你解除一丁點兒寂寞的話，我在這裡也就很有些心滿意足了。

這封信可能寫得有點長，但請你不要厭倦、不要打呵欠，我想對你說的實在是太多，好在歲月還很長，一切都才開始，一切都有希望。我想，只有經歷過磨難的愛情才能經得起漫長人生的考驗。

最後，請容我再說一聲：

若蘭，我愛你——

從九五年到九九年，

從九九年到二十一世紀，

從二十一世紀到永遠永遠！

一九九九年六月二日

致若蘭的第六封書信（一九九九年七月二十八日）

若蘭：你好！

今天是七月二十八號，下午休息，給你寫一封信吧。

七月十六號晚上，我做了一個夢，在聖水寺後面的山上，我又見到了你。還是穿著那身素花衣裙，只是看起來比以前要瘦弱得多。你對我說：「我現在只有六、七十斤，你一點也不關心我。」我感到心裡像針扎似的一痛，便醒了，醒了，一種說不出的苦痛和悵然。十多天來，我的腦海裡總時而不時地浮現出你在夢中的情景（那情景太清晰了）。雖然說夢到你不是一次兩次、十次八次了，但七月十六號夜的這個夢總讓我難以接受、難以釋懷。若蘭，你還好嗎？你的身體還好嗎？你是不是病了，或者又有了其他什麼不好的事情？

對於你來說，我的這種掛念不知是否還算多餘。雖然你六月二十三號的來信是不言而喻的，但我總在想，我們之間的關係真已到了那種山窮水盡、無法挽回的地步了嗎？你在五月三十一號的來信中曾寫道：「你覺得美好的東西，我曾經有過同感，正因為有這種感覺，我才一次又一次回到你身邊，但自九八年元月之後我再也沒有這種感覺了。」你特別強調了「九八年元月」這個時間節點。但你知道九七年十二月中旬我們便由單位開了婚姻介紹信，至於九八年元月我實在是無可奈何。元月上旬我在忙競選，十三到十八號我便被晝夜二十四小時監視居住，連吃飯都是他們買的。十九號便被送進了拘留所。事情的演變十分出乎我的意料，我根本沒有想到自己會被拘留起來。尤為重要的是在被拘留前我們之間連臉都沒有紅過，我們所擁有的是相互關心、相互愛戀與信任，難到就因為我進了拘留所便一切都完了嗎？當然，從拘留所回來後我瞭解到了發生在你身上的悲劇。我當時心裡真的十分難過、十分痛心，看到你將那個美麗的布娃娃束之高閣且不容許我將她放回原有的地方時，我的心裡真有一種說不出的痛楚（直到現在）。很自然，我十分理解你在九八年元月所受的創傷，能夠想像得到你的那種幾乎破碎的心情。但是我認為如果僅僅因為九八年元月的悲劇使你做出分手決定的話，那麼我覺得你是否可以重新考慮一下呢？畢竟那種悲劇並非因彼此相恨而產生的，畢竟那種悲劇是你我都不願意看到的，若蘭，請細想一下，難到我說的不是事實嗎？

最近一段時間，漢中電視臺正在播放《還珠格格》，這部片子實在拍得不錯，尤其是三對戀人之間的愛情故事很為令人感動。像紫薇對爾康所說的：「山無陵，天地合，乃敢與君絕。」（注：這段話出自《漢樂府》，原文好像是：「上邪，我欲與君相知。長命無絕衰。山無陵，江水為竭，冬雷震震，夏雨雪，天地合，乃敢與君絕。」）實在令人感慨歎息不已。憶想起來你曾經對我也有著同樣深厚的戀情呵，比如說，九七年夏天你曾在我的房子裡留下一葉信箋，上書：

「舍此小屋，又哪裡會有若蘭的棲身之地呢！」

還有你曾好幾次對我說：「我真希望在一個早晨你能拿著一束鮮花來到我的房間求婚，然後咱們就結婚去。」若蘭，難到那一切都是你感情衝動的反應？難到你現在已經有了新的可供「棲身」的「小屋」？難到山已無陵，天地已合，一切真的已永遠結束了嗎？

誠然，在今年五月三十一號的來信中你曾談到：「你只知憑你的感覺和強權意志來改造我，絕不肯悉心愛護一種天性，不會默默地欣賞她人，你只為改造複改造。」關於這個「改造」的問題，在看了《還珠格格》之後，我認識到自己有些弄巧成拙了。就像三阿哥（永琪）等人不應該要求小燕子學說成語、學作詩一樣，我對你的某些要求恐怕也犯了類似的毛病。對此我想說明的是：

我確實應該尊重和愛護你的天性，假如有將來的話，我一定會加倍呵護的。

假如你還能接受我的愛情的話，我想以後不會再發生讓你「學說成語」、「學作詩」一類的問題了，而且我一定會在「默默欣賞」方面深下功夫的。

若蘭，親愛的若蘭，請不要再跟我生氣了吧，如果我在過去確曾讓你很傷心的話，這一年多時間的懲罰也應該讓你消氣了吧，我相信你的心是寬容的、是善良的，不會去過分計較人性中一些難以克服的弱點和缺點的。因此，請你回過頭來，請你再次接受我那誠摯的愛情，我太思念你、太需要你、太嚮往你了。S.Augustinus（中世紀神學家、經院哲學家）在《懺悔錄》的開篇中就說過：

「如果我的心不能安息在你的懷中，便一刻也不得安寧。」

從某種意義上講，我現在便是上帝足下的那個聖・奧古斯丁，而你便是他所頂禮膜拜的上帝了。問題在於上帝最終向「一刻也不得安寧」的奧古斯丁打開了天國的大門，而「一刻也不得安寧」的我能否再次「與君相知」，能否再次享汝之愛，能否再次安眠於你那萬紫千紅、美麗無邊的心靈大地呢？

對你的愛，使我的心快要碎了，對你的思念使我快要精疲力竭了——若蘭，我不能沒有你，我的囚徒生活已經走到了中點，後年的這個時間我已經出來好幾個月了。因此，請讓我們共同度過這為期不長的艱苦歲月，請讓我們用愛、用真、用善、用美去編織一個共同的未來吧！

最後，願上帝保佑你（健康平安）！

你的囚徒：常青

一九九九年七月二十八日於漢中監獄

也許我現在還不會寫下「信仰」的承諾

今天下午，我從教育堂的視窗向外望去，突然在西南方向發現了教堂的尖頂，那尖頂上的十字架讓我聯想到了救贖人類苦難的Jesus，對於Jesus、對於上帝和《聖經》我並不陌生，問題在於我要不要在內心確立對上帝的信仰呢？

早在上大學二年級時，那位令人尊敬的瑞典人——Inger女士就曾送我Bible，並要我重點閱讀John福音，我接受了她的禮物和建議，將約翰福音讀了很多遍，我甚至能用英語背誦聖約中的禱告詞：

Our father in heaven,
Hallowed be your name,
Your kingdom come,
Your will be done on earth as it is in heaven·
Give us our daily-bread,

Forgive us our debts as we have also forgiven our debtors
Lead us not into temptation,
But deliver us from the evil-one・
Amn!

可以說我當時（直到現在）對於基督教及其文化是很感興趣的，但我只是將其當做一種文化、一種文明看待，我一直不想確立自己對於基督教的崇高信仰。之所以如此，是因為我覺得從傳統上講中華民族是一個非宗教的民族，尤其對於世界最大的人口群體——漢民族來說，從來沒有哪一種宗教支配過整個漢民族的心靈。如孔子就是一個不談「怪力亂神」的人物，而恰恰不談「神」的孔子文化（儒家文化）對這個龐大的人口群體產生著十分巨大的影響。在這種大文化背景下，如果使自己陷入對宗教的信仰、對上帝的崇拜之中，那麼會給自己的政治選擇及政治行為造成一種什麼樣的影響與後果呢？

但是教堂對於我的吸引力是十分巨大的，那高高的尖頂，那尖頂上的十字架確曾會把你的思維帶入無極的藍空，帶入神秘的「天國」的。每當想到十字架上殉難的耶穌形象時，我的心都會有一種電閃雷鳴似的震撼。「救贖人類」——一個多麼神聖的主題，一個多麼激奮人心的旋律啊！如果沒有一種人間關懷意識，如果沒有一種至大至遠的博愛意識，一個人又怎麼能給自己提出如此神聖的課題呢？但耶穌，那個曾經生於馬槽裡的孩子恰恰便是這樣一個人，他不但為自己提出了這樣一個課題，而且為之付出了畢生的心血乃至生命，真可謂鞠躬盡瘁死而後已。但他的殉難是值得的，他雖死了，他卻給後人留下了一筆巨大的財富（基督教民主、平等、博愛觀），他的精神靈魂擴散到整個世界乃至宇宙，他的信徒越來越多，以至於在耶穌誕生二千年後的今天，蹲在監獄中的我都在思考要不要使自己確立對他的信仰和崇拜！

也許我現在還不會寫下「信仰」的承諾，也許我現在還不會匍拜在上帝的膝前。但我想我一定會誠心的接受他曾借耶穌昭示於人間的那套價值理念的（民主平等博愛），我一定會將之作為指導我行為實踐的心靈法則的，我一定會運用這套價值理念作用於我的祖國、作用於我們這個人口十分龐大的中華民族的。我相信在民主、平等、博愛之光導引的前方一定是中華民族的光輝未來，一定是炎黃子孫的燦爛明天！

一九九九年八月十七日於漢中監獄

關於「開學」的思考

天氣已經涼下來了，如果不被捕入獄的話，暑期已經過完，又該開學了。

「開學」，呵，同學們，一個多麼美好的概念，卻又是一個多麼遙遠而又模糊的概念。在從七歲到二十三歲的十六年裡，「開學」意味著我又要去上學了，又要去接受純粹的學校教育了。而在從二十四歲到二十八歲的五年時間裡，「開學」意味著我又要上講臺，又要為我的學生「傳道授業解惑」了。而現在，「開學」的上述兩重含義已經與我無緣了，細想起來，真有一種憂傷乃至悲傷的感覺！

但我還是準備「開學」，我要賦予「開學」第三重內涵：在完成獄內重體力勞動的同時，認真的學習一點於將來有用的東西，認真的思考總結一些於將來、於個人的人生、於中國社會乃至於人類本身有用的東西。做到這些雖有難度，但卻是很重要的。

具體說來，要學兩樣東西：

一，繼續學點 English。我已經借到 new conception English 及一本英語字典。對於獄中生活而言，這已經夠用了。雖然在「科舉」道路上，英語始終是攔路大蟲，但我現在總感到將來在某些時候可能會置身於英語環境中，因此，不妨現在在這方面下點功夫。

二，習練繁體字。我對於祖國統一問題十分關心，也許將來我會為祖國的統一做點工作的，而鑒於港澳尤其是臺灣仍然使用繁體漢字，因此，現在應該攻克繁體字關，為將來順利閱讀臺港報刊做點基礎準備工作。我已經找到漢字簡化字表，沒事時就習練吧。

（注：下面有幾行已經染成墨疙瘩，看不清）

總之，要做的事情太多，今天已經是八月二十九號，抓緊時間編制計劃，抓緊時間學習吧。

一九九九年八月二十九日於漢中監獄

我之情緒實在是壞到了極點，脾氣實在是大到了極點，監獄真是一個太殘酷的地方，太不適合我生存的地方！

怎麼辦？！

怎麼辦？！

一九九九年九月二日記

這個世界有太多的殘酷、尷尬和無奈！

我現在便處於殘酷、尷尬和無奈的包圍之中，它們對著我在肆無忌憚地大笑、大鬧、大合唱啊！我的心亦因之而哀鳴不已……

一九九九年九月三日

有關柏楊被捕後太太離婚的思考

在《南方週末》九九年八月二十七日十四版上有記者常冰訪問柏楊的訪談錄，現將有關內容簡錄如下：

柏楊：本名郭衣洞，河南輝縣人，一九二〇年生，一九四六年畢業於國立東北大學，四九年抵臺，一九六〇年以「柏楊」為筆名撰寫雜文，一九六八年三月七日，以挑撥人民與政府間感情罪名被捕，死刑起訴，減處有期徒刑十二年，後減為八年。一九七六年出獄，再被軟禁，經海內外及國際社會多方營救，一九七七年四月一號被釋放，總計入獄九年二十六天，在獄中曾寫作《中國人史綱》。

記者：我注意到您在多種場合表述：在入獄期間，您也曾用絕食的方法自殺過，您當時是怎樣的鬱悶？

柏楊：在監獄裡面我覺得還可以，我在臺灣最痛苦、最難堪的一段是審訊。有很多的燈光，除了燈光，其餘全是黑暗，我根本看不到他們，我只聽到他們的聲音。這時候，他們加在我身上的好比是辱罵啦、毆打啦，做完，我完全不知道他是誰。在這種情況下，當時感到生不如死，等到審判後期的時候，更加絕望，因為我不知道明天是什麼，我是被要求處死刑的，我感到與其被槍斃，還不如絕食死了算了。

記者：在這個過程中，是什麼支撐您生存下來？

柏楊：我想我的力量來自反面。因為那時候我的太太堅決跟我離婚，給我很大的刺激。如果這時候她對我說不和我離婚，我要支持你，我要和你共同度過這個難關，是說不定真的自殺了。因為我不願意我的痛苦與她分擔。我解脫了，她一定很好。但是，她因為啥要和我離婚呢？我感覺到我一定要活下去，活下去試試看，為什麼我活到一個被大家包括我妻子在內的人唾棄的地步？我不甘心，所以後來我不絕食了，我就吃飯，我要活下去，讓我自己看看，讓我朋友看看。

……

柏楊的這段談話真讓人感慨不已，在他被國民黨政權迫害入獄時，他的愛人不但沒有支持他，不但沒有與他「共同度過這個難關」，而且堅決跟他離了婚。這與我目前的情況何其相似，我雖然沒有和若蘭領取結婚證，但在事實上她早已是我的愛人了呀，而且是一個賦予我真誠愛情的愛人呵，但我一被捕，她便以種種藉口與我分手了，想到她在我被捕後的表現，我感到這個世界真是殘酷到了極點，自己的內心世界則是尷尬無奈至極！想當年，柏楊先生在獄中的感受和我差不多吧。

其實，又何止柏楊與我遭逢這樣的尷尬與殘酷呢？

比如說，南非前總統曼德拉在被判處終身監禁後，他的妻子溫妮雖然沒有離婚，但卻養了情人。甚至在曼德拉九〇年出獄後還公然帶著情人飛來飛去，總統先生難到好受嗎？

又如，原《光明日報》總編儲安平在被打為右派後，其夫人不但堅決離了婚，而且就在自己所分得的半套房子裡又愛上了另外一個男人，三人住同一個院子，儲安平心裡難到會好受嗎？

再如，三十年代初鄧小平在被指責為「毛分子」而受排擠打擊時，他的「阿金」（金維映）不是將他拋棄而投入到大紅人李維漢的懷抱中去了嗎？試想鄧小平當時的心裡又會做如何想呢？

由此可見，在這個世界上，感情在一些女人心中又能值幾分錢？既然那個東西是不值錢的，那麼，在她們認為有必要的時候扔掉，又有什麼可惜的呢？不過一隻破鞋爛襪子而已……

當我說這些話的時候，我的心裡真是好痛啊——好痛啊，若蘭，你知道嗎？

一九九九年九月五日記

面對臺海危機的思考

在法輪功問題被解決之後，臺灣問題又被顯著地擺了出來，執政黨和中央政府的頭面人物都對李登輝的表演給予了強烈譴責，報紙輿論更是眾口一詞為武力解決「臺獨」問題清除路障。特別是昨天晚上新聞報導了國防部長遲浩田主持召開的「全國交通備戰工作會議」更是讓我心驚不已，這個會議已明確表明中央政府已經在加緊戰爭準備了，看來是海峽戰火在所難免了？！

前天晚上，王奇隊長找我談話時問我對臺海危機問題有何看法，我談了以下幾點主張：

一，我認為最好是維持目前的和平狀況，不要發生戰爭，「本是同根生，相煎何太急」，戰爭對海峽兩岸的炎黃兒女都沒有好處。

二，李登輝目光短淺，缺乏遠大戰略頭腦，把臺灣立國作為自己追求的政治目標是非常荒謬可笑的。

三，我認為「一國兩制」是無法解決臺灣問題的，大陸進行根本性的政治變革，實現民主、寬容，是祖國統一的唯一途徑。

四，如果李登輝明確宣佈臺灣獨立，那麼作為一個反對分裂、主張祖國統一的中國公民，我將堅決支持中央政府對臺獨勢力進行迅速有效的武力平叛。

一九九九年九月十二日記

今天是九月一五號，如果按判決，我的刑期已經過了整整一半，也就是說，三年刑期我已經度過了一年半，還有一年半時間。在那些長刑犯眼裡，我這點刑期根本算不了什麼，但對於我來說，實在是太長了，說心裡話，監獄不是人待的地方，我實在是一天也不想待下去了，強體力勞動及各種各樣的心理折磨使我簡直有些活不下去的感覺，但如此這般的生活卻還要持續十八個月，真是太令人痛苦的事情！

一九九九年九月十五日記

對若蘭的思念和糾結……

我感到自己簡直快崩潰了。

對若蘭的思念使我什麼也幹不下去，書不想看（暫時也無書看），單字不想記，字不想練，文章不想寫，心裡總是煩，坐立不安，只想睡覺。今天沒活，早晨飯一吃便蒙頭大睡，中午飯一吃，又是蒙頭大睡，雲裡霧裡，連頭都是暈的，這樣下去，怎麼得了呢？

常青啊，愛情之事是勉強不得的。既然她已經將你拋棄了，你再痛苦又有什麼用呢？只能是增加自己的心理負擔，增加自己內心的折磨而已。你現在身在監獄，你已經丟掉了工作，儘管只有三年刑期，但你出獄時卻是一無所有，而她身處自由世界，有文化、有工作，人家為什麼要苦等三年，嫁給一個曾被判為「罪犯」而又一無所有的你呢？再說你將來出獄後會在漢中生活嗎？會在這裡找工作嗎？我想這種可能性太小了，這樣既就是她決定等待你三年，決定嫁給你，但你出獄後又不得不到漢中以外的地方——甚至離漢中很遠的地方謀生，不能守護在她的身邊，不能帶給她家庭的歡樂——應該理智的想想這些，你就會想到對方的選擇也許是理智的了。的確，感情、愛情都是崇高的珍貴的，但人不能單靠感情生活，沒有相應的物質基礎做鋪墊，芬芳的愛情也許結出的會是苦澀的果子。回憶起來，不能不說你們的愛情是美麗的，但你太缺乏物質內容了，在許許多多的情況下，你讓她長歎不已。因此種種你當收起你愛的翅膀，不要再做苦痛的期盼、不要再做苦痛的呼喚了，痛苦時不妨就睡覺吧，或者去記點單字、練習繁體字吧。慢慢地你就會習慣的，慢慢地那份心靈的苦痛和煎熬也會消失的。

相信我吧，常青！

一九九九年九月二十日

二中隊最苦、最髒、最累的活

自元月七號下隊後一直從事揀箱作業，非常累，尤其是拉架子車上坡真是太累了。從九月二十號晚上開始，因燒火作業組的熊先軍頭部被磚頭砸傷，便臨時讓我去從事燒火作業。燒火是二中隊最苦、最髒、最累的活，燒一爐管件從準備工作拉煤開始到結束，需要連續奮戰四十個小時，真是好累呀？但是，堅持吧！

要命的是沒有勞保。

一九九九年九月二十三日記

向臺灣地震災區捐款

由於從事燒火作業及別的原因，有好幾天沒看新聞了，昨天晚上突然從新聞中得知臺灣發生了芮氏七・六級大地震，傷亡人數上萬，損失財產無數，心中深感震驚，謀求祖國的統一是我的一個不可動搖的目標，對臺灣的關心和愛使我決定把準備請王隊長為我買書的一百元錢捐獻給受災的臺灣人民，於是今晨我便向中隊幹部獻出了妹妹幾天前從西安郵來的百元匯款，並簡要說明如下：

尊敬的政府幹部：

從昨晚的電視新聞中驚悉我臺灣地區遭遇了百年不遇之大地震，傷亡臺胞逾萬（不完全統計），損失財產無數。心中深感不幸。我雖身係服刑人員，但愛國愛民之心不敢一日疏忘。今在我同胞遭此悲痛之際，特捐納人民幣一百元，恭請政府幹部將之轉交中國紅十字會漢中分會寄往臺灣災區，略表同胞手足相惜之情。

此致

崇高的敬禮！

二分監區服刑人員：趙常青

一九九九年九月二十五日晨

在愛情問題上求助上帝

在愛情問題上當我痛苦得不能自拔時，昨天——中秋月夜的晚上，我竟求助於上帝的指引了。我寫了兩張紙條，一張寫著：

常青：

九九年農曆八月十五日夜上帝指引：

若蘭還在等你，繼續愛她吧！

另一張紙條上寫著：

常青：

九九年農曆八月十五日夜上帝指引：

你和若蘭的愛情關係已經絕對不可能了，請放棄吧！

在寫好這兩張紙條並閉上眼睛折疊後，我便去到教育堂前面對東南方若蘭生活的土地默默地祈禱（我希望她還在等我），隨後我便懷著惴惴不安的心情從口袋中隨意抽出了一張紙條，結果上帝的指引是：若蘭還在等我！

常青啊，既然在這樣一個月圓之夜，上帝對你做了如此明確的指引，你還徘徊什麼呢？繼續你的愛情吧，繼續給她以美麗忠誠的愛情吧，請相信，她會成為你的百年愛妻、她會成為你的百年伴侶的！

若蘭，我愛你！

若蘭，我愛你！

一九九九年九月二十五日記

（注：這篇日記後來上面有大叉符號，並寫有「荒謬！」「荒謬！！！」）

幹部認為我捐款給地震災區是「不合適的」

今天，指導員（劉世文）找我去辦公室談了話，說我關於向臺灣地震災區捐款的事情是不合適的，下午，張幹事（張西平）便將那一百元匯票退給了我。

一九九九年九月三十日記

給若蘭的詩歌體書信（第七封書信）

今天給若蘭寫了一封式樣別致的信，全文如下：

I

我又在給你寫信呢，若蘭，你還好嗎？

II

我已經好長好長時間沒見你了，我好想念你呀！

III

總想在自己的身邊多發現一點和你相關的東西，但總是那麼兩樣：一樣便是那封五月來信，另一樣便是九五年冬天你送我的那床小棉被了。
呀，我多麼不喜歡那冷冷清清的信呀！
我卻又是多麼喜歡那暖暖融融的被呀。

IV

中秋之夜，天上一輪好美的月兒。
對你的思念竟使我求助於那偉大的上帝的啟示了。我取了兩葉紙箋，一葉上面寫著：

常青：
九九年農曆八月十五日夜上帝指引：
若蘭還在等你，繼續愛她吧！

另一張紙條上寫著：

常青：
九九年農曆八月十五日夜上帝指引：
你和若蘭的愛情關係已經絕對不可能了，請放棄吧！

然後我便閉了眼睛將之折疊後裝入信封，然後我便去了教育堂的窗前，然後我便面對你所生活的土地，面對天上的月亮，面對心中的上帝和你默默地祈禱，再然後我便將左手伸進了信封，最後，我便撲騰著心靈的翅膀抽出了其中一葉紙箋。
呀，若蘭，你猜那張「上帝通知書」上寫的什麼？

V

感謝你呀！

感謝上帝呀！

VI

我愛你，若蘭！

我愛你，若蘭！

你為我付出了一個時代

——一個美輪美奐的時代！

我將為你付出一生

——一個至真至善的人生！

VII

雪萊大唱：「用美把世界映紅」，

哦，若蘭，是你把我映紅了啊，

我醉了呀，

我飄了呀，

我要用愛映紅你的臉呢，

我要用愛映紅你的心呢。

Ⅷ

燃燒吧，美，
燃燒吧，愛情，
燃燒吧，那美的世界，
那愛的人生。

Ⅸ

我又想你了，若蘭，
我現在好想好想見你呀，
我現在好想好想握你的手、撫你的心呀，
呀，我的心亦因此喧騰起來了呢，
我的心亦因此澎湃起來了呢，
我的心亦因此激盪起來了呢……

Ⅹ

我想唱歌了——
輕輕地捧著你的臉，
為你把眼淚擦乾，
這顆心永遠屬於你，
告訴我不再孤單。

……

呀，這真是一首美麗的歌，
若蘭，你聽到了嗎？

XI

我真不想再蹲監獄了，
我想回去，
我想回到你身邊去，
天，開始下雨了，
我的心也濕了……

XII

我有點疲憊了，
我，睡覺去，
那裡有一小床暖暖融融的被呢。

XIII

再見吧，若蘭，
再見吧，親愛的！
你的囚徒：常青

一九九九年十月二日
（若蘭，能為我送或者郵寄兩本書嗎？）

九月二十三號買東西時，給三無人員劉虎明買牙膏一支（二點八元）
九月二十三號給管奎明肥皂一條（已歸還）
十月三號給三無人員王興餘買一支黑妹牙膏（三元）
十一月八號王傳平肥皂一條
十一月十號梁西儉肥皂一條
十二月二十三號丁禮成牙膏一支，郵票信封兩套
（這段文字記錄應該是在日記半頁空白處先後記錄的）

我和金大中先生獄中生活的比較

九八年十一期《讀者》雜誌上有一篇韓國總統金大中的文章，金說：「我愛花。在牢裡我能夠做的只有讀書、寫信和養花，其中養花是監獄賜給我的最大的快樂，每天午飯之後，給我約一個小時的運動時間，我就利用這段時間來養花……

每次澆花我都深刻地感到，人在任何情況下，即使蹲監獄，也要創造性的改變環境，並使自己適應那種變化，並從中找出意義和發展的潛在可能。

……

通過與花和鳥的交際，我再一次真切的感到愛之偉大，只有愛才是使人與人、人與自然融為一體的整個宇宙的憲法。」

這段文字真是讓人感慨不已。

其一是金大中先生在監獄裡不用體驗苦役之折磨，不像中共當局的勞改營制度，所有的犯人都是苦役犯。就拿三監（漢中監獄）來說，生產的是瑪鋼零件，除內銷外，產品還掛靠天津外貿公司出口到東南亞地區，勞動強度非常大。比如說前不久將我調到燒火作業組，一個班前後持續時間四〇多個小時，並不許睡覺，每個燒火人的臉上，身上全是漆黑的煤灰，兩個眼珠子在黑黑的臉孔上轉一轉很嚇人的——才下隊時，第一次見到他們時我確實嚇了一跳如同見到活鬼一樣，想不到一年後我也開始扮演這種「活鬼」的角色。勞動強度大自然非常累，從下隊到現在這一年多時間，活沒間斷，連大年三十、正月初一、正月十五、五一等等重大節日都沒有放假，拼命幹活，可是飲食很差，油水少，有時還吃不飽。最糟糕的是勞保跟不上，手套一個月能發一雙，但兩爐管件就爛了，最多能用三四天時間，至於口罩、勞保服裝直接就沒有，勞保鞋三年一雙，而我領的一雙穿了三個月就爛的不能再穿了。所有這些困難都要靠犯人自己憑意志和耐力去克服、去解決，這樣勞動中被劃傷、燒傷、燙傷的事總是經常出現。我想金大中先生沒有體驗到這種苦役犯的滋味吧。

其二，金先生說他在獄中「能夠做的只有讀書、寫信和養花。」多麼叫人羨慕呀，簡直是被強制休閒呢。可赫赫有名的三監獄卻連圖書室也沒有，閱覽室也沒有。除了內部發行的《當代監獄報》外就沒有什麼可看的，至於養花那就更不可能了。寫信和讀書，別的犯人比我要自由些，上個月邵老師就寫信說將《李銳反左文選》寄過來了，可直到現在也未見書。

其三，我認為金先生在文中的最後一句話道出了人間真理，愛，「只有愛才是使人與人、人與自然融為一體的整個宇宙的憲法。」可是我們的監獄管理者怎麼會懂得這一點呢？我給女友寫的信都一而再、再而三地被拒發，理由是：「監獄不是談情說愛的地方。」想起來真是荒謬至極。

一九九九年十月八日記

李敖參選臺灣總統的聯想

前不久的報紙刊文說：「臺灣歷史學家、作家李敖已正式作為新黨推出的候選人參加二〇〇〇年的總統大選」，其中李登輝是他的對手之一。

李敖說他已經掌握了李登輝腐敗貪污的確鑿罪證，他當選後「要把李登輝關起來」，他反對分裂臺獨，把確保臺灣安全作為首要綱領，認同一國兩制，主張兩岸開展高層政治對話與合作。

這很好，祝他成功。

其實李敖前後「三進宮」，在牢裡他不像有的人無所事事，喪失自我，坐牢成了他休息與反思的地方。李敖出獄後，有人採訪他在獄中感受，李說：「世上有兩個鍛鍊男子漢的地方，一個是戰場，一個是監獄。只有戰勝自己，你才能挺過去，變得更強大；如果不能，就會變得痛苦不堪，難受萬分。」而李敖自己在獄中過著極有規律的生活，每天思考上下古今事，整理自己的想法。結果每次出獄後，他更加激進，揭露獄中黑暗，批判蔣家專制。

一九九九年十月十九日記

對歌星崔健、張也、彭麗媛等人的態度

今天十月二十號，早晨天下雨。

半個多月前，漢中電視臺就打出宣傳廣告說：「為慶祝秋交會」開張，漢中有關方面已請歌星如張也、孫悅、景崗山、老狼等人前來助興演出，將於十月二十號晚在漢中體育場召開演唱會。而我所在監舍的北面就是體育場，中間隔著司法路，昨天下午有一些人已在體育場內佈置好了燈光音響設備，今晚如果不下雨的話，演唱會看樣子會如期進行的。

我對歌星們從來沒有好的感覺，有一部分例外，如崔健、毛阿敏、騰格爾、李娜、彭麗媛等，我從來沒有追過星，尤其對董文華、張也之類的歌壇政客惡而遠之。如張也唱的《走進新時代》從詞作者、曲作者到唱者本人全部讓人倒胃口，太可惡了！連老天也厭棄他們，否則的話，為什麼昨天還是晴天，今天就偏淋了張氏一頭冷雨呢！

九九年十月二十日晚

今天天又晴了，看樣子，老天有眼，真是不歡迎張也們到漢中來嚎叫。

一九九九年十月二十一日記

昨天收到妹妹寫來一封信和一個小包裹，信裡有兩段話很有意思：一段話是：「哥，有家一天活就多了，總有幹不完的活，人就是這樣慢慢變老的。」另一段話是：「小泰然慢慢吃飯了，出了兩個牙齒，偶然還會叫句爸爸媽媽，我很高興，雖然一天累得很，可是孩子一天比一天懂事，也是一件讓人高興的事。」

細細琢磨這些話真富生活氣息，妹妹比我幸福，她不僅有個家，而且還有一個會叫「媽媽」的女兒了，我真為她高興。相形之下，我就太慚愧了，不僅沒孩子，甚至連個愛人都沒有，相戀三年的女友竟然殘忍地離去，唉，多乏味的人生！多無奈的人生！

一個小包裹裡寄的是兩件線衣，兩雙襪子，兩條內褲，多謝了！

一九九九年十月二十一日記

致若蘭的第八封書信（一九九九年十月二十七日）

若蘭：你好！

在這之前，你大概收到我六封信。每封信發出之後我都在盼望你的回音，但在大部分情況下我都處在失望狀態。望著你所生活的那片土地，我的心常常的悵然而又悵悵然，不過我已經習慣了，已經習慣了你的沉默。記得以前和你相處在一塊時，你也常埋怨我不給你說話簡直比罵你還難受，現在可好了，輪到我去充分體驗那種比罵還難受的滋味了。真可謂風水輪流轉，此一時彼一時也。

關於我們之間的愛情問題，我真的已精疲力竭，我不想再說什麼了。如果你確已另棲良枝，就懇請來信說明，我會以非常寬容與理解的心態去承受你的最終判決的。你知道我是讀歷史的，歷史上的類似事例我也瞭解一些，比如說，一九六八年柏楊入獄後，他的夫人也堅決跟他離了婚；三十年代初，當鄧小平被莫斯科派指責為「鄧、毛（澤覃）、謝（維俊）、古（柏）」集團的頭號人物而遭遇其人生行程中的首次重大打擊時，他的「阿金」（金維映）不僅跟他離了婚，而且投身到當時的莫斯科派紅人李維漢懷中去了；而原《光明日報》總編輯儲安平在被打為右派三號人物時，他的夫人不僅跟他離了婚，而且還在自己所分得的另半套房子裡與另一個男人（宋希濂）結了婚，而儲安平還必須在同一個大門進出（計劃經濟時代）……這類人間尷尬之事真是不勝枚舉的，因此，如果你已另有所歡，我想我不會埋怨的。更何況我們之間連個法律契約都沒有簽訂，你本身是自由的，只要你能夠幸福，你就做你願意做的一切，不必顧慮包括我在內的別人會去怎麼想。

我舉這些例子並不是說我現在要鼓勵你去做類似的選擇。你對我的冷漠雖然讓我很痛心，但要我從內心去歡呼你的拋別，我是永遠做不到的。愛你就是愛你，喜歡你就是喜歡你，想擁你為妻的心情絕沒有因為你的冷漠而有絲毫的褪色。相反，隨著你漸漸遠去的背影，我對你的嚮往和思念卻是越來越烈了。這大概便是我的悲劇。曾國藩說：「好漢打脫牙，和血吞」，儘管現在確實該我「和血吞牙」的時候，但我無法吞咽掉自己對你的愛情。「生命誠可貴，愛情價更高」，這是裴多菲的愛情觀，我誠摯地接受了這份具有經典色彩的愛情理論，我當然不想隨意改寫其中的美麗內涵，因為那樣的「隨意」將是一柄雙刃劍，不僅會傷害對方，更會傷害自己，最終收穫的總是一堆目不忍睹的破碎。我不想給自己製造那樣的悲劇，更何況我沒有製造那種悲劇的主觀的心理動因。

我這個人還有兩個特點你大概也知道：

其一，無論做什麼事我都不會半途而廢的。要登山必至峰，要掘井必及泉，我會以自己的全部力量執著於某一既定目標的。這要歸因於我上初中時的那位可敬的校長。那位校長給我們上課時總是對我們說：「恆心架起通天路，毅力築起凱旋門」，我在十三、四歲時便接受了這種說教。因此，無論做什麼事不到放棄的時候我是絕不會放棄的，不到絕望的時候我是絕不會絕望的。對於愛情也一樣，儘管我覺得你也是有缺點的，但我選擇了你的優點和長處。不管我在客觀上會不會得到你的百年之愛，在主觀上我肯定會盡自己最大的努力的。

其二，無論做什麼事我都不會顧及別人的議論和評價的，我就是我。我認為對的我就要去做，至於自己會付出什麼樣的代價從來都不會考慮的。我在這方面的特點可能是由於劉曉慶的影響。我上初中時，郵差因為偷懶就讓我承擔起為村裡捎帶報紙和信件的事情，他付出的代價就是每到年終時給我兩卷花炮回去燃放。這有什麼不好的，我當然樂意幹，因此，報紙我是經常看得到的，尤其是《參考消息》。而在一九八三年夏天的《參考消息》中連載有劉曉慶寫的《我的路》，此文給我印象很深，其中有一句話是「走自己的路，讓別人去說吧。」這句話給我的影響也很大，以至於我把它當做指導自己人生的一個信條，這也是我為什麼始終對劉曉慶抱有好感的原因。同樣的，在自己的愛情問題上，我不會顧及包括你在內的別人會怎麼議論、甚至是怎麼嘲笑的。我會沿著自己所選擇的那條美麗的小徑昂首前行的，至於最終我會不會得到你所編織的愛的王冠，那就看冥冥之中的天意了。

在愛情問題上我今後再也不講了，除非你寫信告訴我你已結了婚或另有所愛從而使我心中的經典愛情在你身上徹底破產，否則我會繼續給你寫信的。只是信的內容會從愛情問題上轉移到關於生命、自然、真善美及有關寬容與博愛的問題上。我以為我不僅從愛情上可以和你進行心靈的對話或獨白，在關於世界、人生與藝術的問題上也同樣可以與你進行對話和溝通的，當然這是今後通信的內容，這裡就不提了。

信寫至此，意猶未盡，再說點別的事吧。

我所在的三監獄從管理上講還是不錯的，到二〇〇二年全省要創建三所部級現代化文明監獄，三監便是其中之一。現在全監上下都在為這個目標而努力。這裡的幹部對我也比較關心，並給予一定程度的照顧。前不久我變換了工種，現在從事燒火作業。有時上夜班，累倒不太累，就是一天臉糊得像個非洲人。不過我喜歡上夜班，夜間生產線人少，清靜，白天回到宿舍後，人也少，也清靜。人在清靜的時候心情也會閒適些，除了拼命睡覺外，還可以讀點書，思考點問題。監內業餘生活也還可以，如「國慶」期間，中隊組織了象棋、撲克、乒乓球、卡拉OK及詩歌朗誦比賽（可惜我在所有這些方面是「全不能」，故，無緣助興），中隊幹部還將自己的VCD搬來讓我們看看碟片，前不久，省女監的文藝隊在幹部帶領下還到我們這裡來演出，有些節目還挺感人的。

我現在菸抽的較多，平均一天大概在三到四支，心情煩悶的時候可能會多些。身體狀況良好。今年總共去了兩次醫院，吃點藥就好了。同時我感到通過近一年的體力勞動自己身上也有些力量了。我對於這一點非常滿意，只是我之體重仍然不足一百二十，我希望通過勞動鍛鍊使自己的體重也能增加一些。

去年我被逮捕的時候，走的匆忙，窗戶忘關了，不知房間飄進了多少雨水和落葉。唉，我的那些躺在地上的書也讓我連累了。我真有些內疚，要是你能用長竹竿將那兩葉窗戶給關上就好了，以免明年的雨水再飄了進去。

從性格上講，選擇政治大概是我的一個錯誤。我感到自己在真、善、美及博愛方面浸染得太深。我常常感到自己的心靈太細嫩、太敏感、太童稚化了（我連雞也不敢殺的事你是知道的），以這種心靈狀態去謀求一個詩人、哲學家、藝術家或者一個倫理學、美學教授的位置可能差不多，但要做政治的遊戲可能就不太合適。因此，出獄後，我也許會遠離政治的，當然這是後話，將來再說吧。

信就寫到這裡，想必你收到信後同樣是不會回信的，我也就不盼望了。只是天氣漸已轉涼，窗外的梧桐樹葉也已經飄零了不少，請你悉心呵護好自己弱弱的身體，病了就吃點藥，涼了就加件衣，我對於你 的身體真是很掛念很掛念的……

你的小囚徒

一九九九年十月二十七日

這張紙還有一點空間，給你抄一首歌吧，騰格爾的，歌詞、曲及其表達的意境都是非常美的，如果還有緣分的話，待我出來後再唱給你聽吧。

天堂

藍藍的天空，
清清的湖水，

綠綠的草原，
這是我的家呀……
賓士的駿馬，
潔白的羊群，
還有你姑娘，
這是我的家呀……

嘿呀，嘿呀，嘿呀，盼呀盼回家。

昨天晚上，孫悅、景崗山、張也、老狼、靜雯等人在漢中體育場進行了演唱會補演，聽王隊長說原來票價分兩個等級二百四十元和一百二十元，但因觀眾不多，後來又降到六十元。

一九九九年十月二十八日

前天，在我的懇請下，中隊幹部研究後，張幹事為我訂了兩份二〇〇〇年度的報紙，一份是《南方週末》，年價七十八元，一份是福建日報社主辦的《每週文摘》，年價三十元。今年訂報花了一百零八元，我所希望的是明年的報紙能夠全部到手，不要像今年那樣有太多的殘缺。

一九九九年十一月十一日

管事犯談打人的事情

前天上夜班，與楊傑（管事犯）在他房子裡閒聊，他對我說了很多事情，有些事情還令人吃驚，他談到在分監時他們酒後（有幹部參與）毆打徐平安的事情，幾個人將徐平安摁住再剝光衣服用開水燙，弄得徐平安渾身是水泡，最後他被關禁閉。他還談到九六年以前像淬火生產線的西拐角、澡堂旁邊這個小房子都是打人的地方，我說現在怕不行了吧？他說，「有些犯人幹部還不是讓叨吱（毆打）。」他還談到幹部有時候把他們「當猴耍」……

一九九九年十一月十六日

卅年人生感懷

昨日上夜班時獨坐爐前沉思，回首人生，感慨良久，隨口吟小詩一首，現錄此以勉——

卅年人生感懷

回首人生三十年，風雨兼程疾向前，
屢戰屢敗痛心首，屢敗屢戰動人寰。
今入老君八卦爐，再煉金睛與赤膽，
待到自由卷舒時，飄飄大旗向天展。

這首詩大略可概寫我近三十年人生之狀況。無論在學業上還是事業上我都是抱著火一般的熱情一味地向前、再向前，風雨無阻、風雨兼程。但是，無論在學業上還是在對理想的奮鬥上我都遇到一而再、再而三的挫折和失敗。就拿學業來說八八年高考失敗，九二年考研失敗，九五、九六、九七又遇到一連串的失敗，這些失敗真讓人疾首痛心，故曰「屢戰屢敗痛心首」。而在事業上，在對社會理想的奮鬥上也一而再、再而三地遇到挫折，如十年前的八九年當我第一次為民主的社會理想而奮鬥時，其結果是我被送進了秦城監獄；而當九七年七月上書執政黨中央要求進行民主化改革時，當九八年元月我以實際行動踐行民主理念（競選人民代表）時，我得到的是傳喚、監視居住、刑事拘留、逮捕、判刑、入獄。但九八年的這次奮鬥不僅國內的同仁們（如武漢的秦永敏先生）上書全國人大委員長喬石先生要求當局還我公民自由，而且國際及港臺主要媒體都加以報導了，故曰「屢敗屢戰動人寰」。

現在我雖然入獄了，但正如孫悟空被送進太上老君的煉丹爐一樣，它不僅不會煉死叛逆者，相反煉造出了叛逆者的火眼金睛，而我現在恰恰在淬火生產線從事燒火作業，故我立意也相信會煉造出更有效的辨別是非善惡美醜的火眼金睛及更加忠誠於祖國和人民的忠心和赤膽，從而為未來的奮鬥打下更好的基礎。我相信出獄後我們的奮鬥必將使民主大旗飄揚於長城內外、大江南北！

一九九九年十一月三十日於漢中監獄

致若蘭的第九封信（一九九九年十二月三日）

若蘭：你好！

又到了一月中該發信的時候了，我在十一月分寫給你的信不知你收到沒有？我之心中甚為掛念，希望你一切都好！

在這封信裡，給你抄一首歌——《花兒為什麼這樣紅》，這是文化革命前的一九六三年拍的一部名叫《冰山上的來客》電影中的插曲，記得你曾在我的房間裡小聲唱過這首歌，可惜一些歌詞你記不清了。但那攝人心魂的旋律、哀婉動人的曲調則給我留下了深深的印象。現將譜與詞一併抄錄給你，也許能給你的生活增加一些興味。

我對於音樂不是特別的偏好，但在某些情況下卻也喜歡哼哼唱唱，可惜我不識譜。上小學和中學時，音樂課老師從不講樂理，我們做學生的只是鸚鵡學舌，老師教一句，我們唱一句，故直到現在我都是個音盲。也因此，能識譜且能吹奏口琴的你、能吹簫的你妹妹在我眼裡都是個奇蹟——我雖是個音盲，但我卻喜歡音樂欣賞。在西安讀書時，我常去音樂學院聽音樂會。我最喜歡的是周邊少數民族的老民歌如《小河淌水》、《草原情歌》、《敖包相會》等。我也喜歡反映草原或高原民族生活風情的新歌如李娜的《青藏高原》、騰格爾的《天堂》等，這些歌聽起來音域悠悠、波瀾起伏、空闊遼遠，給人以無窮無盡的藝術想像。至於流行音樂則很少能打動我的心靈，不過崔健例外。我在西安讀書的初期正是《一無所有》的時代，崔健的歌聲讓我知道了一部分中國青年、尤其是一部分中國青年男子漢激情、昂揚、雄健卻又頗有些蒼涼、悲愴及至於無奈的內涵。八九年夏在北京大學當我見到身穿印有「一無所有」字樣文化衫的同學時，我的眼裡充溢的是青春的熱淚。而今年看電視，當耳中傳來「Macao，Macao，我的名字不叫 Macao」的女童音時，當電視裡傳出「長亭外，古道邊，芳草碧連天」的五四校園歌曲並配有富有那個時代特色的學生舞蹈時，若蘭，你能瞭解我當時的心境嗎？那是無法用語言表達的愛與感傷、真與自由、美與永恆呵……藝術，她就是這樣的女王，她能以自己的特有方式去叩擊你的心扉，去觸發你心靈的電鈕，使你自覺不自覺地進入她的御花園，並獻出你陶醉的靈魂伴隨她升騰、飄越、飛揚。

根據我對你的瞭解而言，我在前面提到的那些歌想必你也是比較喜歡的（崔健可能不合你的口味），其中有些歌如《小河淌水》、《草原情歌》等我們在一塊不止唱過一遍。不過我現在想說的是無論在我們的生命進程中遭逢多少苦難和挫折，我們沒有理由拒絕歌聲、拒絕藝術，就像我們沒有理由拒絕陽光、拒絕微笑一樣。因此，在你心情尚可的時候，不妨小聲唱唱，也許可以因此而舒解一下波動在你心中的洋洋鬱悶。

另外，我還記得在我被捕前最後一次去到你的校園時看到你的床頭掛著一小幅自己畫的「紅梅圖」，儘管畫得還欠水準，但對於你之人生而言則又有了全新的嘗試。分別將近兩年了，希望在我出獄後，能在你的心靈陽臺上看到一個花香鳥語、萬紫千紅的小花園。

我很惦記你家養的那盆蘭花，她還好吧？我對於花鳥蟲魚知之甚少，希望你悉心呵護好那高雅多嬌的生命，就像你應悉心呵護好自己的身體一樣。養花也許是能得道的。在《讀者》雜誌九八年第十一期裡有一篇韓國總統金大中的文章。他說他愛花，在他坐牢期間，每天午後他都會用一小時時間去養花，這給他在獄內生活帶來莫大的快樂。出獄後他又喜歡養鳥，文章很生動（你不妨找來一閱）。在文末他寫道：「通過與花和鳥的交際，我再一次真切的感受到愛之偉大。只有愛才是使人與人、人與自然融為一體的整個宇宙的憲法。」金先生道悟得深刻，話也就說得非常有理。不過這已接觸到了「博愛」問題，關於這個問題我準備在下一封信裡談談自己的意見，這裡就不提了。

總之，在這封信裡，我談了一點與藝術有關的問題。科學求真、道德求善、藝術則是以美作為最高目標的。雪萊說：「用美把世界映紅」，我們雖然沒必要為自己設定太高太遠的藝術神聖，但讓我們的人生洋溢一些藝術美感則總是應該的。因此，在我們孜孜以求於科學（廣義）與道德的領域時，也不妨用藝術的花衣妝扮一下人生這個小姑娘——「用美映紅」這個小姑娘的臉，「用美映紅」這個小姑娘的心，若蘭，你以為如何呢？

一九九九年十二月二日

附：

若蘭：在上一封信中我曾懇請你告知我你是否已有了新的伴侶，如果有的話我將終止自己的通信行為——我擔心在你有了新的家庭生活之後再給你去信會影響你們的幸福與和諧，甚至會給你個人造成心靈傷害。而不想讓你受到傷害卻是我誠摯的祝福和願望。但不見你的回音，因而我也就無法判定你目前的情感生活狀態。

在這封信裡我再次懇切地請求你告訴我你目前的真實生活情況，我對於我的若蘭永遠充滿愛情，但我不想陷入三角遊戲——我寧願退出而不願受到道德、理性和良知的批判。但是只要你還一個人生活（坦率地說這也是我關於未知世界的一個非常苦痛的願望），我就會像一個絮絮叨叨的孩子一樣給你寫信的。當然，在上一封信裡我曾說過今後的通信不會再涉及個人情感問題，我想我會努力做到這一點的。為防止你沒有收到我上封信，我特在此做補充說明。

其實我很想請你給我做幾件小事——比如說給我郵寄兩本書，但由於不知你的情況我也就不好開口，這封信裡我也不做此請求，等弄清了情況後再說吧。

一九九九年十二月三日

我和杜監獄長的一次衝突和感想

曾經我準備在這裡面就中國社會的民主變革問題寫點東西，但前不久發生的一件事情讓我決定放棄這個計劃。

這件事情是這樣的：一一月二四號晚進行了分類教育考試，試卷裡最後一道題目是：結合自己的犯罪情況，談一談自己犯罪的思想根源。考慮到自己確實沒有犯罪行為且自己的入獄確屬現行政治體制造成的悲劇時，我便在試卷上如實地答道：

我沒有犯罪，更不是什麼暴力犯罪，我的入獄只不過是現行政治體制造成的一個悲劇，而造成這種悲劇的主觀思想根源有以下幾個方面：

一，對祖國和人民的無限熱愛；

二，對共產主義思想及現行一黨專權政治體制的反叛；

三，相信共產主義政治在中國歷史上只不過是令人很不愉快的一段回憶而已；

四，相信民主的社會政治體制更有利於中華民族乃至全人類的生產和發展。

當這份試卷交上去後，想不到第二天早晨指導員就將我傳進了辦公室進行批評。並且時間不長杜芳洲監獄長也來到中隊辦公室來對我進行「說教」，比如說指責我「無知啦」、「狂妄自大」啦、「沒有資格批評馬克思、中共」啦，甚至荒謬地說我「背叛祖國」等等。對於他們說我「無知」什麼的我表示「接受」（蘇格拉底都表示自己很無知呢），但在涉及到原則觀點、涉及到真理的問題上我據理力爭進行了回駁，很自然我在辦公室裡的表現是令他們非常失望的，最後指導員讓我下來寫什麼檢查，並說分類教育及考試都要扣分，果然在別人的分類教育成績已公佈的時候，我至今不知自己的成績是多少。

其實從社會分工角度講，我對於他們都是尊敬的，畢竟監獄是保護人民合法利益不受侵犯的必要工具之一。他們的工作是艱苦的、神聖的，我不想因為自己被關進監獄而把他們放在我的對立面，相反，我始終對他們的工作表示尊重。從走進監獄開始我就提醒自己不要把他們當做自己論辯的對手，更不要當做鬥爭對手，那是不會有多大意義的。從某種意義上講，他們既是現實體制的既得利益者，也是現實體制中的犧牲品，只是他們為了那份現實的利益而表現出有意或無意的不覺悟而已。如果他們能從長遠的角度出發，如果他們能為自己的子孫後代的幸福考慮的話，如果他們能為多數老百姓的實際利益考慮的話，我想他們在民主問題上的結論不會和我有多大差異的，他們也不會去竭力維護一黨專權的共產主義政治體制的（至少從表面上看是這樣）。

但不管怎麼樣，出獄前我不想再和他們論及政治問題，我不想再就政治問題進行議論和感慨。當然也放棄關於民主變革問題的寫作計劃。我只準備讀點書、練練字、記記單字我想這樣才會相對「順利」一些。

一九九九年十二月十一日・記

澳門回歸日關於臺灣問題的思考

九九年十二月二十日，澳門回歸了。

這當然是繼香港回歸之後的一件喜事，我祝願澳門的明天更美好。

但中華民族的統一問題遠未完成。

「一國兩制」構想比較順利地解決了香港、澳門問題，但能否用「一國兩制」模式解決臺灣問題呢？我看可能性很小，甚至是不能！

我覺得解決臺灣問題只有兩種方法：

其一，武力的戰爭的解決；

這種方法我個人是不贊成的，甚至是反對的，無論如何，臺灣者，中國的臺灣，臺灣民眾亦我炎黃子孫，「本是同根生，相煎何太急」，更何況戰爭損害的是兩岸人民的生命財產，損害的是人民自己的利益。故我不贊成戰爭的武力解決，但如果臺灣真欲謀求政治獨立，那也是我絕對反對的，若出現彼種情況，我只能是支援戰爭統一了。上帝保佑，千萬不要出現那種情況。

其二，民主的和平的方法解決。

這種方法就是德國統一模式在中國的運用，想當年東德乃共產黨專權國家，但由於東德在國內民主力量奮鬥下，在國際民主力量支持下，終於成功地和平地實現了由專制政體向民主政體的轉變，故兩個德國成功地用和平的民主的方法完成了統一，堪為世界民主統一的典範。臺灣雖不是獨立的主權國家，但大陸要用「一國兩制」模式去統一臺灣則是不可能的。只有在大陸完成了由專制的共產主義政體向民主的社會政體轉變後，只有在海峽兩岸的任何合法政治社群都可以在祖國大地自由發展成長時，兩岸的徹底統一才能真正提到議事日程。因為只有民主才能保護臺灣的自由、繁榮，只有民主才能促進大陸的繁榮強盛，只有民主才能保護人民的利益不受專制政權官僚的剝削、壓迫和侵犯，只有民主才能造成中華民族偉大、繁榮、光輝燦爛的明天！

但對於共產主義貴族、官僚及其剝削者來說，民主則是致命的武器。在民主面前，他們充滿敵視、恐懼和顫抖。人民一旦擁有民主，他們也就會喪失由共產主義政體所帶給他們的專橫跋扈、趾高氣揚。但民主畢竟是一種偉大的世界性潮流，這種潮流是任何力量所不可能阻擋的。民主，她不僅在歐洲顯示了她的魅力和力量，不僅在美洲顯示了她的魅力和力量，不僅在亞非拉等國顯示了她的魅力和力量，而且也必將在當今世界的一些非民主的國家和地區顯示其迷人的魅力和偉大的力量。中國，作為世界的一員，也必將在民主理念指引下，完成她所渴求和奮鬥的一切！

當然，民主不能是等待。她需要我輩中華兒女的共同努力，需要我輩炎黃子孫的精誠奮鬥。我想，對於我們來說，不僅要通過奮鬥來實現祖國大陸的民主變革事業，而且將通過由奮鬥得來的大陸民主體制去努力完成中華民族的最後統一，由民主去催發我們的進步繁榮，由民主去維護穩定團結，由民主去建設一個和平、美麗的人類家園。

一九九九年十二月二十日於漢中監獄

醒來吧，詩人！

醒來吧，詩人！
你，沉睡得太久了，
儘管，身陷牢籠
但你的心是自由的啊。

請打開你心靈的視窗吧，
請接納理性的陽光吧，
——不要再沉淪了，
不要再苦悶了，
不要再悲傷了，
沉淪，只能是暫時的，
苦悶，只能是暫時的，
悲傷，只能是暫時的，
我知道，詩人，那一切都是暫時的，那一切都會消失，那一切都會遠去！

一切的失去都不會影響你的現在，
一切的放棄都不會妨礙你的未來，

你，畢竟是你！
你，畢竟是你呀，詩人！
你，畢竟是你呀，我的至高無上的統治者，
我的至高無上的主宰……！

一九九九年十二月二十二日

無題

飄風猛消，
驟雨頓散。
如詩斜陽戴崑崙，
秀峨江山晝展。

秦山南北，
漢河兩岸，
三公逐鹿圖中原，
留下千古美談。

而今我食菜根，

臥薪何懼苦膽。
勵精圖志。
笑傲作古帝王事，
還要風流萬年。

（注：本「詩」作於一九九二年八月，一九九九年一二月二七日憶錄於漢中監獄以自勉）

祖國啊，母親，在這千禧年到來之際，我在這冰冷的獄中為您祈禱，為您祝福！
我祝願您在新的千年繁榮、偉大、強盛！
我祝願您在新的千年更加美麗、更加年輕！

一九九九年十二月三十一日午夜於漢中監獄

千禧年元旦對祖國的祝福

祖國啊，母親，在這千禧年到來的黎明，我在獄中向您表明自己的赤子之心：
無論在我的生命進程中曾經遭逢過多少苦難，無論在我的奮鬥歷程上已遭受、正遭受甚至將遭受多少失敗和挫折，我都將一如既往地為您的民主事業而鞠躬盡瘁、驅馳不息！
我相信在我輩炎黃兒女的努力下，民主的陽光必將照耀錦繡中華的每一寸土地，民主的雨露必將潤發偉大祖國的一山、一水、一草、一木！
萬歲啊，我的祖國！

萬歲啊，人民的民主！

萬歲啊，人類的民主！人類的地球！！

二〇〇〇年元月一日黎明草於三監獄（漢中監獄）

囚中吟

三九寒天雪花飄，為求民主坐大牢。

俯首三思心無愧。仰天九問魂長嘯。

東西南北傳良意，日月星辰照丹潮。

今日惆悵何須恨，大翼垂天在明朝。

（注：本詩作於一九九八年元月的漢中看守所，抄錄於此以自勉——二〇〇〇年一月六日）

我那可憐的孩子

許多情況下我都覺得自己過得好累，想起來，近十年的人生讓人好不感慨，一而再、再而三地遭逢挫折、坎坷和失敗，及至弄到工作丟了，監獄進了，戀人走了……的地步，想起來，心都是痛的。尤其是我的孩子，我的孩子啊……

我多麼愛我的孩子！

我多麼想我的孩子！

但是，可憐的 baby，你到哪裡去了呢？你還未來得及降臨人間就匆匆去了天的國度，我的心多麼惆悵，多麼悲傷啊！在你面前，我未能盡到自己的責任，我未能夠去保護你，孩子，你在天國的幼小的靈魂能原諒我嗎？

二〇〇〇年一月八日

一位神秘老人的留言

幾乎每天沒人的時候，我的心中都會憶起一件往事：

那是一九九三年的八月十三號下午，我在經歷了好幾個省市的「茫然」旅行後，在某省會城市的候車廳候車（二樓），當時天好像還下著細雨，我正在翻看在濟南買的《曾文正公家書家訓》（在當時的圖書市場上這本書還很少見），突然旁邊有人問到：「小夥子，看的什麼書？」我抬頭一看，是一位老人來到我面前，他看起來很慈祥，很精神，大概有六十，頭髮短短的，但都白了。我以為他是候車的，就禮貌性的讓座並回答他：「看的是《曾國藩家書》」，哪想他坐下後好像對我很熟似的，給我說了很多好話，尤其讓我驚奇的是他竟然知道我的過去……，老人要我回單位去。我感到老人很神秘，便請求老人給我留言。老人便在我的筆記本上留下了這樣一段話：

「善於總結經驗教訓，學會全面看問題，時時不忘。要腳踏實際，只有立地，才能頂天！」

署名是「忘年交，一老同志」。寫完這些話後，老人起身了，我原以為老人是和我一樣等火車的，見他起身了，我提出要送他，結果他不讓送，於是我目送著老人下樓並出了火車站……

這件事過去六七年了，這六七年間我再也未見到那位奇怪得有些神秘的老人，但我卻一遍又一遍地回味著那位老人留下的話（可惜那個老人留言的筆記本也讓安全局查抄了）。這一段話有兩重意思：

第一層：「善於總結經驗教訓，學會全面看問題，時時不忘。」

老人要我善於總結經驗教訓，對於我這個在最近十年連續遭逢挫折和失敗的人來說，確有許多經驗教訓需要總結，這是毫無疑問的，關鍵在於老人還要我「學會全面看問題」，而且要「時時不忘」——如果老人說得正確的話，那就是我看問題不全面了，不全面當然要改正，問題在於我真的不會全面看問題嗎？如果老人沒有說準確的話，為什麼他在我心中的地位很神秘——神秘得有些神聖的感覺，為什麼他能知道我的過去而我卻一點也不曾認識他？

老人留言的第二層意思：「要腳踏實際，只有立地，才能頂天」。在隱隱約約中，我能意識到老人留言的千鈞重量，模模糊糊地意識到老人留言的深遠內涵。我也一直試圖按老人的指點去做，但好像總不得宗旨和要領，否則我為什麼會一敗再敗、三敗四敗呢？常青，為了那崇高的事業，為了那神聖的目標，為了「立地」，更為了「頂天」，你必須參照老人留言，對三十年人生行程尤其是近十年的成敗得失做深刻的反省和檢討，全面地、全方位地總結經驗教訓，從而為今後的人生行程提供足夠的借鑒。

二〇〇〇年一月十日記

今天發了兩封信，原本打算再給若蘭寫一封信的，但近半個月來心裡總有一種力量在抗拒著這種想法，這種力量讓我不要再給若蘭寫信了，於是我便沒有寫，而且這種力量還告訴我在大年三十以前將她寫給我的那封信燒了，我也準備這樣做。

二〇〇〇年一月十三日記

快兩個月沒「跑馬」了，該不會有什麼問題吧？

二〇〇〇年一月十四日記

想起來九九年的人生真是最痛苦、最無奈不過的了。我幾乎將一整年的絕大部分時間用於呼喚與祈禱我的若蘭、我的愛情了。然而正如我在經歷了一年沉重的體力勞動後不會有什麼收穫一樣，在愛情的田野上我撒下了無限的希望，但到頭來我收穫的卻是一望無邊的絕望。我的所有去信、所有的語言文字、所有的祈禱與呼喚都未能打動她的心，都未能使她回心轉意。她殘忍與冷酷的程度不僅我在以前未曾預料到，既就是到下一輩子、到下下一輩子我都達不到那樣的水準。我吃驚於自己與她相戀三年竟然未曾瞭解她會有如此可怕的心態。無論如何她曾多次向我表達過她戀我愛我的願望，然而伴隨著我的入獄，一切美麗的誓言都隨風飄散，一切美麗的承諾都化作永久而又苦澀的記憶——她，已經永遠永遠地在我的生活中消失了……

我難以用語言表達內心的苦痛，我將接受這一切的苦痛和不幸。九九年已經完了，我也不準備將九九年一切尷尬苦痛的心靈體驗帶入二〇〇〇年，我決定結束這段沒有希望的呼喚，我決定結束這段沒有回應的戀情。我決定在新的一年做點有意義的事情，當然如果有意義的事情做不成，那就再「慷慨」地浪費一年吧，毫不足惜！

二〇〇〇年一月十五日大雪

妹妹來信的思考

昨天，接到妹妹一封來信，信中寫道：

「……，想起來，已是二〇〇〇年了，小時候上學，書上說奔向二〇〇〇年，那時候總覺得還很遠，可是今天已經在這個時刻生活了，但是我們做出了什麼？記得有一次我倆抬水，你給我說等到二〇〇〇年，你就能成就一番事業，還要成個家，可是你現在已經這樣，讓我不敢去回憶小時候你的一些理想和追求。哥，我真為你感到難受，你是一個好學生，從小學、中學、高中到大學、到社會，都說你是一個好人，實在人，可是誰知現在能這樣？哥，我能說什麼呢？只能說你永遠是我的好哥哥。小時候做錯事娘打我倆，總是你挨打多些，長大時我念書少，你總是叫我認字、寫日記、看書寫信，教我學會了做人的道理，學會了做事為人，有什麼事總是給我幫忙解決……」

妹妹關於二〇〇〇年的一些議論真令我慚愧、感慨而又感動。的確，在二十世紀我從失敗到失敗，一敗再敗、一事無成。很顯然我不屬於二十世紀。但是我相信我一定會屬於二十一世紀，我想通過在新世紀的奮鬥我一定不會令妹妹失望的，通過在新世紀的精誠奮鬥一定會做他的好哥哥的。

二〇〇〇年一月二十五日

「王部長所需經費從何而來？」

元月二十九號「銀河之星」大擂臺上，山西介休參賽歌手齊海燕在致觀眾辭中說她的參賽得到了介休市委、市政府領導的大力關心和鼓勵，介休市委宣傳部王部長親自陪同她來到參賽現場，並說了謝謝之類的話，電視主持人明智的沒有給這個王部長一個鏡頭。

其實，「銀河之星」大擂臺完全是一種帶有商業性質的民間行為，而不是政府行為。當地黨政部門對參賽選手表示支援情有可原，但用得著「宣傳部長」親自陪同去到數千里之遙的福州電視臺參賽嗎？王部長所需經費從何而來？是公費還是自掏腰包？他和參賽選手是否還有什麼不可公開的關係？這些都是需要我們去思考的。

二〇〇〇年一月三十日

觀看電影《國歌》後的隨想……

剛才看了電影《國歌》，我好幾次感動得流下青春的熱淚，「冒著敵人的炮火，前進！」這是整個抗日戰爭時期激盪在中華民族心靈中的主旋律，伴隨著這悲壯的旋律，一排排優秀的兒女倒在了敵人的槍口下，但前赴後繼、更多的英勇無畏的兒女拿著自己的武器向著敵人衝殺過去，想一想啊，他們為了什麼？難到不是為了國家的生存？難到不是為了民族的解放嗎？正是由於他們的赴湯蹈火，正是由於他們的前赴後繼、視死如歸，我們的國家生存下來了，我們的民族也已經頑強地自立於世界民族之林。從這個意義上講，在炮火中唱著《義勇軍進行曲》的勇士們將永遠生活在我心靈的聖壇上，他們——義勇軍們將永遠接受我崇高的敬意和敬禮！

但是，我們還必須做深層次思考。

他們為什麼要以青春、熱血和生命為代價去謀求國家的生存、民族的解放？我想最主要的原因還是因為他們希望自己的人民有一個和平、安全、穩定生存的外部環境（國際族際環境），他們用生命和熱血確實換來了這樣的環境，但是我們後來的國家的執政者又究竟怎麼樣呢？他們為義勇軍的後代們究竟做了些什麼呢？歷史的回答是：在長時間裡他們搞起了霸權主義內政的勾當，他們長時期為爭權奪利而大搞內部殘殺，他們長時期為混淆視聽、轉移義勇軍後代們的注意力而大搞迷信崇拜、極權專制並製造出無數的謊言，而義勇軍後代們在長時期所得到的回報是貧窮、落後、愚昧、饑寒乃至於冤案、假案、錯案及大規模的血案。既就是在今天，在義勇軍們英勇獻身半個多世紀後的今天，他們的後代仍有相當一部分吃不飽、穿不暖，受不到良好教育，忍受苛捐雜稅，忍受執政的官僚們帶給他們這樣或者那樣的欺詐、剝削和壓迫。從這個意義上講，在義勇軍們面前，我的靈魂和良知是多麼的不安！

我想許許多多的義勇軍後代們也有著這種來自靈魂和良知的不安。我想所有這些不安的靈魂必須團結起來，所有這些不安的良知必須匯聚起來。五十年前的義勇軍們用自己的青春、熱血、生命抗拒了韃虜們的殘暴侵犯，贏得了國家的生存、民族的解放，五十餘年後的我們——我們這些義勇軍的後代們也將唱著我們時代的《義勇軍進行曲》去勇敢地消滅一切專制、腐敗！去勇敢地消滅一切愚昧貧窮！去勇敢地消滅一切謊言、冤案！去勇敢地消滅一切給人民帶來剝削和壓迫的官僚，通過我們的奮鬥為義勇軍後代的後代們帶來一個和平、自由、安全、穩定的內部生存環境，通過我們的奮鬥為他們創造一個真正解放、真正民主、真正美麗、真正燦爛的明天！

趙常青　二〇〇〇年二月十二日於漢中監獄

觀朱鎔基答記者問有關臺灣問題的思考

今天，朱鎔基在答中外記者問時就臺灣問題再次表示了強硬立場，後天臺灣就要產生出新的中華民國領導人，有記者問：「這兩天臺灣的民進黨總統候選人陳水扁形勢看漲，朱總理對此有何評價？」朱說：「臺灣人必須警惕，不管臺灣選出的領導人是誰，他必須堅持一個中國的原則，這是底線，如果突破了底線搞臺獨或兩個中國，則中國人民有力量去捍衛祖國的主權、去保衛國家的統一。」

朱鎔基關於臺灣問題的答記者問我基本上同意，那就是一個中國的立場和原則不能有絲毫馬虎，但從中央軍委中央政府的最近言論中總感到「打」的可能性加重了許多，這是我不希望發生的。「打」有以下惡果：

一、海峽兩岸同是炎黃子孫，在「內戰」中受損失的是兩岸的百姓，是兩岸人民的生命財產；

二、中國目前最發達的地區江浙、福建沿海省分及臺灣島將會毀於戰火，不要忘記，北約空襲使得南斯拉夫經濟倒退五十年；

三、戰爭一旦爆發，將會滯阻兩岸尤其是大陸經濟的發展，西部大開發將會受到嚴重影響，中國社會經濟又將被世界拉開一個很大的等級；

四、武力並非一定能夠統一。

所以我衷心的祈禱：

第一，不要爆發戰爭；

第二，不管臺灣誰主政，最好維持目前的現狀，不要搞臺獨；

第三，臺海兩岸決策層都要高度的理性、冷靜和克制。

我認為解決兩岸統一的唯一途徑是民主，通過大陸實現民主體制最終完成兩岸的統一。而從目前跡象看來，跨世紀的中共高層人物大概沒有決心、沒有可能去完成這一偉大的歷史性轉變，但這個轉變必須完成，我相信在中國民主力量的推動下，在十億人民的支持下，偉大祖國一定會實現民主改革，並在民主的基礎上最終完成偉大祖國的統一，並在民主、統一的基礎上實現中華民族的復興、繁榮、燦爛、輝煌！

Amn!

二〇〇〇年二月十六日

陳水扁當選總統後的感想……

今天中午去辦公室領報紙時，我問王隊長臺灣究竟誰當選了？（因為昨天、前天沒有放新聞），王隊長說：「陳水扁，民進黨陳水扁得票三九%，宋楚瑜得票三五%，國民黨連戰只得百分之二十六，臺灣人民把國民黨拋棄了。」

聽到此消息，我心裡又激動又擔心，激動的是，在祖國臺灣地區真正實現了近現代具有國際範型的民主體制，臺灣二千三百萬人民真正享受了當家作主的權利，我為此歡呼。擔心的是陳水扁民進黨上臺後，如果繼續謀求臺灣的獨立，將勢必造成連綿的戰火，給兩岸人民帶來不幸。

我希望中共當局努力克制。

更希望民進黨領導人努力克制，高瞻遠矚，以祖國的偉大、民主、統一、繁榮為目標，共同推動中國社會的前進，而不要將臺灣獨立作為自己的目標，那不僅是短視的，而且將是有害的毀己害人的行為——民進黨，你們一定要將眼光放大、放高、放遠一些啊！

二〇〇〇年三月十九日

辭職的李登輝與賴在臺上的李鵬

昨夜電視報導：

李登輝在一片抗議聲中辭去國民黨主席職務，這固然是李氏咎由自取，但也反映了在民主體制下的領袖人物唯民意是從的普遍規律——民眾擁護你就上臺，民眾反對你就下臺，這才是真正現代意義上的主權在民政治。所以對於李的辭職根本用不著大驚小怪，很正常的，用不著一些人居心叵測亂做文章。

相反，在非民主體制下，在專制體制下，民眾抗議聲、反對聲再高（如在八九年的學潮中，人民英雄紀念碑上掛條幅的政治要求就是「召開人大，罷免李鵬，要求民主，反對軍管」）。但統治者卻可以視若罔聞，根本不在乎民眾的呼聲和抗議，甚至他可以調動國家機器對抗議者進行殘酷的打擊和鎮壓，把一系列災難強加在民眾頭上，這種賴在臺上製造罪惡的統治者比起李氏登輝的主動辭職一事來說不知要醜陋多少倍！

二〇〇〇年三月二十四日

今天，三月二十五日，陰曆二月二十日，為我三十一周歲生日，亦為我被捕及與若蘭相別兩年時日。昨夜，夢見小蘭，今晨情緒很是低落，故做小詞一首，以舒鬱悶思伊之情懷。

蝶戀花

昨夜三更漸入眠，
心弦動處，
忽夢小嬌蘭。
相依相偎長相語，
醒來少年淚漣漣。

屈指相別整兩年，
高牆隔阻，
相思難相見。
更恨飛鴻不書傳，
惆悵心思漫人間。

二〇〇〇年三月二十五日

午飯後，休息於床，顧往史，心頭輾轉，遂得小詩一首如後：

望古吟

太公釣魚渭水邊，子房拾履圯橋前，
蘇秦懸梁又刺股，孔明草廬伴日眠。
自古雄英多忍耐，冷眼洞天察機玄。
待到風雲齊際會，長臂舒卷新江山。

（正之吟於三十一周歲紀念日）

滿江紅

大江滔滔，
藍天下，
巍巍青山。
放眼望，
思緒如瀾。
心潮澎湃，
三十求真風雨路，
十年磨劍腦心間。

為壯志，
再入小牢籠，
無悔怨。

五四旗，
當飄展，
六四魂，
在召喚。
駕德賽馳騁中華河山。
下鐽神州腐惡根，
上清天庭專制源。
待來日，
乾坤扶正時，
皆歡顏。

二〇〇〇年三月二十八日於煉爐（漢中監獄淬火生產線）

清明節思母小詩

今天，又是清明了。

自從九六年臘月將母親安葬於那故鄉的山麓之下後，自從九七年正月初十含淚向母親陵前燒燃最後一爐香後，至今我已有三年時間未回故鄉了。想來母親的墳上該長滿了蓬草吧。前天晚上在夢中夢到回到家鄉與母親他們團圓了，誰知醒來卻是囚中一夢，看樣子，只有等到明年出獄後回故鄉為母親掃墓了，我的心中真是很難受啊。母親，請原諒吧！

窗外的天正下著小雨，無限涼意中做得小詩一首，算是我在獄中對母親的紀念吧——

清明吟

清明時節風悠悠，
天雨絲絲繞心頭，
涼意幾許愁幾許，
吾母陵前誰種樹？

二〇〇〇年四月四日

林肯及林肯意義上的人生

今天是二〇〇〇年的四月十四日。

在一百三十五周年前的今天，正是偉大的解放者林肯先生死難的日子，我在這裡謹向那個偉大的靈魂表示永久的敬意和愛意！

是的，早在大學時代，甚至早在高中時代，林肯先生就是我心中敬畏的一個非常偉大的英雄，我讀過好幾種版本的林肯傳記，他的博愛、他的寬容、他的善良、他的真誠、他的正義感、他的奉獻精神和他的犧牲精神曾一次又一次地使我表達了對林肯先生的敬佩和愛戴之情，並將他及甘地、曼德拉、戈巴契夫及孫中山等人作為榜樣，以之激勵自己去為祖國的民主化事業、去為十億同胞的自由事業而鞠躬盡瘁、奮鬥不息！可歎的是九八年初國家安全局的警官們自友人處抄走了我的全部日記後竟指責我「深受西方資產階級思想毒害」，如安全局的副局長茍光明先生就指責我說：「從你的日記裡看出你受西方資產階級思想影響太深，把什麼林肯、曼德拉之類的人都當成了自己學習的榜樣……」這是多麼令人悲哀的事情！

今天，也就是在林肯先生不幸遇難一百三十五周年之際，在監獄裡我又一次讀完了由德國作家埃米爾·魯特維克寫作的最新版《林肯》，這一次我用了五天時間，在這五天時間裡我感到了自己的靈魂又一次經受到了林肯先生的注視和召喚。他的優秀品質、他的堅忍不拔的奮鬥精神、他的蓋茲堡演說、他的《解放黑人奴隸的宣言》都向我再一次證明了他的偉大和崇高，都向我再一次注釋了他的不朽和永恆！

人，應該擁有一顆什麼樣的心靈？

應該擁有一顆真誠的、善良的、寬容的、博愛的、正義的、智慧的心靈！

人，應該為什麼而活著？

應該為真、善、美、愛，為平等、公正，為民主、法治，為自由、正義而生存、而奮鬥！

我，追求這樣的心靈！

我追求這樣的人生！

我相信，在林肯精神的光照下，在十億人民的鼓勵中，我一定會實現自己所追求和奮鬥的一切的！

最後，讓我再一次在這裡、在心靈的深處向偉大的林肯先生致以崇高的敬意和敬禮！

趙常青 二〇〇〇年四月十四日

林肯在蓋茲堡國家烈士公墓落成典禮上的演說

八十七年前，我們的先輩們在這個大陸上創立了一個新的國家，它是在自由的願望中孕育產生的，它奉行「一切人生來平等」的原則。現在，我們正在進行一場偉大的戰爭，這是對我們這個國家的考驗。這考驗任何一個孕育自由和奉行上述原則的國家是否能夠長久地存在下去。今天，我們是在這場戰爭中的一個偉大的戰場上集合。為了能使這個國家繼續存在下去，烈士們滴盡了自己的最後一滴血。而現在，我們來到這裡的目的，是為了把這個戰場的一部分奉獻給他們，作為他們最後的安息之所。我們理應這樣做，而且這也是恰當的。

但是，從更廣泛的意義上說，這塊土地我們既無權奉獻，也不能神化，因為，曾在這裡浴血奮戰過的勇士們——活著的和倒下的——已經把它神聖化了。這遠不是我們的微薄之軀所能增減的。今後，全世界將很少注意到，也難以長時間地記起我們今天在這裡所說的話，但是，勇士們在這裡的所作所為卻永遠都不會被忘記。

倒是我們這些尚活在人世的人，應該在這裡忘我的致力於勇士們未竟的崇高事業，倒是我們應該竭盡所能去完成擺在我們面前的偉大任務。希望在這裡，我們能從光榮的烈士們身上汲取更多的獻身精神，來完成他們為之獻出生命的事業；希望在這裡，我們能夠下定最大的決心，不讓他們白白死掉，希望我們能使國家在上帝的恩典中得到自由的新生，並使這個民有、民治、民享的政府永世長存！

二〇〇〇年四月十五日抄錄於《林肯》一書

《南方週末》二〇〇〇年三月三十一日有一首莫小米寫的散文詩，非常好，現抄錄如後——

依然是初戀時坐過的長椅

是一堆線，一團亂麻，還是一個無法突圍的迷宮。

那只是一些記憶——記憶是由一些線條組成的，風景是由一些線條組成的，歲月的皺紋是由一些線條組成的，心情的滄桑是由一些線條組成的。

那些紛亂的線條，紛亂的思緒，紛亂的似老婦人臉上的皺紋和頭髮在風裡婀娜地飄搖。曾經婀娜的樹下的長椅，曾經長椅上的我和你，曾經我和你手中的紅蘋果，曾經樹上忽然飄落的圓潤、光潔、和香甜的初戀的紅蘋果的葉子……

現在，它們全都錯綜成了這一些線條。

當你坐在這條長椅上時，你是一切。

現在，當你告別了這條長椅時，一切是你。

二〇〇〇年四月十七日錄

管事犯對一些服刑人員的毆打

昨天，和鐘園閒聊時，他說：「楊傑曾對我們一班燒火的說，關於他打王傳平的事幹部說了『沒事，你只管大膽管理』」。我覺得這是很令人吃驚的事。四月中旬王傳平被楊傑叫到小房子裡打了一頓，王傳平報告了幹部，結果，王傳平被扣一分，而對於楊傑打人之事卻是沒有任何處理。而楊傑打人不是一次了，難到真如他曾告訴我的那樣：「幹部有時候還不是讓對一些犯人進行『叨吱』」去年他給我說這些話時我有些不信，但今年以來連續發生好幾起管事犯打人之事，竟沒有被處理，而且鐘園又說楊傑在他們班上說了「沒事」的話，難到這是監獄所允許的嗎？

二〇〇〇年五月五日

管事犯為什麼能夠打人？

難怪楊傑打人得不到處理且從四月到六月一直拿「A」（一個A，減刑二十天，一個B減刑十天）。前不久，黃修武在上班時對我說：大概是六月初一個晚上，他看到華幹事（華信立）上夜班時在楊傑小房子裡與楊傑在一起喝酒。黃說小哨招成鋼也看見。他們倆對此很感慨……——監獄裡面的事真讓人一言難盡！

常青，請將這些陰冷之事埋在心裡，不可做魯莽匹夫。

五月五日記

三月底，我曾向王隊長抱怨說報紙缺版太多，二、三月我應該拿取五四張報紙，但實際到位二二張報紙，欠缺三二張，王隊長說下來過問一下，結果整個四月分報紙全部到位，多謝王隊長。

五月五日記

我已經有四個月沒有給若蘭寫信了，想起她我總有些心痛。自去年六月後她再也沒有給我來信，她所帶給我的心靈創傷從某種意義上講我覺得比共產黨帶給我的創傷還要大……但是，昨天，我竟然又給她妹妹寫了封信，我想請她妹妹告訴我她現在是否有了新的戀愛或婚姻家庭生活，從而為我的感情抉擇提供足夠的論據。但不知她妹妹能否回信？呵，若蘭，若蘭，你多麼可愛卻又多麼可恨啊！

二〇〇〇年五月七日

讀林肯、曼德拉有感

最近一個月，讀了幾本非常好的書。一本是秦暉老師編著的《南非之魂：曼德拉》，另兩本是德國作家埃米爾·維特魯克寫的《林肯傳》和《拿破崙傳》（這些書均自陳光榮處借來）。

我對於拿破崙沒有太大的興趣。在大學的歷史學習中，我知道他是以大炮為武器為自己打出了一個帝國，最後又被威靈頓將軍打敗於滑鐵盧，並先後被囚禁於地中海和大西洋中的小島上老死終身。就像我始終對戰爭和暴力不感興趣一樣，我對於武夫們，不管他是綠林強盜還是竊國大盜，或是著名如拿破崙、希特勒這樣的帝國建立者都不感興趣。因為我相信征服歷史、征服世界和人心的力量不是暴力，而是人類正義，是博愛、寬容與公天下的精神。

但林肯曼德拉則是我無比敬仰的歷史巨人。在他們的青年時代他們就選擇了人類正義——民主、自由、平等、博愛，並為了自己所選擇的人類正義事業而付出了一生。曼德拉為實現種族平等事業前後坐牢三十二年，而林肯則因為解放黑人奴隸，捍衛人類正義事業付出了包括自己生命在內的代價。但是牢獄沒有消融曼德拉的意志，反而使自己變得更冷靜、更沉著、更堅強。子彈也沒有毀掉林肯的業績，反而使其光芒四射，贏得歷史和正義人類的持久懷念和尊敬。他們是他們所代表的國家的驕傲、民族的驕傲，更是上帝所創造的全人類的驕傲！

毫無疑問，作為人類正義事業的精神導師，從他們身上我看到了自己的未來，看到了自己的方向！這些天來，我覺得自己的靈魂時而悲歎、時而喧騰、時而長嘯。我為自己在十一年前的選擇而驕傲，我為自己因為自己所選擇的民主事業而入獄而自豪！中華民族是一個偉大的民族，但這個偉大的民族直到現在還未能在自己的土地上實現民主和自由，而這極大地束縛了這個偉大民族創造世界的積極性和主動性，極大地壓抑了這個偉大民族所能貢獻於世界和人類的光輝成就。這當然是由這個民族裡的一少部分控制了國家強制力量的專制集團造成的，這當然是這個偉大民族的不幸和恥辱！因此，消滅這種源遠流長的專制制度，恢復中華民族的固有生機與活力，以民主、自由、寬容、博愛去保證這個偉大民族的發展和繁榮，從而使其為世界、為人類做出更大的成就和貢獻便是當代有識之炎黃子孫義不容辭的偉大歷史使命！

我願意像曼德拉先生那樣，為這一歷史使命的完成而鞠躬盡瘁、奮鬥不息！

我願意像尊敬的林肯同志那樣，為這一歷史使命的完成而竭誠驅馳、死而後已！

民主萬歲！

人民萬歲！

自由人類萬歲！

二〇〇〇年五月八日正之於煉爐

這個月我給叔寫了一封信，信文如下：

叔：您好！

上個月我曾給您發了一封信，想您早已收到，但由於在我發信的第二天才收到您的信及百元匯款，故未能在上封信中提到這件事。因此今天我再給您寫封信，再過兩天又到了統一發信的時候了。

每次給您寫信我之心中都有一種沉重的感覺，因為我未能盡到自己應盡的責任。我非常清楚，在自己幾十年的成長歷程中，有著您付出的太多的汗水。毫不誇張的說，如果沒有您的養育和支持的話，我是不可能從小學一路讀完初中、高中，更不可能接受比較良好的大學教育的。我會像我的許多小學同學那樣，先和土地打交道，如在十幾歲時就要學會點包穀、種麥子、挑大糞、燒土糞的本領。然後再「出山外」去打工搞副業，如去黃龍伐木、去山西挖煤、去靈寶背礦或者去西安蹬三輪車。但是由於您和母親十多年的勉勵和支持，我終於擺脫了故鄉的那種頗為艱難的生活模式，我走向了城市，最終又去到一家工廠工作。按一般人的設計，我應該珍惜這份來之不易的生活，應該在單位好好工作，娶個有工作的媳婦，然後再把您和母親接到單位也過幾年輕鬆日子。應該說，工作後的我確實這樣設計過。我覺得那是你們應該得到的一份回報，但由於許許多多您能理解或者不能理解的原因，我未能做到這一點，我未能來得及成家，未能夠把您和母親接到單位來看一眼就被送到現在生活的這個地方。而在此前不久，母親竟然撒手人間，兩個妹妹也先後出嫁，留下一個孤苦的老人過著一份實在是艱難的生活。每當想到這些，我的內心確有無限的悽楚和悲傷。您今年五十九了，馬上就六十歲了。但您還必須在您所熟悉的土地上辛勤勞作，您想起來歎息，我想起來更不好受。我覺得自己真是對不起您，但無論生活是多麼的殘酷，這畢竟是必須面對的現實。您是很堅強的，在母親病重期間，您的所作所為足能夠再次證明您的頑強和力量所在。因而對於眼前的困難您應該有足夠的耐力和信心去加以克服，等我出獄後，我想該我做的我都會去盡力做好的。

……結尾略

二〇〇〇年五月八日

「唯如此，我才相信那偉大的上帝不會責怪我」

今天買東西，我給黃修武、丁禮成、苟基成每人買了一雙單襪子，他們因為刑期都太長（苟無期、丁死緩），家裡貧窮沒人管而成為「三無人員」。龐仁禮（死緩，也無人管）說他缺襯褲，下一次買貨時如果有襯褲一定給他買一件。

想起來其實自己也是非常貧窮的，五年工作我不僅沒有任何積蓄，相反還有上千元的債務，倘不是妹妹他們省吃儉用定期給我接濟的話，我也會與他們一樣忍受貧困的煎熬。但既然我現在手裡擁有的能比他們略好一些，我就應該在自己力所能及的範圍內為特困服刑人員買點日用品什麼的，去年我曾為王興餘、胡成才、趙忠祥、丁禮成、王傳平、黃修武、汪武發、沈蘭義、苟基成、孫正兵、王應青等人或多或少地買過毛巾、肥皂、牙膏、洗衣粉等日用品，今年我將繼續這樣做。唯如此，我才覺得自己的內心會平靜；唯如此，我才相信那偉大的上帝不會責怪我；唯如此，才符合自己對於真善美、對於博愛和良知的理性選擇和證明。

二〇〇〇年五月十一日

幹部對我也有關心

回想起來，儘管我覺得在某些方面中隊幹部對我的要求有些過分苛刻，但在另外一些事情上則對我是關心和照顧的。比如說，才入監時，十分監區李指導員給我找些相關文章閱讀，小王幹事為我配眼鏡，九九年元月下隊後，張幹事為我買達克寧治療腳氣，劉指導員在春節聯歡會上特意讓我這個新下隊的「大學生」講幾句話以示另眼相待，穆宏慧隊長數次叮嚀我在生產上要注意安全，張幹事給我取報紙、訂報紙，王隊長在某些方面對我的關心等等。所有的這些我都應該記住，畢竟我出身於貧寒農家，畢竟我在漢中舉目無親，畢竟沒有人在外面為我「活動」（當然倘有我也反對）（後面寫的被抹掉了，看不清）……

二〇〇〇年五月十一日

我想說……

就管事犯的刁難致中隊幹部的一封信

在我忍無可忍的情況下，昨天我寫了一份《我想說……》的材料，今天早晨交給穆隊長，現將全文照錄如下：

尊敬的華幹事、張幹事：

尊敬的指導員、穆隊長、王隊長：

我叫趙常青，由於你們所知道的原因我於九八年九月被送進了三監獄，並於九九年元月被分派到二分監服刑「改造」。回想起來，在這十多個月的牢獄生活中，中隊幹部曾給我不少關心和照顧，如才下隊時，張幹事及時為我購買了達克寧軟膏使我免去了腳氣的痛苦；在九九年春節聯歡會上，劉指導讓我這個才下隊不久的「大學生」講了幾句話無疑是想為我創造一個相對寬鬆的生活環境；穆隊長在周清會上也多次表揚我勞動踏實並多次提醒我注意勞動安全、注意身體保護很暖人心；王隊長也多次找我談話，幫我解決這樣或者那樣的問題；今年中隊幹部還不嫌麻煩，為我辦理了《南方週末》和《每週文摘》的訂閱手續並及時傳到我的手中，使我的獄內生活相對免除了幾分精神苦悶和心靈孤獨……所有這一切對於我這麼一個在漢中舉目無親的服刑人員來說都是難得的，我想我應該向你們、向各位尊敬的政府幹部致以深深的敬意和感謝！，

　　而就我個人而言，雖然人民法院對我的定罪和量刑都是對真理和正義的嘲弄，但我還是以理解和寬容的心態默默地接受了。我既沒有上訴，也沒有申訴，而是服從了判決，而且從進入監獄的那個深秋開始我就從心裡命令自己不要把你們當做鬥爭對手。我不想因為自己將成為你們的改造目標而否定你們的事業和工作，相反，我始終對於你們的工作和職業保留著自孩童時代就開始積累起來的那份敬意和尊重。我深深地知道：在社會和人性的進化還停留在目前水準的情況下，員警和監獄都是保護人民合法權益不受非法侵犯的國家硬體工具之一。甚至從某種意義上可以肯定地說——沒有人民警察、沒有人民監獄事業，便不會有人民的一切。正因為我有這樣的看法和認識，因此，從入監至今我始終尊重你們的工作。除了在政治問題上我保留了一份純潔的理性園地外，在遵規守紀、日常三課學習及勞動生產等方面我力求自己達到其他服刑人員的「平均」水準。也就是說，在這些方面我不想標新立異，只想隨大流，別人怎麼做我也怎麼做。因而自下隊以來我基本做到遵規守紀、服從管教、認真學習、安全生產，並盡可能地完成政府幹部下達給自己的勞動任務。雖然自己在這方面還有些差距，但總體說來我認為與其他服刑人員相比並無明顯落後，甚至在某些方面我覺得自己可能還做得稍好些（如在去年我還為一些「三無人員」買過七八十元錢的毛巾、肥皂、牙膏、洗衣粉等日用品）。總之，我認為我在這些方面對自己提出的「大眾化」目標是達到了。

　　但是近期以來，不知什麼原因，管事犯楊傑開始時而不時地找起我的麻煩來，我實在覺得難以理解。因為說良心話，自下隊以來，我努力克制自己，從未和任何管事犯發生過爭執，儘管中隊幹部在下隊不久就告訴我倘管事犯和其他犯人有什麼問題就及時反映上去，但直到現在我始終沒有向中隊領導彙報過任何一件事。不是我不靠攏政府幹部，而是在我的心靈上空有一種「寬容」的聲音在命令著我。而且我覺得一般性的違規違紀可能每個人都不同程度的存在著，我不想將一些雞毛蒜皮之類的小事也報告給政府。同時因為管事犯是政府幹部任命的，為維護小組管理秩序的穩定，也為了維護管事犯的「威信」，我甚至對於自己所知道的一些有關管事犯相對較大的違規言行也埋在心裡而沒有及時向幹部報告，並對發生在自己身上的一些不公平事件也總是一味地寬容、一忍再忍。但不知出於什麼原因，管事犯楊傑卻開始不斷地找我的「茬子」，並對我進行多次辱罵。

比如說，大概是今年二月的一天早晨，飯後鈴響清查人數，我因為沒吃完，動作稍慢了一些，想不到楊傑站在陳小平的小房裡把我罵了一頓，想到穆隊長曾告訴我在犯群裡發生矛盾時要努力做到「罵不還口、打不還手」時，我克制了自己的憤怒而是出去參加清人——問題不僅在於他罵的不對，而且還在於集合站隊時按規定聽到鈴聲都要迅速列隊清點人數，楊傑又有什麼資格在鈴聲響後不出去站隊卻待在小房子裡抽菸呢？而且這種情況並非一次兩次。

又如四月二九號中午（中隊慶祝五一開會的那天）吃飯上樓後，他在床上睡覺，我在床上和龐仁禮閒聊，他突然將床架子使勁一蹬，又把我和龐仁禮罵了一頓，我仍然忍住了，給了他面子，不和他爭執——但問題在於那個週是陳小平上夜班，他沒有上夜班，同時當時還不到五一，中隊還沒有午間休息的規定，而且在他罵過之後我下床去其他監舍查看了一下，都在玩，隔壁號舍都在說話閒片，他有什麼權利不讓我們說話並辱罵我們。也因此，開會時我情緒很低落，不料這個情況被中隊幹部開會時發現，散會後，王隊長將我叫到積委會詢問，我當時心裡確實很感動，便將事情經過報告給王隊長並建議王隊長不要就此事去過問楊傑，我忍了算了。但五月十一號下午他又開始找我的麻煩，我上床時不小心將拖鞋一隻的後跟放在了規定的紅線外，他便當眾對我進行了責備，並說了許多難聽的話，對此我仍然不聲不響地下來將拖鞋擺正——問題不在於他不應該對我進行指責，而在於當時另外還有幾雙鞋子擺放得並不比我好，他卻佯裝不見，而且此前我從來沒有聽到過他就鞋子出線問題指責過任何人。而在宿舍有人的情況下，鞋子擺放不到位是一個經常性的司空見慣的現象。而且問題還在於第二天上午他跑到李大猛床上躺著——這本身是違反監規的，我仔細一看，他的一雙板鞋也放在紅線外，當時我真想立馬指出來來個「以牙還牙」，但想了想，我再次保留了克制，繼續給他面子……

又如，在我、黃修武、管奎明等生活值日將飯打超了時，他給我們開了記事單，而時隔不久，當他發現「自己人」生活值日出現同樣的問題時卻沒有開記事單。至於他在小房子裡屢次毆打他犯的事及他喝酒的事我就不說了，他就是這樣要求自己的，他就是這樣管理別人的！

尊敬的指導員，穆隊長、王隊長，尊敬的華幹事、張幹事，坦率地說，我從心裡對他這樣的罪犯是非常鄙視的，我不想和他們有過深的交往，但我尊重政府幹部交給他的專項改造工作，並在他一次又一次的損害我的人格和尊嚴時保持高度的忍耐和克制。我不想把自己降低到他的水準上，我不想和他一般見識。但是，如果他把我的寬容、忍讓和克制當做軟弱可欺的話，那他就絕對想錯了。不管他有多麼大的背景，不管他有多少保護人，我都不會有絲毫的膽怯的。當然我並不反對他對我進行嚴格監督，但問題在於如果他自己做得並不比我好，如果他想搞特權，如果他只有意抓我或某個他看不順眼的人的「小辮子」而對其他犯人的同樣行為熟視無睹的話，那麼我會認為該管事犯嚴重地損害了犯群管理的公平公正原則。這是違背高揚在我心靈大地上的正義旗幟的，而在我一忍再忍、一讓再讓卻得不到有效改變的情況下，我想我會作出自己的堅決而有效的反應的！因此，今天我特向各位尊貴的政府幹部「聲明」如下（請原諒我用「聲明」這個概念）：

第一，由於對理想的國家秩序和社會政治秩序的追求，使我再度身陷囹圄，對此我無怨無悔！我對民主和法治、對真理和正義的追求至少已經持續了十年，我想在未竟的人生道路上，我還會忠誠於自己所選擇的祖國民主化事業的，還會繼續為十二億人民的偉大事業而奮鬥的！並且如果現實需要的話，我願意為這一偉大而崇高的民主事業獻出包括自己生命在內的代價！

第二，我願意承擔由於自己的言行而造成的任何責任與後果。如果政府認為我在監獄裡的言行違犯了監規紀律和相關制度的話，我願意接受監獄方面的任何紀律處分和行政處分（包括扣分、嚴管、禁閉、警告、記過、記大過，但我絕不接受小組管事犯和中隊管事犯進行所謂的「強化」）；如果政府認為我在獄內的言行觸犯了國家刑律的話，我願意接受人民法院的再度審判，願意接受加刑乃至於被綁縛刑場、執行死刑的懲罰，並且如果這種處分和懲罰是因為政治問題造成的，我會繼續抱著寬容態度既不上訴、也不申訴，而是從容聽憑祖國和命運的安排！

第三，聽說楊傑又在向政府幹部反映我在犯群中談論所謂的「政治問題」，為弄清事情真相，我建議政府幹部在犯群中開展一次針對我的檢舉揭發活動，看我究竟在犯群當中談論了什麼政治問題，究竟有沒有違法情況。如果有的話，又違犯到什麼程度並懇請作出相應處理。如果犯群的揭發確實出自我的肺腑並符合我的一貫思想和心靈法則，我想我是絕對不會申辯的。但如果是誣告陷害的話，我將會根據情況作出我自己認為合適的反應。

需要說明的是對於楊傑及其五六個「圈內人員」的「揭發」還請政府幹部認真鑒別。

第四，我誠摯地歡迎各位政府幹部、歡迎各管事犯及其他服刑人員對我進行嚴格監督，但與此同時，我也準備從自己認為比較合適的某個時間開始對管事犯特別是對不能公正處理問題的管事犯按照有關制度同樣嚴格地履行自己的監督義務——在此情況下，我會不厭其煩的向政府幹部報告有關管事犯的違規違紀情況的（屆時請政府幹部不要對我產生厭煩心理），如果我的反映得不到及時處理我會向獄政科、向監獄領導乃至最高司法部門進行反映的。我不相信二中隊、更不相信三監獄會對管事犯的惡行能一味地姑息縱容下去！

第五，如果不發生重大意外情況（如加刑）的話，我總共還有十個月的刑期，我只希望過一份大眾化的獄內生活，只希望安寧平靜地完成自己的刑期。但是如果我追求安寧、平靜的小小願望不能實現的話，如果有某種醜惡勢力執意在我的服刑生活中設置人為障礙的話，作為林肯、曼德拉、甘地的信徒，作為青年毛澤東「鬥爭」哲學（毛在青年時代曾說過「與天奮鬥，其樂無窮；與地奮鬥，其樂無窮；與人奮鬥，其樂無窮」）的追隨者，我將根據自己的人格、尊嚴、理性和良知的判斷開始追求一種「不安寧、不平靜」的生活，並願意為此付出任何代價！

尊敬的指導員、穆隊長、王隊長，尊敬的華幹事、張幹事並各位尊貴的政府幹部，我的人生經歷和我所接受的教育都使我樂於在小是小非問題上持一貫忍耐、克制和寬容的態度，既就是在一些大是大非問題上，我有時也會持一種寬容、理解和諒解的態度。但我不是佛，因而忍耐和寬容總是有一定限度的，如果事情的發展超過了我所能忍耐和寬容的底線的話，我想我是不會再姑息遷就的。而楊傑對我的辱罵和有意刁難即將超越我的心靈承受底線了，如果我再一味地寬容忍讓下去，連我自己都會蔑視自己的。我想我應該維護自己的尊嚴、應該維護自己將被動搖的人生法則。同時我也想通過自己對不能公平、公正處理問題的管事犯的有效監督而維護政府幹部的尊嚴，維護人民監獄事業的尊嚴！因此在這裡我坦率地向政府幹部說明我對於這些問題和事情的想法和看法，希望得到政府幹部的熱切關注和公正處理。

當然我在這份「聲明」中的有些語言和詞彙也許使用不當，如果因此使各位尊貴的政府幹部感到「放肆」和「冒犯」的話，懇請取得你們的批評和諒解，我想我是在忍無可忍的情況下才寫下這篇也許讓你們略感「意外」的文字的！

此致

崇高的敬禮！

趙常青

二〇〇〇年五月十八日

我所瞭解的楊傑檔案：

其人一九六二年生於安康一個小官僚家庭，高中文化，捕前係某縣檢察院法警，九六年被安康中級法院以強姦罪、流氓罪判處有期徒刑十二年，在十分監區服刑時曾因毆打同犯徐平安而被處禁閉嚴管，後調至二分監改造，九九年我入二分監時他被任用為一分隊學習生活小組長（管事犯）。

二〇〇〇年五月十九日

可能由於幹部的批評和施壓，楊傑今天下午在積委會找我談了話，對有些事情他解釋是「誤會」，他說自己內心對我沒有什麼，他承認自己處理問題態度粗暴，希望我不要過於計較，還說幹部也不希望我和他之間矛盾激化，不希望衝突繼續發展下去，在此情況下，他希望取得我的諒解，他說自己想拿「考核」。

二〇〇〇年五月二十日

今天買東西，給一些貧窮犯人買了些日用品：

王興餘　一條肥皂　二元

王應青　一條肥皂　二元

王義學　一袋洗衣粉　三元二

丁禮成　一袋洗衣粉　三元二

王傳平一條肥皂二元

給胡成才肥皂、牙膏時他說他有暫不要，給龐仁禮買短褲沒有買到。

二〇〇〇年五月二十三日記

（同一頁日記上面有不同的墨蹟記載著：）

六月五日送胡成才一支牙膏二元八

六月六日送沈蘭義肥皂一條

七月三日送胡學斌牙膏一支

七月十三日送劉地偉肥皂一條、曹禮平洗衣粉一袋

十月二十三日曹禮平洗衣粉一袋

十二月十三日丁禮成洗衣粉一袋

七月五日，曉慶寄來一本書《第三波——二十世紀後期民主化浪潮》，杭廷頓著，並匯來一百元，多謝了！

昨天收到著飛老表匯款一百元。

二〇〇〇年八月三日記

關於陳光榮先生及其冤案的思考

從五月中旬到現在，因為忙於利用工餘時間偷寫《我們的旗幟：民主、統一、繁榮》，因而也沒有寫日記（這裡面寫日記也很危險），但有一個人我覺得應該在這裡記錄一下：因為我覺得通過幾次接觸，我覺得這個人很不簡單，甚至通過爭取，這個不簡單的人物會成為祖國民主事業的堅定支持者。甚至會在西北高原獨揚一面飄飄烈烈的民主大旗！

這個人就是陳光榮先生，我在入監組曾聽說過他的名字，但因為瞭解到他是因經濟問題而入獄的，因而我一直不曾有與他交往的打算，更何況我們不在一個分監區（他關在六分監區，我在二分監區）。但是今年四月十號晨我從別人那裡瞭解到陳先生處有《林肯》傳，由於自己對林肯有著一種特別敬愛的感情，因而就寫了一張紙條託人捎給他，請他將林肯傳借於我一閱。想不到當天下午他便託人將我叫到樓下，一見面就將書遞給我並說：「兄弟，這裡面有信仰，有真理、有正義！」由於好久都沒有聽到別人說這樣的話了，因而當時聽到這話時我竟很有些知音感，甚至覺得他好像自己的友人和「同志」一樣……他在遞給我書的時候還遞給我了一份他的冤案材料，看了他的材料，我的心裡當時有如下感覺：

第一，陳先生很有正義感，他為穆秉瑤血案而奔走呼號的情形特別感人。而他本人也正是由於為捍衛基本人權、為尋求司法公正、為伸張人間正義而得罪共產黨官僚貴族而入獄的。

第二，陳先生的案子絕對是一個冤案，不僅陳先生列印的材料詳細說明了自己的案子為何是個冤案，而且九九年五月二十三日，北京市京都律師事務所邀請了北京市的部分法律專家、學者及法官、檢察官就陳的案子進行了論證，結果與會專家得出了統一結論：冤案無疑。而這些專家學者包括：北京大學刑法學教授陳興良，中國人民大學刑訴法教授程榮斌，中國社會科學院刑法學教授歐陽濤，中國青年政治學院刑法學教授周振想，中國人民公安大學刑法教授樊鳳林，中國政法大學刑法教授梁華仁，中國政法大學刑法教授曹子丹，北京市法官胡萬德，北京市檢察官肖勝喜。而且陳先生冤案的背後可能是潛伏著一個巨大的腐敗貴族集團。

第三，陳先生很有鬥爭精神。在他所給我看的材料中，無論是花園商場案，穆斯林兄弟案還是他自己的案子都能看出他合理合法、不屈不撓的鬥爭精神。當然他入獄後繼續保持著那份感人的鬥爭精神，如去年春節期間他曾被嚴管。

第四，陳先生在西安市回民當中很有威望和影響力，如他是穆秉瑤慘案後受死者家屬和西安市穆斯林委託而與政府對話的首席代表，他入獄後，西安的穆斯林兄弟也好像在物質和道義上在聲援他。

第五，陳先生是個實業家，看得出他很精明能幹，入獄前在經濟領域很成功。

第六，他還富有愛心和遠見，曾捐款五十萬元興建學校、發展文化教育事業。

正是由於上述種種，我覺得自己對陳先生產生了一種發自內心的敬意，我希望他的冤案能早日得到澄清，希望他能早日恢復自由，願真主保佑他吧。

（陳先生被西安市中級法院於一九九八年三月以「盜竊國家文物罪」判處無期徒刑，陝高院同年八月裁定維持原判）

實際上，通過陳先生的冤案及其相關材料可以發現共產主義官僚貴族已經瘋狂和腐敗到何種程度，人民法定權利被踐踏到何種程度（如穆秉瑤被官僚們群毆致死，西安醫科大學法醫學院在官方壓力下做虛假驗屍證明，官官相護，各種關係網，陳先生在看守所被吊打並被強行注射致幻劑以及羅織假證，將一守法公民強行判處終身監禁……），如果中國是一個現代化的民主、法治國家的話，我敢保證陳先生在九〇年代的系列不幸遭遇都是不會發生的，更不會因維護法治和伸張正義而入獄。

正是從這個意義上講，我感到了自己理想選擇的正確性，正是從陳先生的冤案和恥辱遭遇裡，我再一次感到了為祖國民主事業而奮鬥的必要性、重要性和迫切性！
正因此，我決定為祖國的民主事業而奮鬥到底！
正因此，我決定將自己畢生的精力都獻身給這一偉大而光榮的事業！
正之，努力吧！

二○○○年九月十八日於漢中監獄

曼德拉說：「法律把我變成罪犯，並非因為我犯罪，而是因為我的立場、我的思想和我的良知！」
林肯說：「在我們生活的地球上，真理、正義、人性和自由必將無往而不勝！」
今天我要說：
如果我們不希望我們的孩子因為同樣或類似的原因而踏進監獄，那麼我們就必須為一個民主化的中國而奮鬥——奮鬥不息，奮鬥到底！
直到民主的勝利，直到人民的勝利！

二○○○年十二月二日於漢中監獄

「若為自由故，二者皆可拋」

我和若蘭已經有一年時間未通信了。我的心裡真是悲傷至極、苦痛至極。但是，一切都結束了。不過我還是感謝她為我的人生上了這麼沉重的一課，感謝她使我對於世界和人生的複雜性懂了很多很多……

二〇〇〇年已經過完，我決定永遠永遠地忘掉她，我相信總有一天她會為自己在今天的決定而感到羞愧、自責和流淚的。但是我希望她的生活充滿陽光，希望她的人生灑滿鮮花、歌聲和微笑……

生命誠可貴，
愛情價更高，
若為自由故，
二者皆可拋。

正之，在未來的人生歷程中好自勉之，好自為之吧！

二〇〇〇年十二月二十五日於漢中監獄

在漢中監獄的花費清單

滴水之恩，當湧泉相報！

入獄以來，花費親友不少錢，現列單如下：

九八年十二月八日・妹妹一百元
九九年二月四日・妹妹五十元
九九年三月二十二日・小峰一百元
九九年五月十三日・妹妹五十
九九年五月二十二日・叔一百元
九九年七月二十三日・妹妹一百元
九九年八月三日・著飛一百元
九九年十一月四日・妹妹一百元
二〇〇〇年一月三日・妹妹一百元
二〇〇〇年三月二十三日・叔一百元
二〇〇〇年四月十三日・妹妹一百元
二〇〇〇年七月三日・妹妹一百元
二〇〇〇年八月三日・著飛一百元
二〇〇〇年一〇月十三日・妹妹一百元
二〇〇〇年一二月十一日・妹妹一百元

總計一千四百五十元，其中叔二百元，著飛老表二百元，小峰一百元，阿豔五十元，妹妹一家九百元，多謝了。

另外，妹妹還為我寄來秋衣秋褲兩套，襪子四雙，球鞋一雙，筆記本、口罩若干，曉慶還為我寄來一本很好的書《第三波：二十世紀後期民主化浪潮》。

在這一千四百五十元裡，兩年訂報花費二百多元，為獄內「三無人員」買日用品等花費一百五十元左右，自己花費一千一百元，現在賬上尚有二百元未花（節省下來吧），實際獄內花費九百元，平均每月花費四十元，不少啊！

二〇〇一年一月三日於漢中監獄

我在漢中監獄的寫作

我已經沒有時間寫作了，因為今天下午漢中中級法院的法官來通知我——說我應該在二月二十四號出獄，原來的刑期計算有誤——這樣，我的獄中生活只有十天時間了，因而我不能再繼續寫下去，這真是很遺憾的事情。

本書擬定名《民主、統一、繁榮——我的旗幟和奮鬥》，但我只是初步完成了「民主」部分的寫作——其實這一部分也沒有寫完，因為為祖國的民主化事業而奮鬥一章尚未完成）。其他兩部分只好等待出獄後去完成了。但無論如何我覺得自己為期三年的監獄生活收穫很多，我總結了很重要的經驗和教訓，我覺得自己比以前也更加成熟、更理性得多。我想，在未竟的人生道路上，我不僅會繼續為祖國的民主化事業而奮鬥，而且我會盡可能地促使民主事業在中國的成功！

努力吧，正之，為那偉大的理想而努力！

奮鬥吧，正之，為那偉大的目標而奮鬥！

請相信，在那偉大理想的感召下，在十億人民的支持中，你會成功地實現你所渴求的一切！

天不負我輩，我輩安負天！

二〇〇一年二月十二日於漢中監獄

附錄：我是九八年九月三十號被從漢中看守所送往漢中監獄服刑的。但我在獄內有計劃的寫作實際上是從二〇〇〇年五月開始的。原計劃寫成一部有關《我們的旗幟——民主、統一、繁榮》的書稿。但由於時間倉促，尤其是每天都要承擔及其繁重的勞動任務，因此，我的獄內寫作計劃並沒有完成。在及其艱苦的條件下，我總共只完成了十七萬字的寫作（不算獄內日記），內容（目錄）如下：

一個美麗而光榮的夢想

前人的奮鬥與遺產

中國共產黨與二十世紀的中國

馬克思的批判和夢想

馬克思國家社會理論的誤區

（一）馬克思經濟學說的誤區

一・M理論誤區

二・資源配置方式的誤區

悲劇的歷史惡果

一・嚴重地危害了國家

二・嚴重地危害了人民

三・對中共自身的嚴重危害

民主：解決悲劇的唯一出路

一・民主政治與權力鬥爭

二・民主政治與批評監督

三・民主政治與個人崇拜問題

四・民主政治與科學決策問題

民主與悲劇的歷史責任問題

中國共產黨的經濟改革運動

中國共產主義政治體制的現實悲劇

個人崇拜與獨裁問題

共產主義政治體制下的腐敗狂潮

黨政大腐敗的八大特點

腐敗的巨大危害性

一・腐敗是一種嚴重危害國家的行為

二・腐敗是一種嚴重危害人民的行為
1・腐敗是一種嚴重損害人民主權的行為
2・腐敗是一種剝削人民、掠奪人民的行為
3・任人唯親、任人唯奴的用人機制嚴重地損害了人民公平發展的機會
4・吏治、司法腐敗是對人民的欺壓和奴役
三・腐敗行為對中國共產黨自身的巨大危害

中共的反腐招術

一・迷信思想政治教育
二・迷信重典的「震懾」作用
三・具有共產黨特色的「法制」和「監督」

中共腐敗原因透視

一・一黨獨大的霸權主義內政（禍根）
二・黨政權要的絕對權力
三・由長官或上級權要決定的人才選拔機制必然造就普遍性腐敗
四・缺乏行之有效的監督機制

民主：根治腐敗的唯一良方

一・用兩黨或多黨政治來消除一黨獨尊的霸權主義內政局面

漢中監獄的最後一篇日記

若蘭，明天我就要出獄了，就要離開生活將近九年的漢中了，我很想坐下來為你寫封信，但心情總是平靜不下來。無奈之餘，只好將我曾多次唱給你的那首歌憶錄在這裡——就算作我的一份永恆的愛和誠摯的祝福吧！

讓世界充滿愛

輕輕地捧著你的臉，
為你把眼淚擦乾，
這顆心永遠屬於你，
告訴我不再孤單。

深情地凝望你的眼，
不需要更多的語言，
緊緊地握住你的手，
這溫暖依舊未改變。

我們同歡樂，我們同忍受，我們擁有同樣的期待；
我們共風雨，我們共追求，我們珍存同一樣的愛。
無論你我可曾相識，無論在眼前在天邊，
真誠地為你祝福，祝福你幸福平安。

正之 二〇〇一年二月二十三日於漢中監獄

一个[illegible]的文件复议

今天上午，干部将我们叫到办公室交志，宣布教育科通过调查将因受过禁闭处分七年以上的人列为"监狱顽固犯"。现在我们九连在三连有两人，来了我们，还有一个被打伤的。干部们宣读，还将教育科下发的文件给我们看。

我接过文件一看，原来教育科在监狱范围内对受禁闭处分的人进行了调查，我们因为从入监以来因申诉受过四次禁闭处分都被列为"顽固犯"，文件上除了说明我们的罪名中，以及各次受处分的原因外，还特别要求各分监区加大对"顽固犯"的改造工作，通过加大工作力度使这些顽固分子认罪服法，服从改造，加速改造的目标。文件要求各分监区将专

[illegible]

我[illegible]

来，[illegible]

[illegible]。

[illegible]

[illegible]，下来再想

[illegible]

[illegible]

下篇　渭南監獄日記

作者注：一九九八年我在漢中被以「煽顛」罪名判刑後，我所在單位八一三廠便迅速開除了我的廠籍，並將相關開除通知書送達我服刑的漢中監獄。二〇〇一年二月我在漢中監獄刑滿釋放後只好前往西安打工，在打工期間我繼續開展民主人權活動，結果二〇〇二年十一月中共十六大前夕，西安市公安局對我進行了逮捕，二〇〇三年七月西安中院經過秘密審判再次以「煽動顛覆國家政權」的罪名判處我有期徒刑五年，剝奪政治權利三年。同年九月我被送往銅川崔家溝監獄服刑，一個月後我又被轉送陝西省第二監獄（渭南監獄）服刑。在渭南監獄服刑期間我也斷斷續續的記有一些日記，現將這些日記公開，供關心中國政治犯在獄內生活狀況的各界人士參考。

從崔家溝監獄轉到渭南監獄

今天為十月二十三日，星期四，今天我被轉到了渭南監獄。

其實，在我才被送到崔家溝監獄（杏樹坪）不久就有人告訴我說我不會在崔礦待多久的，並說崔監幹部已經將轉監報告打上去了，我將信將疑，但一個可以印證的跡象是十月六號給入監組二十三名新犯發囚服時，我和一個香港人的囚服並沒發，當我詢問原因時，管事犯以無可奉告相回答，而恰恰傳說中我和香港的姚健峰會被轉監。而一個月前，一個來自臺灣的詐騙犯被從崔礦轉到渭南監獄。

我是前天確切的知道我會被轉監的。

前天早晨我正準備聯繫倉庫管理員去買東西時，倉管員卻來到入監組要求我、姚健峰和另外一個老人去辦理轉帳手續。去到他的房子後，他說我們的帳號已經被凍結，說我和建峰將被轉監。

昨天早晨，主管監區財務的劉股長找到我辦理財務手續，說：「這裡不適合政治犯改造，給你轉個監。」我忙問轉到哪裡，他說：「渭南監獄，那邊比這邊要好一些，明天早晨就過去。」

於是昨天晚上管事犯王曉紅便將入監不久就發給我的工作服、皮帶、雨靴回收上去。今天一大早（六點三十分）我們就被要求起床，包好行李捲，喝了點稀飯後便與其他幾十個將被轉到曲江監獄的老弱病殘一塊在操場集合後，便下到山下一個大操場邊等車了。

本來昨天就想給分監區指導員包明生做一聲告別（因為在崔礦不到一個月的時間裡包指導對我比較關心和照顧，如十月八號他當著監區李教導的面讓我從十月九號起不要下去幹活了，並答應考慮我去學校從事文化教學的要求），但遺憾的是昨天一直未見到人，今天又走得很早，唉，那份謝意只好存留在心中了。

山下操場停了四輛被編了號的車（分別貼上一、二、三、四號），其中兩輛大客車，一輛公安車、一輛司法車，均是桑塔納，還有一輛行李車。八點左右，幹部都來了，老弱病殘犯的行李均被裝上行李車，最後我和香港姚健峰的行李被要求裝進那輛標明「司法」字樣的桑塔納汽車後備箱，在人數被再次清點後我們被要求上到大客車。

這時，太陽從東面的山坡後面升起，我感到自己有些興奮，感到心靈大地萬紫千紅、充滿了燦爛與輝煌……

我閉著眼默默地向上蒼、向偉大的上帝做了至誠的禱告……九點左右，車隊便出發了。

中午十二點左右車隊駛進曲江監獄，令我感到奇怪和激動的是當車剛駛進新安醫院的大門時，我突然發現哥哥在大門旁邊站著探望——很顯然，他已經從某處獲得我今天轉監的消息，否則他是沒有理由站在那裡的。我忙向他招手，但他未發現，車便往後面的曲江監獄開去了，但由於後面路面窄，由於一輛車的停車不適當，我們的車隊很快就停下來了，這時，哥哥也從後面趕過來，我再次向他招手，他發現了我，他笑了，我也笑了。但由於車上有押車員警，我沒有說話。

道路疏通後，我們車隊終於進了曲江監獄的院子，卸下行李後，我和姚健峰也被要求上樓休息吃飯，開飯時，曲江一個管事犯要求我負責維護一下秩序，協助他們做好老弱病殘的安頓工作。午飯是米飯豆腐，由於心愛的米飯好久沒吃了，我便吃了個飽——當然都吃飽了，因為飯沒吃完……

下午兩點，幹部把我和姚健峰叫下樓，戴上手銬後上了那輛桑塔納，不到一個小時便到了渭南監獄。

幹部在獄政科辦理手續後，車開進獄內停在監獄醫院進行體檢。由於自己有肺結核，於是又單獨拍了X光片，結果醫生說不要緊，於是我便被領到十一分監區，行李被查檢（聽說我有肺結核，查檢行李的犯人竟不敢碰我的東西）後，我便進入位於四號監舍的新人組了。

二〇〇三年十月二十三日晚

曾經關押劉青、許建雄等良心人士的地方

我來渭南監獄好幾天了。

我所在的十一分監區大概是渭南監獄的標兵監區，指導員（Mr.zhongping liu）和連長 puxueren）等人給我的印象是非常的精明能幹，而且有一種精神——一種蓬蓬勃勃的向上的精神。我想如果不是因為自己現在的特殊身分的話，「天天向上」的人們總是可以做朋友來對待的。當然，除了政治、思想和信仰上可能產生的分歧外，我相信彼此之間還是可以做友善的交流和溝通的。雖然說，「道不同不相為謀」，但政見的分歧不應該成為共建未來、共用明天的障礙——此乃遠景，暫不提吧。

這幾天，監獄正在做「現代化文明監獄」的驗收準備工作，生產已經停止，全監上下都在從事內務整理、環境清理以及佇列及規範化生活的訓練。乾淨衛生整潔是我這幾天的總體感受。與開挖煤礦的崔家溝監獄相比，這裡應該是「天堂」了。

當然，在陝西乃至整個西北來說，渭南監獄都是比較有名的。從序列上講，渭南監獄是陝西省第二監獄（我上次服刑的漢中監獄是陝西省第三監獄）。從被關押者的身分來說，這裡是重刑犯監獄，百分之九十以上的服刑人員都是無期死緩。另外，諸如法輪功、臺港澳境外人員、間諜等也歸渭南監獄管理。當然「政治犯」也往這裡集中，在我之前，劉青（劉建偉）、李貴仁、馬洪良、孫正剛、魏光軍、張宗愛、張明、許劍雄等人都在這裡關押過多年時間，現在我又來到這裡，但願在我之後，再也沒有類似於我這樣的「持不同政見者」被關押進來——不知顏均的案情進展怎麼樣了？如果他也被判刑的話，大概也會來這裡與我為伴了。

我現在已經瞭解到如下幾個身分較為特殊的人：

范寶琳，原銅川市國安局警官，「洩密罪」？原判無期，現改判為十八年。

韓旭，法輪功，判刑十年，戶縣人。

劉永新，臺北人，詐騙罪，判刑十年。

姚健峰，香港人，非法持有毒品四十三克，判刑三年。

魏啟源，香港人，詐騙，判刑四年。

從我生活過的監獄（包括看守所）系統來說，這裡的生活是比較好的，早晨稀飯，一個饅頭，一份鹹菜，中午晚上均為兩個饅頭，一份菜。每週三、週六、週日各改善一頓生活，一頓麵條，兩頓肉（一份肉菜裡有三小片肉就不錯了）或雞蛋。不過，吃肉不如漢中監獄，但平時飯菜的油水能比漢中監獄稍好些。

據老犯人說，這一段時間因為要檢查，因而伙食比平時要好些。

二〇〇三年十月二十七日

今天，省監獄局的幹部來驗收，驗收時間很短，走完形式主義的程式後就走人了，前後不到半小時，不過我看那個省局幹部很像漢中監獄的獄政科科長（姓傅，名字忘了），難到傅科長在我出獄後高升並調至省局了？祝他好運。

二〇〇三年十月二十八日

感謝兄妹對我多次牢獄生活的關心

今天上午九點三十分左右，我正在樓下院子裡與香港人閒聊，突然小哨來叫我，結果是兄妹來了，我被任連長帶到監獄大門內會見。

自然雙方都很激動，我對他們的到來十分感謝，自去年十一月出事後，兄妹對我的事一直甚為關心，舉例來說吧：

去年十一月七日我被警方控制後，哥哥到處尋找我並報警，自由亞洲電臺記者為我之事甚至採訪了哥哥；

為我請律師；

我被送往安康醫院治病後，每月都去看我並先後為我上帳總計六百元，不算每次為我買的東西如：水果衣服，將這些加起來將超過上千元。

我被從看守所轉到服刑人員分流中心後，去看望並委託關係到中心裡面看我，同時找人說情準備將我留在西安（但時間錯過）。

我被送到崔家溝監獄後，十月十一日哥哥冒著大雨追蹤到崔家溝監獄為我送被子等物品（那天我心裡真是感動極了）；

十月二十三日當我被從崔家溝監獄轉至渭南監獄路過西安時，他竟然從有關方面得到消息後親自到曲江監獄門口等候我；

而妹妹對我更是同樣的關心，尤其今年上半年在她因身體懷孕很不方便時還多次到安康醫院及看守所看望我，當四月二十日她冒著冷風拖著不便的身體將被子給我送到西安市公安局門口時，我覺得自己的心裡真是難受極了。

現在，當我轉到渭南監獄後他們又及時趕來了，並為我買了速食麵、奶粉、白糖及蘋果、香蕉等。

多謝了，妹妹！

多謝了，哥哥！

其實，遠在一九八九年當我在北京被抓捕後，哥哥曾先後兩次到北京去找我，特別是第一次——哥哥後來告訴我：當時他在北京找了好多地方都沒有我的消息，於是他便想我可能被軍方開槍打死了。於是他便跑到許多醫院去找我。在每家醫院他都看到了許多被子彈打爛的屍體。那些屍體上都有很多血跡。他一個屍體一個屍體的查看，在有個醫院他看到了一具屍體特別像我，他說他當時心跳的特別厲害，但仔細看又有些不像。為了弄清那具屍體究竟是不是我，他說他想起來我胸口上部有一個小時候燒傷的疤痕，於是他便解開那具屍體的上衣扣子，拉開衣領一看，上面沒有疤痕，他跳動的心才稍微恢復了平靜……那一年他二十六歲，我二十歲。

九八年我在漢中第二次入獄時，他也前後去漢中兩次瞭解我的情況。

再謝了，哥哥！

想起來，我的內心充滿了萬分的感慨，我之尋求民主並非為了我個人或家庭私利（當然包括我個人和家庭利益在內），而是為了每一個國家公民的利益（包括每一個共產黨人和國家公務人員的利益），民主實現了，國家和公民都會從中獲得巨大的收益，但是在民主未實現之前，由於敵視民主政治的權貴集團的打壓，使得為民主事業而奮鬥的個人及其親友家庭首先付出巨大而沉重的代價，這在世界範圍內都是概莫能外的事，曼德拉、甘地、林肯、華勒沙、哈威爾、翁山蘇姬以及中國的魏京生、劉青、王丹、徐文立、胡石根、秦永敏、王有才、江棋生、許劍雄、熊焱、鄭旭光、連勝德、劉賢斌等等等等，對於所有這些民主先驅者來說，都曾受到過來自各自國家的政權的迫害，進監獄幾乎成了所有這些民主人士必須完成的人生修煉（林肯雖然未進過監獄，但付出的卻是整個生命的代價），有的牢獄生涯多達三四次，有的刑期會長達二三十年（如曼德拉前後入獄計三十二年，胡石根一次性被判處刑罰二十年，魏京生兩次累加二十九年，徐文立則達二十七年），自然，他們的家庭及親友也會受到各種各樣的拖累和牽連。

儘管付出了巨大的犧牲和代價，但據我所知，所有的這些人——包括已是第三次入獄的我本人在內絕不會因為沉重的付出而改弦更張，相反，所有的這些人都會本著良知和責任感為自己國家的民主事業、為人類的自由事業而奮鬥到底的。而且所有這些人、這些國家乃至整個人類的前方必然是民主的勝利、自由的勝利！

記到這裡，我突然想起今年的八月四日上午，當西安中院的法官向我宣讀完判決書的時候，我曾向他們說過這樣的話——

「你們可以把我、把追求民主的人士趕進監獄，但你們卻無法把中國的民主事業也趕進監獄，這個事業還會有更多的人來繼續做下去的，正如世界上絕大多數國家和地區已經實現了民主一樣，我堅信，中國的未來也一定是民主的未來，中國的明天一定是民主的明天！」

二○○三年十月二十九日於渭南監獄

詩一首：著囚服有感

十月二十六日曾領取了三套囚服（春秋裝、夏裝、冬裝各一套），囚帽一頂，當時塗得小詩一首，現錄如下：

著囚服有感

時至深秋兮落葉紛紛，
為求民主兮囚衣加身，
仰天長嘯兮心動山河，
日月星華兮照我乾坤。

〇三年十月二十九日

創榛辟莽何歎一朝英雄淚，
鞠躬盡瘁敢塑千秋中華魂。

十月二十九日偶撰

拒絕背誦《監規紀律》等

今天組長要我背誦《順口溜》、《監規紀律》、《罪犯改造一日行為規範》。我說可以學習，但我不會背誦的。因為我覺得背誦這些東西對於我來說是無意義的，既然無意義，為什麼還要去做呢？再說我根本就沒有犯罪，我背誦這些東西幹什麼呢？組長沒說什麼，我希望他能理解。

二〇〇三年十月三十日於渭南監獄

今天早晨組長將我叫到一邊問我參加勞動不？我略加思考說：「勞動可以參加，但我必須要有足夠的學習和思考的時間。」於是組長讓我找幾塊磚頭學搓花炮筒，幹了一天，搓了不到一盤……

二〇〇三年十月三十日記

「值得竊喜的事情呀」

昨天晚上我做了一個色情的夢，夢中的那個女孩我竟然不認識，可笑的是這個不認識的女孩竟然和我 make love，結果我竟然「跑馬」了，這種久違了的生理現象讓我十分驚奇甚至有些興奮，因為自從去年八月患了結核病以來直到現在的一年多時間裡我未曾「跑過馬」，我想可能是結核病再加上艱苦的看守所生活把我的身體折磨得太差勁了，想不到現在又出現了男人應有的生理現象，應該說這是件值得竊喜的事情呀！

二〇〇三年十月三十一日記

在渭南監獄致若蘭的最後一封信

前天，妹妹來看我時說，她給雪梅打了電話，知道若蘭還未結婚，現在正準備考研究生。妹妹給我說，看是否再給若蘭寫封信聯繫一下，於是經過思考，我給若蘭寫了一封短信，全文如下：

若蘭：你好！

我希望能和你建立起正常的通信聯繫，倘你認為可以，請回信，我現在的位址是：

渭南市樂天大街一一八號十一分監區

郵編：七一四〇〇〇

（今年八月我被西安中院判刑五年，前不久我被送來渭南監獄服刑）

你的生日快到了，俗話說，人過三十無少年，無論你現在擁有什麼樣的心情，我都向你表示祝願──最美好、最真誠的祝願。聽說你準備考研，我希望聽到你的好消息：祝成功！

就簡單寫這幾句，更多的話以後聯繫上了再說吧。

常青　十月三十日於渭南監獄

我之所以想給她寫信，是因為自從九五年春天認識她到現在的九年時間裡，我在內心深處為她建立起了深厚的愛情，我常常為自己對她的真切愛情而感動，我甚至仍然期盼著在未來的某一天她能回到我身邊（當然理性的分析，我認為這種可能性已經沒有了），當然這只是我的想法，如果她能夠回信的話，我將繼續努力促使我們的關係向好的方面發展，倘她不給回信的話，我看自己的努力就到此為止吧，因為我覺得自己太累了。

二〇〇三年十月三十一日記

向幹部正式提出「半工半讀」申請

經過幾天的思考，今天我給指導員寫了一份申請材料，材料全文如下：

尊敬的指導員、任連長：

各位尊敬的政府幹部

我叫趙常青，因為追求理想的國家秩序和社會政治秩序，因為對祖國民主人權事業的充分關注，二〇〇三年七月我被西安中級人民法院以「煽動顛覆國家政權」的名義判處五年有期徒刑，剝奪政治權利三年。今年九月二十四日我被送往崔家溝監獄服刑，前不久（十月二十三日）我又被轉來渭南監獄服刑，現在押十一分監區四號監室。

渭南監獄是一所比較有名的監獄，我的許多師友如劉青、李貴仁、張宗愛、許劍雄等人都曾先後在這裡學習生活過多年時間，他們出獄後，對國家、社會和人生都有了許多新的感悟和認識。現在我又來到這裡，我之餘刑還有四年多時間，相當於又一個四年制大學的學習時間。我希望通過四年時間的學習，我不僅能在這裡結識一些新的師友（包括各位尊敬的警官先生），而且希望通過學習能使自己的世界觀、人生觀和價值觀有一個更高的飛躍和昇華。

為了實現這一目標，我認為自己應該有足夠的學習和思考的時間，因此我特向人民政府提出如下申請：

第一，允許我半天勞動、半天學習（我個人的意思是每天上午參加勞動生產，下午學習）；

第二，允許我看每天的電視新聞，從而瞭解執政黨的大政方針，瞭解在新一代國家領導人的治理下，中國社會（包括政治、經濟、文化、教育等等）會發生哪些變化。

第三，希望能為我提供一些學習材料，如執政黨的黨報、黨刊以及相應的圖書雜誌等等。

特此申請，懇望批准！

趙常青　二〇〇三年十一月三日

關於此申請的解釋：

第一，我是無罪的，既就是以我國現有的法律體系來進行考量，我也是無罪的。從「無罪」的意義上講，我應該拒絕獄內勞動。但考慮到自己每天還要吃三頓飯，晚上還要擁有一席之地睡覺，而每天要花費的這三四元錢則需要廣大民眾以納稅的形式支付，白白的去花費人民的血汗與我的道德修養及價值觀念是絕對相衝突的，因而我覺得自己應該勞動半天去創造因自己獄內生活而需要的花費。

第二，從世界範圍考察，「政治犯」應該有足夠的學習時間和學習條件，對於來自國家政權的政治迫害，對於國家機器所施加給我的逮捕、判刑、入獄，我自然是無可奈何的，但是從思想與精神層面講，我知道自己是不可被征服的，當然，這並不意味著我的思想就不會出現錯誤，並不意味著我的精神創造就是絕對真理，我仍然需要不斷的學習和思考，而學習和思考都是需要時間的，因而我在申請中提出了「半天學習」的要求。

第三，我之所以沒有直接實施「半工半讀」的計劃，是因為自己是富有理性的，我在尋求民主的同時也在尋求法治，從「法治」的意義上講，做事情是講究一定的程式的，我覺得自己首先必須按常規的程式遞交相關材料，然後根據有關方面的反應再做別的打算。

第四，我初來乍到，並不想把自己打扮成「不合作」的鬥士形象，我希望與政府及獄內管理人員建立起一種「默契」的、良性「合作」的局面。再說，就監獄及政府幹部來說，他們的主要精力、主要工作恐怕還是眾多的普通刑事犯人，我深信，在社會的發展和人性的進化還停留在目前的道德水準的情況下，沒有人民警察，沒有人民監獄事業，便不會有人民的一切。正因此，我現在尋求的是理性的、良性的、默契的「合作」，而不是非理性的、惡性的鬥爭和反抗。

第五，如果我的最起碼的合理化要求得不到尊重，我的「半工半讀」的願望得不到實現，那我將使用一些非常規的方式和途徑去爭取，並準備為此而受任何意義上的懲罰，誠如甘地先生所言：「非暴力反抗者必須準備受苦到底」、「且決不報復」。如果把我關禁閉了，正好可以在禁閉室做些徹底的思考。

二〇〇三年十一月三日於渭南監獄記

指導員對我「半工半讀」申請書的反應

我的申請材料今天上午遞交上去後，下午指導員劉中平就找我去談話了。指導員有著一頭黑亮的頭髮，一雙深邃的眼睛，讓人一看就知道城府很深且精神狀態非常好。聽別人說，他來十一分監區有兩年了，而且極有可能在不久的將來得到提升。從我個人初來監獄時的感覺而言，他的提升應該是不成問題的——這是閒話，不多提吧。

我去到辦公室後，指導員先問了我一些常規問題如家庭狀況、自己的履歷等，談到李貴仁、許劍雄、張宗愛等人，他說他還到李貴仁家裡去過，談到政府曾給李貴仁以較大照顧以及李貴仁出獄前的感謝之情。在談話中我還瞭解到指導員生於一九六八年，一九八九年曾在漢中監獄做武警，後轉業至渭南市公安局再調到渭南監獄。令我生發敬意的是他的面前攤開著一本法律書，看到裡面的許多道道，就知道指導員也在「與時俱進」、「天天向上」，一般來說，工作後讀書人就少讀書了，讀專業性的書就更少了，指導員能在工作十來年後繼續保持一份讀書人的本色，也難怪大家對他的工作能力和領導水準有很好評價。

當談到我所書寫的申請材料時，劉指導說：「這個問題還需要研究，監獄好像沒有先例。」我說：「這個申請還需要請指導員批准。」他說：「這將涉及到是否調整你的改造環境，你先不要著急，等研究後再說。」並要我遵守監規紀律。

於是我便回到監室，耐心等待吧。

二〇〇三年十一月三日記

變了相的「半工半讀」

今天早晨，組長將我叫到跟前說：「從明天起，別人每天搓花炮二十卷，你每天搓四盤就可以了，擠出來的時間你可以看書學習，若搓小花炮時，別人每天搓五盤，你搓一盤就行了。」我說我需要的是半天勞動半天學習，他說給你一天分派這麼少的任務就是為了照顧你有關學習的需要的，你應該知足。我想了想說在幹部回覆我的申請之前，我暫時按你所說的去辦吧。

二〇〇三年十一月五日記

管事犯對我「約法三章」

今天下午，組長在宿舍對我發了一通脾氣（不大、善意），說昨天我和誰談論民主、法治一類問題被別人反映到指導員那裡去了，指導員剛才批評了他，最後他與我「約法三章」：

第一，不准和任何人做具有「政治」色彩的交談；

第二，不管我到哪裡去，哪怕是上廁所都要向他告知；

第三，不准我和本組以外的人員接觸、交談。

我說這些規定對我有些過分，我說你有權利對我進行監督，你也有權力將我的言行報告幹部，這些都是你職責範圍內的事情，我一點也不會介意。「政治」我可以不談，我去哪裡也可以向你告知，但不准我和本組以外的人員交流恐怕做不到。不過你認為我有哪些地方做得不合適，你儘管報告幹部，我對自己的言行承擔責任、承擔後果就是。

二〇〇三年十一月六日記

友人的關心

今天是十一月八號，中午，白少傑（積委會主任）將我叫到積委會遞給我幾本書和一張收據，說是我的朋友送來的，我一看，收據上有一百五十元，署名楊海，在背面他附言說：「今天上午我和老高來看你，但來遲了，下次見。」那幾本書均是老高的。我前年出獄後，楊海對我一直比較關心，本次入獄後，他也一直向我表示著自己的關心，自從今年六月他去到看守所看望我後，幾乎每月為我送來書和錢，多謝了。

附錄：

六月上帳一百元，送來《南風窗》、《書屋》

七月上帳一百五十元，送來《南風窗》、《人與世界》

八月上帳一百五十元，送來《人與國家》

九月二十一日分流中心上帳一百元，東西一堆

十一月八日，上帳一百五十元

另外，大概九月十號左右，鄭旭光也去到西安分流中心（西安監獄）看望過我，並一次性給我上帳五百元，謝謝了。

二〇〇三年十一月八日記

與上一次在漢中監獄的情況一樣，這一次我又請中隊幹部為我訂了兩份報紙，一份是《南方週末》，一份是《廣州文摘報》。其中《南方週末》由原來的年度七十八元上漲到一百零五點九六元，《廣州文摘報》年度費用五十一點九六元，兩份報紙共計一百五十八元。

此外我還花費五十元辦了一個圖書卡（這五十元包括押金二十元，另三十元是借書費用，這裡的圖書館是收費的，每本書每天收取費用零點三元，三十元可用一百天，用完再

續辦借書卡。）

二〇〇三年十一月八日記

從前天開始，新犯都要去外面挖土、運土，我留在監室讀書。

十一月九日記

呀，昨天晚上後半夜我又在睡夢中「跑馬」了，幸哉，善哉……

二〇〇三年十一月十九日記

剛才我去查看了圖書目錄，適合我看的書還有不少，如歷史、文學、政治、社會方面的，我借了一本寫胡耀邦平反冤假錯案的書，書名是《冤假錯案是這樣平反的》，作者何載，陝西寶雞人。

二〇〇三年十一月十九日記

天主經

我們的天父，
願您的名受顯揚，
願您的國來臨，
願您的旨意奉行在人間，如同在天上，

求您今天賞給我們日用的食糧，
求您寬恕我們的罪過，
如同我們寬恕別人的罪過一樣。
不要讓我們陷於誘惑，
但求我們別於兇惡。
阿門。

二〇〇三年十一月十九日記

關於若蘭的幾次夢境

在昨夜的夢中我竟然又遇到若蘭了，呵，Dear，你在哪裡？你為什麼會出現在我的夢中呀？

（夢中的若蘭，仍然是淺綠色上衣，套裙，兩小辮，紅潤的小臉，但地點卻是在故鄉的一個山坡上，說她和我在一塊討論考研的事情，我說我沒考上，她說考上了……）

回想起來，自前年出獄以來，有好幾次有關她的夢境都讓我心動不已……

二〇〇一年六月一日晨我在西京大學教工宿舍裡做了一個夢，夢中她為我送來了三個小女孩，其中兩個還是雙胞胎，哦，孩子，你在哪裡？——記得當時我在夢中高興得哭了，醒來後，眼角流下冰涼的淚水——那一天是兒童節呀！

去年中秋節晚上我在醫院裡做了一個奇怪的夢，夢中，若蘭領了一個小男孩到我跟前，說：「這就是你的爸爸。」然後她就走了，小男孩個兒很高了……

去年十二月二十五日夜，我被逮捕的那天晚上，她竟然笑了……

今年七月二十九日晚在看守所八排一室的夢中，我膝蓋處的褲子破了，她卻拿來了針線為我密密地縫補……

今年八月四日，也就是我接到判決書的那天晚上，夢中的她竟然伏在我身上哭了……心疼呀，不記了，不記了！

二〇〇三年十一月二十日記

弄虛作假的入監課堂教育

本周進行了《入監教育》課堂教學。

《入監教育》是一冊書，至少需要兩個月的課程教學，但由於監獄要搞「創收」，中隊幹部只用了三個下午約六課時的時間便講完了。當然幾個講課幹部也很坦率，承認了這樣的課程安排只能是「走馬觀花」，瞭解個大概，後來進行的書面考試也是先將試題公佈（由組長通過非公開的管道將試題搞到手），然後抄錄的形式進行的——有意義嗎？浪費時間而已。

二〇〇三年十二月一日記

「世界人權日」有關「人權」的思考

今天是二〇〇三年的十二月十日，今天是「世界人權日」。

五五年前的今天，聯合國通過了偉大的《世界人權宣言》，中國作為聯合國的創始成員國和安理會常任理事國，對這一偉大宣言的誕生自然起過不可替代的作用，但遺憾的是無論是過去的中華民國政府還是後來的中華人民共和國政府只是把這一偉大宣言當做一個國際性檔進行處理而已，而從來沒有嚴肅認真地將這一偉大宣言應用於本國的政治生活和社會生活中去（當然九十年代後的臺灣另當別論），非但如此，這兩個政府還會將許許多多宣導人權保護的正義人士送進監獄，力圖通過政治高壓來維護自己凌駕於國家和人民之上的特權和強權。

當然，與奉行絕對專制的毛澤東時代相比，「改革開放」時代的中國人權狀況還是有所進步的，譬如說人們不用擔心因收聽了VOA或BBC而會遭到政治員警的逮捕，也不用擔心自由戀愛會受到國家的干涉和破壞，婦女、兒童也受到國家的特別保護，民間也可以大量流傳對黨政要人的議論和批評（口頭），甚至對發生在最高層的緋聞也會被民間編造成肆無忌憚的笑話（如流傳最廣的江某某與「三英」的段子），人們不會因為這種議論而被追究和逮捕，冤假錯案也可以得到國家賠償，國家實行九年制義務教育等等。

對於人民來說，這些進步當然非常重要。但是與文明國家相比，與人民的實際需要和心理期望相比，中國人權的這種進步真是太緩慢、太緩慢了。與《世界人權宣言》的相關條文相比，中國社會在人權方面的某些進步可以說是非常膚淺的，甚至是微不足道的。因為對於人民來說首要的人權是活得自由和尊嚴，是在自己的國家能夠真正的當家作主（而不是如官方意識形態所宣揚的那種什麼「首要的人權是生存權」——這話對奴隸也是可以說的）。而要活得富有自由和尊嚴，要真正成為自己國家的主人，則必須在政治上實行民主，而要實行民主則必須做到《世界人權宣言》第十八條——第二十一條所規定的各項權利和自由——

第十八條：信仰自由；

第十九條：言論出版自由；

第二十條：集會結社自由；

第二十一條：民主選舉……

但是，遍悉中國的政治現實和社會現實，信仰自由是談不上的（如法輪功被視為邪教受到執政當局的打壓）；言論出版方面更是受到有關方面的控制和檢查，集會結社則受到政治員警的殘酷打壓（如九二、九八組黨事件），至於民主選舉更是走走形式主義的程式而已，如果你想尋求真正的民主競選，則會被當局當做政治異端分子而被送進監獄（我在九八年元月競選人民代表的遭遇便是例證）。而如果沒有政治民主、沒有新聞輿論的自由監督，沒有平權對等的政治組織相抗衡，沒有國家權力的分割制衡，則永遠不會有人權的真正進步。

當然，我也注意到了中共十六屆三中全會提出了「尊重和保護人權」的問題，而且執政黨準備就此問題向全國人大提出修憲建議，即將「尊重和保護人權」之類的文字寫入憲法。這當然是好事，但是我認為尊重和保護人權最得力的措施便是積極落實《世界人權宣言》第十八條至第二十一條的規定：開放黨禁、報禁，施行「真正的選舉」（公平競選），當中國社會成為一個民主、自由的社會時，中國政府自然在「人權保護」方面也會得到國內和國際社會的良好口碑。

二〇〇三年十二月十日記

薩達姆被捕了！

真是一個天大的喜訊！

一個危害人類的惡棍——薩達姆終於被捕了！

當我今天知道這件事的時候，我有一種發自內心的歡呼！應該感謝上帝，感謝上帝對這個惡棍的懲罰！我希望在經過合乎人類正義的審判後，這個禍害人類的劊子手、獨裁者能被送上伊拉克人民為之設計的絞架上去，使其落得與查理一世、路易十六、墨索里尼及奇奧塞斯庫（前羅馬尼亞共產黨總書記）之流一樣的下場。

可笑的是這個無恥之徒在電視上高聲呼籲伊拉克人民為之充當戰爭的炮灰時，他自己卻投降了！如果他具有他所號召的伊拉克人民所「應該」具有的那份勇氣的話，他就應該拒捕，應該戰鬥到最後一滴血，而不應該像一條狗那樣乞降。他應該像一些受騙的伊拉克公民那樣用武器戰鬥到底並留給自己最後一顆子彈，但是他沒有——在這一點上他比希特勒差遠了，希特勒還有勇氣自殺，而且自殺成功了，薩達姆呢？卻連一點點自殺的勇氣也沒有，他不僅像一條狗一樣被美國軍人從山洞中拖出，而且還無恥地張開大嘴配合美國人為他所做的體質檢查——難怪一些為之賣命的伊拉克人在看到他們的「領袖」是那樣一幅貪生怕死的醜陋嘴臉時，會大叫「上當了！」。

我之所以如此痛恨薩達姆倒不是因為他傷害了我的私人利益，而是因為他和所有的獨裁者一樣，犯下了大量的反人民、反人道、反人類的罪行。據報導，薩達姆在其統治伊拉克的二十多年裡，竟然殺害了三十多萬政治反對派人士。十一月八日伊拉克臨管會人權機構負責人霍奇金森對記者說：「截止十一月七日，在伊國內發現了二六三個大型亂葬坑，其中最大的集體墳墓是在伊南部城鎮馬哈威爾，共有三千一百一十五具屍骸。」——我想當這些屈死地下的靈魂瞭解到薩達姆這個屠殺他們的劊子手已經被捉住時，他們也許會微笑吧！

可悲的是，一些所謂的伊拉克民族主義者和極端伊斯蘭武裝分子還在盲目地進行所謂的抗美「聖戰」。其實，他們哪裡知道吃力不討好的美國正在努力培植他們國家的希望啊！他們哪裡知道當美國人將民主自由的種子撒播在兩河流域時，他們的國家將會擁有一個多麼美麗的未來！他們又哪裡知道正是民主自由維護著人類的高貴和尊嚴，正是民主與自由孕育著發達與繁榮，正是民主與自由代表著人類的未來和希望！

二〇〇四年十二月十四日記

薩達姆，死去吧！

「聖戰」分子們，醒來吧！！！

（二〇〇六年十二月三十日，薩達姆被處絞刑——補注）

若蘭，我決定將你遺忘，永遠的遺忘！

可就在我做這種決定的時候，大前天（十二月三十日）晚上和昨天晚上（元旦）我又在夢中見到了她，大前天夢到她與妹妹的小孩李泰然在一塊玩，昨天晚上則是她與我在一塊make love……這是多麼令人痛苦與悲傷的事啊！

怎麼辦？

Forget her!

Forget her!

Forget her for ever! For ever!

二〇〇四年一月二日記

與法輪功監護人員打架

今天，與法輪功監護人員王勇打了一架。

事情是這樣的，入監隊有一個叫韓旭的法輪功人員，戶縣人，被判刑十年。由於我和他身分的特殊性，我們之間極少說話，再說根據司法部有關政策，所有法輪功人員都有專人監護，目的是防止他們繼續傳功。

我對法輪功人員的遭遇本身就很同情，對於政府動用國家強制力量干預法輪功人員的信仰自由並使用種種手段進行打壓非常反感。二〇〇二年八月，我去哈爾濱，針對阿城汽車站入口處寫著「法輪功人員不許進站乘車」的牌子，我還專門寫了一篇批駁文章在海外的《民主論壇》上發表——我想維護法輪功人員作為國家公民的正當權利。

而昨天我聽說韓旭在鬧絕食，我曾向積委會的白少傑打聽是什麼原因，白讓我不要打聽這些事，說幹部都不許隨便插手這件事。我說無論如何這是一條生命，必須想辦法讓其恢復進食，我說我可以去做一下韓旭的思想工作，如果韓旭因為絕食而死去的話，那麼他第一個倒下，我就會第二個跟上絕食至死，以示抗議。少傑說你先不要衝動，政府正在做這方面的工作。

還好，今天中午吃飯時，我看到韓旭已經下樓吃飯，我的心裡鬆了一口氣，下午下去提開水時，在院子碰到他，出於關心，便去向他做了問候，但簡單的問候被監護人員王勇打斷，我也就悻悻的上了樓。下午飯後不久，王勇怒氣衝衝地來到入監組，大喊著馮仰朝（組長）的名字，要求馮仰朝把我「管好！」，看到他氣勢洶洶的樣子，我說：「有啥事情你說就是，這樣喊叫什麼呀？」不料他轉過身來對著我的臉就是一拳，我的眼鏡一下子便被打碎在地上，我一下子就衝了上去，和王勇扭打起來，後被旁人迅速拉開。

結果我們的事情鬧到了辦公室。

指導員對王勇做了批評，並要他給我配眼鏡，指導員的意思是讓他給我重新配一副眼鏡，但我想到重配一副眼鏡須花費上百元，而我的眼鏡片只被摔壞了一個，就提出讓他給我換一個片就行了。同時，我當著幹部的面告訴王勇：「我可以原諒你打人的事，但你自己必須注意，你是長刑，不掙點成績減刑是不行的，而成績是一分一分掙出來的，如果動不動就想動手打人，我想受損失的將會是你自己。」由於我的寬容，王勇向我道了歉，指導員說還要扣他的分，我說象徵性地扣一點就行了，我不想別的服刑人員因為我的原因而受到扣分損失……

指導員對我的行為表示了讚賞，同時要求我以後在類似問題上要多注意點，以免自己受到傷害。

事情就這樣結束了。

二〇〇四年一月四日記

記許良英先生

今天，楊海、志平、正剛來監獄看我了，楊說北京的許良英先生對我進行了較好的評價（說我人老實，對民主的信念是很真誠的），並將自己的一千多元稿費托楊海給我捎了過來。

許良英先生今年已經八十三歲高齡了，二〇〇二年十月我去北京辦事時曾拜訪了老人，當我稱呼他「許老」時，他風趣的說：「叫我許先生，你看我老嗎？不要叫我『許老』！」

許先生，老家在浙江，四十年代後期在浙江大學上學時，曾和於子三等中共地下黨一塊領導過浙大的學生從事反對國民黨的專制統治。但四九年中共攫取執政權後，許先生卻長期受排擠打擊。文革結束後在中國科學院工作，為中科院自然科學史研究員。在致力於科學史研究的同時，大力從事民主啟蒙工作。一九八八年，當王丹在北大成立「民主沙龍」時，許先生是其精神導師之一。八九年春許先生又和方勵之先生共同發起簽名要求釋放民主先驅魏京生先生，學潮後，許先生拒絕流亡海外，堅守北京，一九九五年當王丹因為從事民主人權活動再次被捕判刑時，許先生憤而發表了《為王丹辯護》一文，為王丹的民主活動做了正義的辯護。

同在九五年，許先生又和西安的林牧先生（原中共西北大學黨委書記）共同發起「寬容呼籲書」簽名活動，參加簽名的有四五位國內知名科學家、學者、教授及部分持不同政見人士，其中包括：

王淦昌，許先生的老師，中國核工業之父；

樓適夷，老作家；

蔣麗金，女，原全國政協副主席；

以及一大批浙大教授。此外還包括王丹、江棋生、楊海等八九學生。

許先生在交談中對我說：「要儘量避免進監獄，在中國最重要的問題是進行民主啟蒙，因為絕大部分民眾不知民主是怎麼回事。」許先生甚至說：「在中國十三億人口中，真正懂民主的人不到七、八人，包括我自己在內都還需要繼續學習，因此，民主啟蒙工作最重要。而民主啟蒙首先是從自我啟蒙開始！」

儘管我對許先生的上述結論有不同看法，但許先生的用意我是非常清楚的。他和林牧先生是兩種風格的人，一個偏重理論和思想啟蒙，另一個則強調實踐和行動。而作為我個人來說，則是偏重於用實踐和行動去推動中國的民主事業的！

許先生對林牧先生在二〇〇二年初宣佈我為西安民運「聯絡人」的做法進行了批評！

說林老有些「不負責任」！

在談到浙江大學的光榮歷史時，我說從浙江大學走出了不少優秀人才，許先生像考我一樣讓我舉幾個例子，我便一連說了幾個「浙大人」包括竺可楨、王淦昌、以及許先生本人。

許先生還拒絕了我從西安為他購買的兩小包紅棗，他說：「不要學習共產黨的那一套，那會壞事的。」其實兩小包紅棗不過才二十元錢，但這件事卻深深地震撼著我的心，我看到了老人的高風亮節，我不能不向老人表示崇高的敬意！

在許先生家裡，我還為老人家照了相並同他合了影（是許先生夫人王來棣女士為我和許先生合影的），老人還將自己寫的幾篇論文送給我，可惜這些東西在二〇〇二年十一月均被警方抄走了。

現在我入獄了，未能避開當局的打壓，對於許先生的關心我從內心裡很是感動，我謝謝許先生的美意！我遙祝老人家健康長壽，希望在我出獄後還能聆聽老人家的教誨。

二〇〇四年一月十三日

明天就要過年了，今天哥哥陪叔來看了我。

叔的臉色不太好，九六年母親去世後，他的生活也發生了重大變化，我之兩次入獄尤其是第二次入獄對他的打擊肯定非常大，但我沒有辦法，只能從心裡懇求老人一千次、一萬次的原諒我，並默默地為老人家的健康祝福……！

二〇〇四年一月二十一日記

春節終於過完了。

渭南監獄的春節和漢中監獄不一樣，漢中監獄過年時只發一次餃子麵，可是這裡要發四五天的麵粉和餃子餡，全得自己動手去做，而我又不會包餃子，就和另外幾個人合夥，沾別人的光了……真是挺麻煩的。

二〇〇四年一月三十日記

自正月初八收假後，前幾天與去年冬一樣一直搓炮，我還是上午幹半天、下午看點書。但從今天開始，全部新入監人員開始分揀辣椒，據說分揀辣椒比搓花炮賺錢，具體情況我也不知道，也不想關心，只是幹完半天活就行了。

二〇〇四年二月十日記

下隊感想

真沒想到，我下隊了！

原來想到自己可能會留在入監隊，但是昨天上午卻突然接到通知——讓我下隊，而且被下到三連。就這樣，在入監隊生活了四個月之後，我便來到三連了。

三連與四、六、十三等連隊同為二監的生產連隊，主要生產鍋爐。別人都說下到生產連隊好，我也有此感覺。首先有午休，昨天午飯後，同室人員都開始上床休息，對於我來說，這當然是個「喜訊」。

其二，睡單人床，這是最讓人高興的事，過去一年多時間，無論是看守所，還是分流中心，還是崔礦，還是入監隊，全部都是擁擠不堪的大通鋪——睡通鋪的最大毛病是無法講究衛生。遇到鄰鋪講衛生還好，若鄰鋪是一個不講衛生的人實在讓人受罪得厲害。像去年在入監隊，挨著我睡的鄰鋪是一個陝北人，一個冬天既未見過他洗過一次腳，更未見過他洗過一次澡。晚上睡覺簡直能把人熏死。

現在可好了，三連全部是單人架子床，我睡上鋪，有護欄，正合我意——我可以維護自己的小小毛病——「潔癖」了，呵呵……

二〇〇四年二月十八日

明確向幹部表示：「不使用報告詞」

三隊服刑人員主要分兩部分，生產人員去生產線造鍋爐，非生產人員留在監區編草墊。昨天連隊幹部找我談話，我順便向幹部談了自己的幾個要求：

其一，半天勞動，半天學習；

其二，監規制度可以學習，但不會背誦；

其三，不使用「報告詞」，我不能自稱「罪犯」（報告詞中有「罪犯」的概念——比如說，有事找幹部，須說：「報告XX，罪犯XXX有事彙報，請指示。」）。

我說如果幹部認為我的行為是錯誤的，請按制度懲罰就是。結果，我被幹部批評了一頓，並要求我嚴格遵守相關制度，服從管理。

但今天我只學編了半天墊子，午休起來後我便開始看書了。

二〇〇四年二月十九日記

拒絕全天勞動

這幾天，吳國鋒隊長、顏鋒（副指導員）分別找我談過幾次話，要求我全天參加勞動，並說他們已經就相關問題請示過獄政科和監獄長，說這是監獄的意思，但是，我拒絕服從，我依然每天上午學編草墊，下午學習讀書（我今年訂有《南方週末》、《廣州文摘報》等）。

我估計對於我來說快發生一點什麼事情了。

二〇〇四年二月二十二日記

我的第一次禁閉室生活

在經歷了為期三個月的禁閉嚴管後，五月二十三日我終於又回到了連隊。

事情是這樣的——

二月十七號我被分派到三連後，由於我拒絕全天勞動，始終堅持「半天勞動，半天學習」，並同時拒絕認罪、拒絕打報告詞、拒絕背誦《監規紀律》，結果二月二十四日晚中隊幹部以我「抗拒勞動、抗拒改造」為理由將我送往禁閉室「嚴管」起來。

當時幹部決定只「嚴管」我一個月，但由於在這個月裡幹部對我進行的三次「談話教育」均未使我放棄自己的政治立場和「半工半讀」的要求，結果到了三月二十四日，幹部又一口氣給我加續兩個月的「嚴管」。

在這三個月的「嚴管」中，中隊幹部大概找我談了九次話，除了一個幹部（監區一把手王樹光）每次找我談話都大喊大叫、有些神經性的歇斯底里外，其他幹部都能心平氣和地與我「講道理」，但無論是發脾氣還是講道理，其核心內容就是要我承認「罪犯」身分，承認自己是「罪犯」，並服從幹部的管理和「教育」。

不用懷疑，幹部對我的這種「教育」和懲罰沒有起到他們所盼望的那種作用，我既沒有認罪，當然更談不上悔罪了。因而，中隊幹部在一怒之下，就讓我在禁閉室受了三個月的「活罪」。到五月二十三日晚因為時間到期而又不能再續的情況下（按照監獄規定嚴管最長時間不能超過三個月），只好將我接回連隊了。

現將禁閉室的有關生活情況記錄如下：

一，初進禁閉室的情景

二月二十五日晚七時多，我被幹部叫到辦公室，連隊副指導員對我宣佈：「鑒於你下隊一週來的表現，經中隊研究，決定對你實行嚴管教育。」宣佈完畢，問我有意見沒有，我說「沒有」，於是便讓「宣傳員」（由連隊幹部指定的負責管理犯人的「牢頭」，因為這種牢頭均是幹部紅人，權力極大，在監獄中有所謂「二政府」之稱）等人幫我收拾了被子、碗筷、毛巾等日用品，將我送到位於生活區東北角的監獄禁閉室。

經過禁閉室值班幹部的簡單詢問和登記後，我便被送到裡面的院子門口由值班的服刑人員對我進行檢查。

兩個服刑人員要我將被子、臉盆之類的東西就地放到骯髒的地面上，然後讓我將身上的衣服一件件脫下（包括褲子、鞋襪），仔細檢查後，將皮帶、鞋帶扣留後才讓我穿上衣服。隨後就在骯髒的地面上將我的被褥細細摸過，看有沒有刀片之類的違禁品。等到查驗程式完畢後，才讓我拿上東西進了靠近門口的八號監室，其中一個人對我說：「先在這裡等著，嚴管手續還沒辦好。」說完就拉上門出去了，並將門從外面扣上了。

於是我放下有些惴惴的心情，開始打量眼前的小房子。房子很小，大概有六七個平米，一個水泥臺大概是睡覺的地方，上面能睡三個人。水泥臺很低，只有半尺高。水泥臺下面是很窄的過道，從門口抵到牆上不過三米。在過道靠牆角的地方放著一只小馬桶，上面蓋著一塊紙板。房子的頂部是平蓋的水泥板，一盞昏暗的燈泡掛在上面。靠近屋頂的一面牆壁上有一個小小的窗戶（人手夠不著，很高），被鋼筋網死，估計是為室內採光和透風設計的。在靠門口的上方牆角上有一架監控器。有一面牆上貼著有關禁閉室的規章，看得出時間已較長了，因為紙的顏色發黃。

打量完這個小環境後，因為是第一次進禁閉室，我的心裡還是有些忐忑不安，我不知道自己會遭遇到一些什麼事情，但我已經聽到了其他房子裡有人的說話聲，我想那一定是其他違紀的人被關了。我實在討厭沒有私人空間的團體生活，我非常希望自己能獨處一室，但是我的心理感覺是不可能的。

果然，不大一會兒，我的房門被打開了，一個幹部出現在門口，在簡單的問過一些事情後，便對身邊兩個服刑人員說：「把一號打開，關一號房去」。

其實後來得知，禁閉室分東、西兩小院，各八間小房子。因為平時關禁閉的總共就十來個，因此都集中在西院幾個小房子裡，東院的小房子則堆放著桌椅、勞動工具等雜物。而且各個號子的人數、人員也不是固定不變的，大的原則是：不能一個人關一間房子，因為擔心自殺一類事情的發生，也不能兩個人關一間房子，據說是為了防止兩個人之間搞低級活動。一般情況下是三個人關一間房子，這樣能有效防止一些不必要的麻煩的發生，減少管理成本。因此，當一個號子有人禁閉或嚴管到期被接回連隊時，就會發生相應的人員調動。同時一個號內如果發生打架事件也會調動人員，但這種情況則很少發生。

根據幹部的指令，我搬著行李跟隨監護人員去到一號門前。鐵門打開後，我立刻感到了室內空氣的渾濁，甚至還有令人窒息的騷臭味。不用懷疑，這都是由於門窗封閉、空氣流通差的結果。

儘管心裡很不舒服，但沒有辦法，在監管人員的吆喝聲裡，我還是搬著行李進了屋子，裡面已有兩個人，他們占據了靠近房門口的最佳位置，剩下的最裡面的鋪位自然就是我的了。我將被褥放到上面，他們又讓我將臉盆、毛巾、飯碗放到外面，在做完這些事情後，他們給我戴上了手銬，一個頭頭模樣的人對我說：「這幾天好好的，過幾天如果表現好，就給你把手銬卸了。」

然後我又進到一號舍，鐵門從身後沉沉的關上。

因為戴著手銬，行動當然不方便，於是另兩個人幫我把被褥打開、鋪好。我的褥子很薄，當時還是陽曆二月分，又睡在冰冷的水泥臺上，因而很冷。

通過交談，他們兩個分別是十三連和七連的，一個是打架違紀，一個是使用手機被發現了，因而被關了進來。

交談了一會，就準備睡覺了。我由於被子薄，又戴著手銬，只好和衣而臥。但是整個一個晚上我的身下都是冰冷的。由於戴手銬，翻身也極不方便，連拉一下被子都很困難——但是這些都必須承受。作為甘地的信徒，「受苦」是一個非暴力主義反抗者必須精心修煉的課程，既然跋涉在萬水千山之中，這一點苦又算得了什麼呢？

二，禁閉室的生活狀況

一，飲食狀況：

聽說以前關禁閉的人是吃不飽的，不但吃不飽，而且要吃窩頭。但我進去的時候，除了改善生活時的肉、雞蛋、麵條吃不上外，從數量上講，和在連隊吃的差不多。早晨是一碗稀飯、一個饅頭，午飯、晚飯均為兩個饅頭、一份水煮菜。只是星期三下午的包子，星期六下午的麵條、星期天下午的肉菜吃不上。每逢外面的人作這樣的集體改善時，我們關禁閉的就只能吃冷饅頭和水煮菜，但數量還是夠的。當然有特殊關係的可以受到暗中的關照，如監護人員給自己的關係偷送幾支香菸、偷拿一個包子或偷打一份肉菜的情況是有的——當然也有利益交換，如被關押的張某讓某監護人員去自己的連隊找某個人，等連隊的關係送給他東西後（香菸、速食麵等），他就對被關押的張某給予照顧，這也可以算作一種「地下尋租」吧，萬一被幹部抓住了，也是不太好交代的。

二，至為糟糕的衛生狀況

A，洗漱

被關禁閉的人都有一個臉盆、一條毛巾，但毛巾、臉盆不准往房裡拿，只准放在小院拐角的臉盆架上。每天早晨六點左右，由值班人員用小水桶從廁所邊的蓄水池裡將水提過來分倒在每個人的臉盆裡。起床後，一個一個號舍依次都去小院子裡洗臉，時間只有四、五分鐘，一天就給這麼一次用水，其他時間整天關在小屋子裡，是沒辦法洗的。

在小院子裡洗了半個月後，由於被關人員之間有利用洗臉時相互說話的情況，從三月中旬開始，早晨洗臉時，改成在小屋裡洗，即，起床後，各號依次將自己的洗臉盆拿回小號子洗，十分鐘後，各號再依次出去將洗臉水倒掉，將臉盆放歸原位——我覺得這種辦法相對較好，因為在這十分鐘時間可以用濕毛巾擦一下身子，或者可以坐在床邊將腳簡單洗一下，甚至在混熟了的情況下可以向某值班人員要點洗衣粉將頭洗一下。當然不管洗什麼、咋洗，水都是有限的，就那麼小半盆；時間也是有限的，就十分鐘甚至更短。

牙是刷不成的，聽說以前是能夠刷牙的，但後來被關禁閉的人有人吃過牙刷惹出麻煩，幹部從此以後就不讓使用牙刷了，因而沒辦法刷牙。我由於特別不習慣就只好在洗臉前用手掬一捧水把口腔漱一下，倘碰到臉盆裡的水特別髒（有幾個早晨我的臉盆水面都飄著幾隻令人特別噁心的死蒼蠅），就只好免去「漱口」程式。

好在是到了四月分關在我隔壁的一個人（從來不認識）聽說了我的情況後對我十分關心，他由於白天在外面東院編草墊，還幫我洗過幾次內衣，他還把自己的一件襯衫送給我要我換洗用。他四月分嚴管期滿回到連隊後還專門託人給我送來了牙具，監護人員也默許我使用了。後來我和這個服刑人員保持了很長時間的私人友誼，這個服刑人員名字叫邵偉。

B，很不衛生的飲食狀況

本來每個被關的人都拿有碗筷，但碗筷也統一放到外面不許往裡拿，目的也是防止將鐵東西吃到肚裡（以前有過），而監管人員為了省事，不管是打稀飯還是打菜都統一在外面門口處打好，然後向各個號子統一拿。而他們也不可能識別每個人的飯碗，因而每頓飯每個人使用的飯碗都會不一樣，早晨你使用的張三的碗，中午你則可能使用李四的碗，自己碰到自己飯碗的情況極少見，而且在那種相互混亂使用的情況下，區分自己的飯碗和別人的飯碗也完全失去了意義。因而讓人每次吃飯心裡都非常難受。

而更為難受的是號子裡不給洗碗水。吃完飯後，個人用衛生紙將飯碗一擦了之。而問題在於擦是擦不淨的，更何況有的人明說：反正吃下一頓飯時碗又轉到別人手上去了，擦得再淨也是白擦，因而大致擦一下就行了——而我則總是說要多擦幾遍，如果每個人都能將吃過的飯碗相對擦淨的話，整體衛生就會好一些。但這些話有些人能聽，有些人卻不以為然，我也只能保證將自己吃過的碗多擦幾遍，淨與不淨只能求得良心的稍安。

每次飯後一個號子也給一碗開水喝，所謂開水實際是溫水，有時則成了涼水。因為禁閉室沒有保溫桶，喝的水是值班人員用小桶提回來的。若水提回來的遲還能喝點熱水，若提回來的早，放的時間長了，就喝不上熱水了。而且這個水也很不衛生，因為裝開水的小塑膠桶沒有蓋，是敞開的，風一吹，什麼髒東西都可能飄落進去。

糟糕的是裝開水的小桶竟然和每個小房子裡放的小馬桶在造型、顏色、大小等方面一模一樣，因而「開水」拿來後要麼迅速喝下，要麼就不喝了，總之不能產生聯想，一產生聯想就會倒胃口。

而無論是饅頭、開水或飯菜都是從大門正中的小風門（四四方方一個小洞，頭都伸不出去）遞進來，再將碗遞出去。

才開始人少時，每人還發一個塑膠勺（飯前發、飯後收回），後來因有人越獄（成功越獄，該服刑人員在半夜從醫院樓頂「飛越」監牆，跑到湖南，但四天後就被抓回）好多人受牽連被關進來，勺子不夠用了，便一個號子三、四個人只發一個勺子共用，一個吃好，擦淨，另一個再用，甚至這唯一的一把小勺子會裂了口或斷了勺把……

C，洗澡、洗衣服

四月分以前根本沒讓洗過澡，身上髒了都是用毛巾擦兩把，只是到了五月天熱了，才讓大家每週去廁所沖一次澡，但時間很短，大概一個號子給二十分鐘時間。

洗衣服更是不可能的，在我被關的三個月時間裡，除了關在隔壁號的另一個在外編草墊的人（邵偉）私下給我洗過兩次衣服外，我再沒洗過一次，最後只好將髒得不能再髒的內衣內褲扔了。

D，大小便問題——恐怖的「馬桶文化」

這是一個令我感到最為頭痛和最為恐怖的問題。

渭南監獄有一種令人十分倒胃的「馬桶文化」，這是非常奇怪的。我前後生活過的監獄、看守所共有十一所，遭遇馬桶折磨的只有兩個地方，一處是屬於看守所性質的西安市公安局下屬的安康醫院——我二〇〇二年冬被捕後曾被送往那裡治病五個月，在那五個月裡遭遇到「馬桶文化」的折磨，但時間不長便結束了。

第二處便是渭南監獄。

去年十月我初到這裡的時候，對這所監獄的許多方面還是比較滿意的，如管理相對正規、赤裸裸的牢頭獄霸現象較少，睡單人床，有午休等。但糟糕的是每天晚上九點清查人數後，便有值日生將馬桶提到號子裡，然後每個號舍從外面將號門上鎖，整個晚上不開門——這樣，要小便只能使用馬桶，這是最令我感到不安的。想一想，每個號子睡二十人，都幾十歲了，空間又小，小便時想回避都回避不開，有時候要小便的人多，大家甚至在馬桶邊圍了一圈撒尿，那情景簡直令人感到窒息。特別是當碰到有人拉肚子或半夜要大便的情況，無論如何的尷尬、如何的窘迫，大家都必須忍受——但另一個事實是這所監獄在二〇〇一年卻被上面評為「省級現代化文明監獄」！

沒想到連隊的馬桶文化還不是最恐怖的。最恐怖的馬桶文化讓我這一次在禁閉室裡深深地領略了。

前面說過禁閉室只有五六個平米，裡面才開始住三個人，後來住四個人很擠，除了早晨起床後由一個人出去倒馬桶外，其他人一天二十四小時都要住在裡面，不給放風時間。小風門在大多數時間也是關閉的這就意味著吃喝拉撒睡全在裡面，而在這每天二十四小時的生活裡，每時每刻都有一隻小馬桶蹲在離你不遠的地方，它離你的距離是那樣的近，以至於睡在最裡面的人吃飯睡覺時就幾乎挨著它。

小便還罷了，最不文明、最不雅觀的是大便。我初進去時，由於戴著手銬，幹啥都不方便，其中大便是最困難的，不但沒辦法回避，而且近在咫尺。記得我是二月二十四日晚關進去的，按照正常情況，我在第二天早晨就要上廁所，但由於無法適應，無法在如此近的距離去做如此「骯髒」的事情，硬是強忍了一天。到了半夜實在忍不住了，只好懷著非常悲哀的心情去做這個事情。我不像其他人那樣蹲在水泥臺上往下解——因為那樣很容易尿到水泥臺上，而靠近馬桶的水泥臺卻是最裡面的人睡覺的地方。而且蹲在水泥臺上往下解還容易使臭氣迅速擴展開來讓別人受罪——我是先用衛生紙將小馬桶四圍一擦，再用幾層衛生紙將四周墊襯嚴實，然後才蹲上去……這樣會相對衛生一些，也能將污染降到最低水準。儘管我將頭埋得很低，但我還是發現另兩個人將頭埋到被子裡面去「避難」了。而我的頭頂上方卻是一架無時無刻不在窺探的監控器！

由於戴著手銬，解完手後便遇到了一個難題——雙手根本無法繞到後面去完成那個「擦」的動作，反反覆覆地左轉也不行，右轉也不行，那個「擦」的動作就是沒辦法完成。最後只好艱難的合著雙手從前邊穿過襠部往後去完成這個艱難而又痛苦的動作……我記得當時心裡痛苦得想流淚了，甚至淚水就在眼眶裡打轉——爭民主、爭自由的結果難道要讓我付出這樣令人難堪的代價？！我從內心裡恨死了這個不人道的專制制度。我發誓要與之鬥爭到底！必須取得民主、自由與人道的勝利！否則的話，我的孩子（儘管我還沒有孩子），許許多多的別人的孩子（包括高幹的子女們）會因為與我同樣的原因而繼續遭受這種非人的苦難！

倒馬桶是每個人都要做的事情，一般是最後進來的人在解除手銬後開始履行這一職責，直到下一個進來的人替補為止。倒馬桶的人在監管人員的吆喝之下一般速度都很快，倒往廁所後，用水一沖就得回去，不得停留、解手或做其他事情。

三，日常生活

日常生活並沒有什麼內容，會編草墊的人白天出去編草墊，每天一個，好處是生活受到一些照顧，如可以多吃，連隊改善生活時也能享受。一般是早晨八點出去，晚飯後回來。

像我這樣不會編製草墊的人就一整天關在裡面，由於大家進來的時間不一樣，關押的時間也不一樣（最少的關一個晚上，最長的須關三個月甚至特殊情況下會更長）。小號子進進出出的人很多，差不多每週都有進來的，每週都有出去的。儘管制度規定不許談論這樣或者那樣的問題，但混熟了，竟也彼此之間海闊天空、無所不談了，因而我在禁閉室聽說了不少「舊聞」，這裡試舉幾例——

先談一個偷摘無花果的事情。

說是幾年前二連有個人路過禁閉室門前時，將樹上的無花果摘了幾個，此事被禁閉室的指導員知道後，竟帶領幾個人趕去二連捉拿此人，結果摘果之人被從床下拉出來用繩子將此人的手和腳一捆，找一根杠子往手腳中間一穿抬到禁閉室院子裡進行毆打，打得那人受不了，那個偷果之人知道此指導員喜歡聽秦腔就求饒說「給他唱秦腔聽」，該指導員便命令停止毆打，讓他唱，他就忍痛唱秦腔，但唱了幾句，指導員嫌唱的不好，便繼續毆打，結果該服刑人員全身上下被打得青一塊紫一塊，幾乎沒有一個好地方。最後二連幹部看到人被打得太不像樣子，一生氣之下，拒絕將此人接回連隊。聽說禁閉室的指導員後來因此受了處分。

再談一個服刑人員「獻花」的事情。

大概是在三月中旬時，號子新來了一位服刑人員，他給我說了一個有關他自己「獻花」的事情。

事情是這樣的，二〇〇〇年夏，省女監的文藝隊到二監來進行文藝演出，演出的第二天上午，女演員們坐著大客車回去，當車緩緩駛向監區大門時，正在工區勞動的他在眾目睽睽之下，摘了兩朵紅玫瑰往大客車跑去，跑到車門口時被幹部阻擋，他便從車尾繞到車的另一面窗口將花從車窗遞了進去，坐在車裡的一位參加演出的女服刑人員將花接了，並說了聲「謝謝」，車裡的「女賓」們都高興得叫著、笑著，而旁觀的二監服刑人員也有喝彩鼓掌的，結果，他被關了幾天禁閉，此事在二監成為轟動一時的花邊新聞。

其他如監內賭博的事情、喝酒的事情，甚至還有所謂「殺瓜」的事情（「殺瓜」是我在渭南監獄聽到的新概念，特指服刑人員之間發生性關係），總之，亂七八糟的奇聞怪事真是不少，大家沒事的時候就那樣昏天黑地的瞎吹著……

在禁閉室有相當多的時間是睡覺，當幹部要檢查時，值班人員會提前打招呼，於是大家便在裡面坐好。但一般情況下，進去的人都得練「睡覺」這門功夫，因為不睡也沒事幹，空間小，又沒書、沒電視，什麼都沒有，因此，大部分時間，大家都坐在自己的床上閒聊，說累了，說煩了，便鑽進被窩睡。我除了午休外，一般情況下不睡覺。當別人都睡了的時候，我便在窄窄的過道裡走走（從馬桶邊到門口只能走六七步），來來回回直到有些累了的時候。或者做做體操，鍛練鍛練身體，或者坐在床邊思考一些問題。當然在很多的時候，我沉沉的心裡總是有著一種說不出的悲哀和痛苦，我感覺自己的心靈被這個制度以及由這個制度所生發的諸多事件而傷害得非常嚴重。但是我的頭腦非常清醒，那就是無論心中有多少創痛、悲哀和痛苦，自己都必須堅強起來，我認為對於一個堅強的人來說，除了自己打垮自己以外，沒有任何外在的力量能夠加以征服。因而我常常從心裡對自己說：常青，國家機器可以折磨你、摧殘你，甚至毀滅你，但永遠不會屈服的是你的靈魂、你的信仰以及閃耀在你靈魂和信仰之中的人類公理！

四，我向「上面」反映問題

大概是三月中旬的某個日子，在上午十點左右，值班幹部突然讓各號人員坐好，說：「上面來人檢查了，都坐好」，於是那些平時在外邊監管我們的服刑人員也都被安排臨時消失了，由幹部親自在院子裡巡迴看守——這是慣例，幹部圖省事，平時就讓十來個服刑人員輪流值班，一旦有重要人物「光臨」，服刑人員就被打發到各自虛擬的崗位上去，由幹部親自上陣。這一次，顯然也是上面來人，而且來頭還不小。

就在「通知」大家整理衛生、整裝學習不久，果然，一隊雜遝的皮鞋聲傳了進來，聽到外面有一個聲音問：「這房子建有多長時間了？」回答的聲音好像是監獄長王智雄的聲音：「十八年了。」很快腳步聲就停留在小院子裡，由於我當時關在一號禁閉室，因此這些人便首先來到一號禁閉室的風門口，我看到一個戴眼鏡的大胖子通過小風門正在往裡張望，我便站了起來準備反映問題，結果我尚未張口，這位看來像是高官的大胖子便問道：「裡面冷嗎？」

我說：「有些冷。」

「吃得飽嗎？」他又問，

「能吃飽。」我如實回答。

「有什麼問題嗎？」來人挺和藹的問道，我說：「主要是衛生條件太差，空氣不好，裡面臭烘烘的，睡水泥地板，對身體健康損害也很大。」

「不要著急，不是在為你們蓋新禁閉室嗎？」胖子說。

只聽外邊有聲音連連符合道：「是的，正在建新禁閉室。」

然後，這位「大人物」就轉過去了，接著我看見了另兩個從風門處往裡窺探的腦袋，一個是省司法廳廳長趙英武，另一個是省監獄局局長劉秀珍（我從監獄報上見過他們的照片），因此猜想那個大胖子應該是比他們地位更高的人了（後來果然瞭解到這個人是司法部部長張福森）。

因為正在蓋新禁閉室，所以我們所反映的問題是不會起什麼作用的，而只能繼續作為問題而存在著……

五，劉琦逃跑事件

四月二十一日夜渭南監獄發生了劉琦逃跑事件。

劉是三連人，原來在武警部隊當過特種兵。身體素質非常好，因搶劫被判無期，患B型肝炎，在醫院傳染病區治病，結果四月二十一日晚爬上醫院屋頂，「飛」上監牆，成功逃出監獄，並會同女友一起逃往湖南，結果四天後即被當地警方在一家小縣城旅社抓回，現關押於新禁閉室，估計會加刑。

而受其連累的服刑人員有近二十人，最後處理結果大概都會損失十八個「A」（正常情況下，一個「A」減刑二十天）。而在此前的渭南監獄曾發生過兩起逃跑事件，其中王建黨在翻越監牆時被值班武警戰士當場擊斃，屍體被解剖錄影不定期的放映給全監服刑人員看，以此警告震懾有類似想法的服刑人員。

關於本次入禁閉室三個月的情況大致就記到這裡吧！

二〇〇四年五月二十九日

我的思想自白
——致中隊幹部的一封信

（五月二十三日從禁閉室出來後，我用了兩三天時間給中隊幹部寫了一封信，現全文抄錄如下——）

尊敬的指導員、各位尊敬的中隊幹部：

我叫趙常青，因為追求理想的國家秩序和社會政治秩序，因為對中國民主和人權事業的充分關注，二〇〇三年七月我被西安市中級人民法院以「煽動顛覆國家政權」的名義判處五年有期徒刑，並處剝奪政治權利三年。二〇〇三年九月我被送往崔家溝監獄服刑，同年十月我被省監獄局調至渭南監獄。在入監隊生活了四個月之後，今年二月十七日我被分派到三連服刑。由於在勞動問題上和幹部管理發生了衝突，二月二十四日我被送往禁閉室施行「嚴管」，直到五月二十四日我被連隊幹部從禁閉室接回。

坦率地說，我非常非常地討厭監獄生活！非常非常地不願意過監獄生活！理由有千萬條——但非常遺憾的是在我並不漫長的人生歷程中竟然有了三次囚徒履歷：先是一九八九年因為積極參與和組織反官倒、反腐敗、爭民主的學潮被送往秦城監獄；接著一九九八年元月在漢中八一三廠工作期間又因為依法競選人民代表而被送往漢中監獄；現在又因為從事民主人權活動而被有關方面送來渭南監獄——而在這每一次的傳喚、監視居住、刑拘、逮捕、審判和服刑生活中，我都會遭遇一長串的現實磨難和心靈磨難。我失去了工作、失去了城市戶口、失去了戀人、孕育中的孩子也因為我的入獄而被殘酷地絞成肉醬……歷歷往事，真是不堪回首！

那麼，這一長串的苦難和悲劇又為什麼會發生在我的身上？一九九八年三月漢中市國家安全局局長苟光明先生曾質問我說：「你生在新中國，長在紅旗下，中小學一直是品學兼優的學生，何以大學未讀完就開始同共產黨作對？同社會主義制度作對？」

這個問題不僅是苟局長的問題，也是好多辦案人員曾經提過的問題——當然也是我自己的問題。一九六九年四月我出生於秦巴山區一個非常偏僻的山村裡（故鄉至今不通車路），在我四歲那年，家父因病去世。由於母親的嚴格教育，我順利的讀完了小學、初中、高中，一九八八年又以故鄉第一個大學生的身分去到西安上學。應該說，整個中小學時代是我既有人生最美麗、最順心、最得意的時代。我幾乎是一路唱著從六歲長到十八歲，一路笑著從那個偏僻的山村來到了省城。班幹部、三好學生、「優秀團員」之類的榮譽幾乎少不了我的。從思想層面講，十八歲以前我從來沒有產生過任何懷疑，我先後加入過少先隊、共青團——我完全相信教科書和老師的說教，我完全相信資本主義制度是壟斷的、腐朽的、垂死的，相信社會主義是先進的、優越的，相信共產主義社會是天堂、是整個人類前進的方向！與此同時，我也完全相信中國共產黨的「偉大」、「光榮」和「正確」，也因此，當一九八六年冬，合肥、南京、上海、杭州、北京等地發生學潮時，我積極回應學校的號召，寫文章批判方勵之、劉賓雁、王若望等人掀起的「自由化」思潮——現在回頭看看，我如果沿著中小學時期的這條「又紅又專」的路線走下去的話，我敢說，在共產黨的幹部隊伍裡，我會發展成為一名「又紅又專」的「共產主義事業接班人」！

但問題在於當我的人生向成人轉變的時候，我上了大學，進了圖書館我才發現除了教條僵死的中學教科書外，還有那麼多內容豐富的報紙、雜誌和圖書，我對於外部世界的信息量空前的擴張。我的視野已從故鄉的小縣城和教科書的範圍急速的擴展至整個中國和世界。加上當時的中國學界正處於文化大討論的高潮期，制度性文化性的比較、反思和批判成為整個時代的主旋律——在這樣的人生背景和時代背景下，我的思想發生了急劇的變化，其中最大的變化是我驚奇的發現中小學的思想政治教育充滿了欺騙和謊言，被老師和教科書咒罵的資本主義制度不僅沒有腐朽和垂死，反而比社會主義制度更加富有生命力。無論從物質層面講，還是從社會自由層面講，社會主義的國家和地區遠不如資本主義的國家和地區，如東德不如西德、東歐不如西歐、北韓不如南韓、蘇聯不如美國，即就是社會主義的中國大陸也遠遠趕不上資本主義的臺港澳地區。為什麼會出現這樣的差別？共產主義是可能的嗎？我們的國家究竟應該走向何方？通過現實的比較，我年輕的頭腦不僅第一次對某些教科書式的結論有了懷疑，而且第一次向自己提出了某些重大的歷史性課題！

與此同時，大學一年級開設的希臘羅馬史特別是古雅典的民主政治史在我的心中產生了巨大的衝擊。從梭倫經克里斯提尼到伯里克里斯時期的民主政治從某種意義上講比我們現行的社會主義政治要民主得多、公正得多。我的心中充滿了慚愧——「人民當家作主」不僅要寫在憲法上，更應該落實到現實的社會政治生活中去。但是，在現實生活中，廣大人民又能在自己的國家當什麼家、做什麼主呢？只不過是完全形式主義的填填選票而已，這種嚴重損害人民尊嚴和主人地位的生活還要繼續下去嗎？不！不能再這樣過下去，必須改變這種可恥可憎的現實！

而就在我產生這些思想認識的時候，八九年四月中旬，胡耀邦先生去世，並由此引發一場偉大的反腐敗、反官倒、爭民主的愛國運動！毫無疑問，這是一次改變中國命運、扭轉歷史乾坤的絕好機會，我以滿腔的熱情投入到這場偉大的民主運動中，結果執政當局頑固地拒絕了廣大民眾的民主變革訴求，並以機槍和坦克及其殘酷地鎮壓了學潮，而我也在那場血淋淋的鎮壓中被送進北京的秦城監獄——那一年，我二十歲！

二十歲的一九八九年不僅對於這個國家、這個社會是個轉捩點，而且對於我個人的人生來說也同樣具有里程碑的意義——

第一，中共黨內強權派的坦克政治在我心中留下了深深的創傷，青少年時代曾經在自己心中積累起來的對於執政黨的敬意因為那場血淋淋的悲劇而蕩滌殆盡。

第二，從實踐的層面認識到民主、法治對於祖國和人民的意義。

第三，正是從此時開始，我決定為祖國的民主化事業奮鬥終身！

這便是漢中市國家安全局官員所提問題的全部答案。我在一九九八年和二〇〇二年的兩次被捕入獄，儘管具體事情不一樣，但根本原因和實質與一九八九年的行為是一脈承傳的，只不過思想和行動比過去更理性、更成熟而已。

需要說明的是我從來不是一個「革命者」。共產黨的先驅群體喜歡以「革命家」自居，而「革命」的內涵——根據馬恩列斯毛的見解——是需要同舊制度、舊世界徹底決裂的，是需要徹底打碎舊的國家機器並在一片廢墟上去建設理想的新社會、新國家的。而我對於這套革命的政治哲學是充滿反感的，因為歷史經驗告訴我們，在革命暴力基礎上建立起來的「革命政權」常常意味著新的暴政（法國革命、俄國革命和中國革命均是這樣），我只是一個真誠的和平改良主義者，改良主義者對於舊的世界也總是一分為二的，而我對於執政的中國共產黨也始終抱著一分為二的態度——

一方面，我對於執政黨曾經製造的民族和國家災難（如反右、大躍進、四清、社教、文化大革命等）痛恨不已，對其製造的反民主事件（如七九年鎮壓民主牆、八十年代的反精神污染、反自由化、鎮壓學潮、九十年代的和平憲章運動、組黨運動、法輪功的鎮壓等等）感到痛心疾首，並因此對執政黨在政治上持堅定的否定和批判態度。

另一方面，我對於中共從十一屆三中全會以來所推行的經濟改革政策深表讚許，特別是執政黨為中國加入 WTO 和經濟市場化而作的努力為中國社會的進一步發展和繁榮提供了某種制度可能性，這是我深為讚許的，我曾寫作了專門的論文——《中國共產黨的經濟改革運動》對共產黨在近二十年的經濟改革做了充分的肯定。

正因為我是民主改良主義者，因此在尋求中國民主化的道路上我總是在朋友圈子中強調合法性，努力從實踐上謀求與執政黨的良性互動，如九八年元月我在八一三廠依法競選人民代表的活動就在海內外造成了比較良好的影響，致使執政當局最後給我定罪時都尋找不到合適的藉口。

這一次我也是依法從事一些民主人權活動，結果西安地方當局還是強行將我逮捕入獄，根本無視憲法所規定的公民權利。譬如說判決書認定我有罪的根據有如下幾個方面：

第一，三封致執政黨的公開信（楊建利事件、蒲勇事件、十六大）；

第二，一篇發表在《民主論壇》上的論文（《一個美麗而光榮的夢想》）；

第三，一份宣言（《中國公民運動宣言》）。

其實，這三方面的罪證都是不成立的。「公開信」是一種民意表達形式，《中華人民共和國憲法》第二十七條、第四十一條都明確規定國家公民有向國家機關和國家工作人員提出批評和建議的權利。中共中央雖然不是國家機關，但由於它是執政黨，在國家政治生活和社會生活中起著任何一個國家機關也不能替代的作用，因此，國家公民仍然有權向它提出自己的批評和建議。至於我提出的批評和建議是否正確，是否被採納，當由執政黨中央討論決定，但不能因此指責我的批評和建議是犯罪。更何況，在共產黨的黨章裡就有「開展批評與自我批評」、「密切聯繫群眾」、「發揚群眾路線」的規定。既然在國家憲法和執政黨黨章裡都有這種文字規定，為什麼在我們依法行使這些權利的時候，會被指責成犯罪呢？難道由執政黨主持制定的國家憲法是「引蛇出洞」的「陽謀」？難道執政黨就是這樣為生活在這片土地上的國家公民製造「陷阱」的嗎？

至於那篇發表在美國《民主論壇》上的論文只不過表達了自己理想的國家觀，強調了政治生活中的民主法則和社會生活中的自由法則對於中華民族所具有的重要意義，這顯然受《憲法》第三十五條的保護，更何況為中國政府所認可的《世界人權宣言》第十九條明確規定「人人有權享有主張和發表意見的自由，此項權利包括有主張而不受干涉的自由，和通過任何媒介和不論國界尋求、接受和傳遞消息和思想的自由」。

而《中國公民運動宣言》還只是一個草案，還未在朋友圈形成廣泛的討論。計劃中是先討論定稿，再籌備成立相關機構，然後再正式向國家民政部或省民政廳申請註冊，都是要走法律程序的，怎麼能作為罪證呢？一八四七年馬克思為共產主義者同盟起草了著名的《共產黨宣言》，《宣言》公開號召消滅資本主義私有制，推翻資產階級政權，建立無產階級專政，其結果英國政府並沒有據此逮捕僑居倫敦的馬克思，反而聽任馬克思等人開展工人運動，為什麼一百五十多年後的中國政府連一百五十多年前的英國政府都不如呢？

再說，法院給我定的罪名是「煽動顛覆國家政權」，根據現代漢語的解釋，「顛覆」的中文含義是「用陰謀手段推翻國家政權」，「煽動」的中文含義是「鼓動別人去做錯誤的事情」，「煽動顛覆國家政權」的全義就是「鼓動別人用陰謀手段推翻合法政權」，請問我煽動了「誰」去做這麼重大的事情呢？顯然沒有煽動的物件——既然沒有煽動的物件、沒有煽動的客體，「煽動顛覆國家政權」的罪名又該從何說起呢？

凡此種種都說明我是無罪的。儘管我是無罪的，但有關方面還是一次又一次地將我推向了監獄。從歷史角度看，這種現象既不孤立、也不奇怪，政治性迫害是所有專制國家的通病，這種制度性災難可能會隨時降臨在任何一個國家公民的頭上（上至國家主席劉少奇，下至普通公民如我），正因此，九八年三月我曾經對漢中市國家安全局的苟局長說過這樣的話：我說苟局長，你現在處於社會特權階層，作為既得利益者你可能不會去謀求現實體制的變革，但你不去追求民主並不能保證你的孩子長大了也不去追求民主，如果你的孩子因為尋求民主也遭遇機槍坦克、或者也被判刑入獄，那麼你這個做父親的心裡會去怎麼想。不要以為這是不可能的事，吾兒開希的父親是軍隊中的高官，他不尋求民主，但他的兒子卻因為尋求民主事業而過著一種背井離鄉式的海外流亡生活，即就是貴族子弟不去尋求民主，也並不能保證他們就能在這個國家得到很好的保護，想一想劉少奇的兒子劉源、薄一波的兒子薄熙來年輕時的遭遇吧，而鄧小平的兒子鄧朴方直到現在還痛苦的坐在輪椅上，這些悲劇的根源在哪裡呢？難道不正是缺乏民主與自由的國家制度造成的嗎？因此，不從國家和人民的利益去考慮，僅僅從你（指苟局長）子孫後代的利益去考慮你也應該為這個國家的民主化做點實事。

提到民主化，共產黨人總以為民主會損害自己的利益，其實這是一種非常錯誤的判斷。民主化的本質是實現人民當家作主，這是共產黨人也大力鼓吹的口號。而要真正讓人民當家作主，在政治實踐上就必須引入競選民主，引入多黨政治和權力制衡。如果沒有競選，任何選舉都是勞民傷財，都是對選民、對人民的「唬弄」和愚弄。只要想一想我國的人代會制度，想一想我們的「人民代表」、國家元首、中央及地方各級行政長官是怎樣產生的，再對比一下民主國家（如美國）的選舉，則孰真孰偽、孰優孰劣也就一目了然了。共產黨人擔心競選會使自己掌控的政權丟掉，其實在民主政治下，政權不存在「丟掉」的問題，因為政權始終掌握在選民（人民）手中，選民認為哪個政治集團好，就選舉該政治集團為自己服務。譬如說，在民主制度下，共產黨可以轉化為社會黨或社會民主黨（不改名，仍叫共產黨也可以），現在的持不同政見者可以組建成一個民主黨，共產黨和民主黨進行競選，人民選擇共產黨，共產黨就繼續領導政權，人民若選擇民主黨，則由民主黨掌權，在此情況下，共產黨可能會繼續執政，也可能會暫時失去執政機會，但不管在哪種情況下，都會提升共產黨的生命力和競爭力，而獲得利益的則是選民和國家。如果共產黨真能把人民的利益放在第一位的話，這樣有利於人民的民主競選制度何樂而不為呢？

再說實現政治民主化可以有效地解決官場中的腐敗問題。縱觀世界政治史，解決腐敗問題只有兩條途徑——其一就是大搞群眾性政治運動（如大搞階級鬥爭），在此情況下，當官的始終處於「革命群眾」的監督之下，稍有不慎就會招來大揪鬥，因此，「顯性腐敗」就會相對較少。但國家社會的發展必須依賴一個穩定有序的法治環境，天天搞階級鬥爭或群眾性運動，其結果必然是社會和經濟的衰敗（如中國的六七十年代）。因此使用這種方法反腐敗是非常的不可取的。

另一條反腐敗的途徑就是借助民主和法治。英國勳爵阿克頓先生曾說：「權力造成腐敗，絕對權力絕對腐敗」，哲學家伯特蘭．羅素也說：「不受監督和制約的權力將造成不受監督和制約的腐敗」。在一黨制下，執政黨擁有壟斷性的絕對權力，其中央和地方的各級官員在其控制的範圍內都是不受監督或難以監督的「老大哥」，在不搞群眾性運動的情況下，腐敗的氾濫則是不可避免的。通覽江澤民時代的中國官場，顯性腐敗幾乎成為禍國殃民的不治之症。當然，九十年代以來，中共中央迫於民眾的壓力在懲治腐敗的問題上也痛下殺手，在朱鎔基先生掌控國務院的時候，不少省部級官員或人頭落地、或被捕入獄，這雖然能在群眾中引起所謂的「震撼」，但並不能從根本上解決問題。而且對於人民來說，需要的是防微杜漸、防患於未然，而不是警笛長鳴、滾滾人頭落地。再說，腐敗官員絕大多數都是共產黨員，而共產黨員首先是國家公民（因為任何一個人才出生的時候，絕對不會是某一個政治性組織的成員，但他一出生則自然成為國家公民），而任何一個公民在其生活的國家內都應該得到一個優良制度的保護，使其得到充分良好的生存和發展。如果一個國家存在制度性陷阱，從而誘使她的國民去墮落、去腐敗，最後導致自身的入獄或死亡的話，那麼這就是一種絕不人道的國家制度，這種制度就必須改變。而中國共產黨所保護的恰恰就是這種不人道的制度，這種制度不僅給國家和人民造成不可估量的損失，而且使自己隊伍內的大批官員紛紛落入這個制度性陷阱，結果，他們自身或喪失了生存權、或喪失了發展權，他們的家庭也會因此而深受其害。

但是在民主法治條件下，這種大規模的官場腐敗就會大大改觀。首先在民主條件下，各級行政長官不是由上面任命的，而是由下面選舉（競選）產生的，在此情況下，行賄上面並不能給自己帶來官運，要想當官就必須「討好」下面。怎樣討好下面呢？行賄總是不行的，因為沒有那樣大的財力，既就是有那樣大的財力去「討好」下面，選民也不會購買這樣的人品和「官品」的。因此，「討好」下面的唯一方法就是為下面辦好事、辦實事。在此情況下，行賄受賄的心理動因就會失去。

其次，在民主政治下，競選會給予參選雙方造成巨大壓力。為了能執政，能勝選，各政治集團會從內部加強紀律約束。

再次，在民主條件下，媒體監督會無孔不入，「公共人物」基本無私生活可言，因此也不容易產生腐敗。

在上述情況下，假如共產黨在競選中獲勝，從而贏得執政權的話，它的官員也會在自己獲選的崗位上踏踏實實的為民眾服務，而不用擔心會受到腐敗的誘惑從而造成妻離子散或家破人亡的悲劇。

正是從這個意義上講，我認為我所從事的民主人權活動不僅沒有構成犯罪，而且對於國家、對於人民、對於執政黨本身都是有好處的。執政當局為什麼就不明白這一點，非要一次又一次的將我推進監獄呢？這不是專制國家的政治迫害又是什麼呢？！

面對制度性的政治迫害，我並不想大聲嚷嚷什麼。社會與國家的進步是需要有人去付出代價的，我願意以自己的沉重付出去努力謀求我的祖國向民主與現代化的方向前進！正因此，我對於具體執行政治迫害的國家官員從來都是理解的，我不會因為政治員警逮捕我就對他們產生仇恨，不會因為檢察官把我送上法庭、法官把我送進監獄就對他們個人產生仇恨情緒。我不會這樣做，因為他們是在執行一套不合理的制度。

同理，我被送來監獄，也不會因為監獄員警對我執行刑罰就對監獄員警產生任何情緒。因為就監獄內部構成而言，除了極少數冤假錯案外，關押的絕大部分都是普通刑事罪犯，司法員警要把大量的時間和精力都用在這些人的管理、改造和教育上，這在任何一個國家都是一份很嚴肅、很神聖的工作。因為我明白，在社會的發展和人性的進化還停留在目前的水準的情況下，沒有人民警察、沒有人民監獄事業，就不會有人民的一切！正因此，無論監獄員警對我個人執行了什麼樣的制度性懲罰，我想我對員警工作都會表示敬意和尊重的。而且在我所去過的五六所監獄裡，渭南監獄的幹部管理就其規範化和文明程度而言是僅次於北京的秦城監獄的（儘管還存在這樣或者那樣的問題），而我現在所在的三連聽說又是二監內部管理比較優秀的連隊，因此，請允許我在這裡向二監的警官們、向二監三連的警官們表示崇高的敬意和敬禮！

尊敬的指導員，各位尊敬的中隊幹部，因為命運的安排，因為信仰、追求和性格的關係，我來到了二監三連，並非常榮幸的和你們認識了。由於種種不言而喻的原因，我在三連的存在必然會為你們的管理帶來一些可能的「麻煩」，對此，我感到非常的無奈和遺憾，如果我的某些行為對你們的管理工作造成一些「障礙」的話，我只能從「私人友誼」角度向你們表示深深的歉意，因為從主觀上講，我絕對不願意和你們個人發生任何衝突，但從信仰、人格和制度層面講，這種衝突又是必然的。由於我不是機會主義者，不會耍兩面派，不想扭曲自己的心靈、信仰和人格，因而一旦在我和制度之間發生衝突，請你們按制度進行懲罰就是，我對於你們所施加的任何制度性懲罰（如扣分、嚴管、禁閉、警告、記過、啟動法律程序加刑等）都會默默的接受，既不會爭吵，也不會抗議和申訴的。

這份思想自白已經寫得很長了，裡面的一些話語表述也許不合適，歡迎指導員、連長和各位尊敬的中隊幹部批評指正。最後，祝願你們和你們的家人生活愉快、身體健康、萬事如意！

趙常青　二〇〇四年五月二十八日

對幹部的「非暴力」啟蒙

在這封長信的後面我附錄了一部分甘地的「非暴力」思想表述，我認為「啟蒙」工作並不需要一定站在「聖壇」上進行，隨時隨地都可以做此努力的，現將我的摘錄也全文照錄如下：

尊敬的指導員、各位尊敬的中隊幹部：

共產黨人信奉的是馬列主義政治哲學，儘管馬列主義政治哲學也有其真理性的一面，但在它的思想體系裡，有一種「暴力崇拜」，這從《共產黨宣言》、《法蘭西內戰》、《國家與革命》以及毛澤東的「槍桿子」理論中都有完備的表述。但我認為暴力崇拜並不能從根本上解決人類的福祉問題，而且暴力常常導致新的仇恨和新的暴力，這是違反人道和文明世界所遵循的普世價值和正義規則的。我是一個非暴力主義者，印度聖雄甘地的政治哲學對我產生過很大的影響。現將甘地的《論非暴力》一文中的有關內容摘錄如下，如果你們有興趣的話，可以將甘地的非暴力哲學與共產主義政治哲學進行一下比較，看看甘地對世界、人類和人生是怎樣思考和認識的。

以下摘錄是甘地的原文表述——

在非暴力反抗中，手段和目的是同樣正義和純潔的。

非暴力行為的第一個原則是不參與任何羞辱人的事情。

把生命奉獻給自己認為是正當的事情，是非暴力反抗的核心。

非暴力反抗成功的必要條件是：問題必須是真實和實質性的；非暴力反抗者必須準備受苦到底。

非暴力反抗不可動搖的力量在於——受苦且絕不報復。

我不贊成任何地下活動。

……據我所知，我們的鬥爭之所以引起全世界的注意，並不是因為印度正在為自己的解放而戰，而是因為我們為爭取解放而採取的手段是獨一無二的，不曾為歷史上有過記錄的任何民族所採用。

……我們運用的是純粹的真理和非暴力……迄今為止，所有國家的鬥爭方式都是野蠻的，他們向自己心目中的敵人進行報復。

查閱各大國的國歌，我們發現歌詞中含有對敵人的詛咒，歌詞中發誓要毀滅敵人，而且毫不猶豫地引用上帝的名義並祈求神助以毀滅敵人。我們印度人正努力扭轉這種進程。我們感到統治野蠻世界的法則不應是指導人類的法則，統治野蠻世界的法則有悖於人類尊嚴。

就我個人來說，如果需要的話，我寧願長時期的等待，也不願用流血手段使我的國家得到自由。

民主只能通過非暴力來挽救，因為民主只要是靠暴力來維持，就不可能為弱者謀利或保護弱者。我所理解的民主是：在這一制度中，最弱者應當有和最強者一樣的機會。這只能通過非暴力來實現。

非暴力作為一個信條，必須是全面的。我不能夠在一個行動中是非暴力的，而在另一個行動中卻使用暴力。那樣做就是把非暴力作為一種策略而非一種生活的品質。

不在國家的水準上接受非暴力就不會有一個立憲制或民主的政府。

在奴隸決定他不再做奴隸的那一刻，他的鐐銬就脫落了。他使自己自由並將其展示於人。自由和奴役是精神的狀態，因此，第一件事就是對自己說：「我將不再接受一個奴隸的地位，不再服從與我的良心相違背的命令。」至於主人可能鞭打你，試圖迫使你為他服務，你將說：「不，我不再為你的錢或威脅而服務於你。」這可能意味著受苦，但你的坦然受苦將點亮自由的火炬，這一火炬不可能被撲滅。

非暴力反抗呼籲不報復地忍受痛苦和打擊的力量和勇氣。但它的意義還不限於此，當時局要求說出全部真理和相應行動時，沉默就是怯懦。

（「他們的社會主義」）——他們的一個目標是物質的進步，在他們的社會主義中沒有個人的自由。你一無所有，甚至於對於你的身體。你可能在任何時候被逮捕，即使你沒犯任何罪，他們將給你任何願給你的東西。

（「我們的社會主義」）——我在許多社會主義者誕生之前就是一個社會主義者。我的主張在他的社會主義消失之後仍將存在。我的社會主義意味著「始終公平」，我不想從盲人、聾啞人或跛者的灰燼中升起……我們的社會主義意味著國家一無所有。

手段的不純潔必然導致目的的不純潔。

一個不公正的法本身就是一種惡，因別人違反它而實施逮捕就更是一種惡。現在非暴力的法則說對暴力不應當用暴力去反抗，而應當用非暴力去抵抗……這樣，我就通過違反這種法律、並和平的任其逮捕和監禁來做這件事。

人民在適合進行非暴力反抗運動以前，必須透徹瞭解其深刻的含義。所以在重新發動一次群眾性的非暴力反抗運動以前，必須先建立一隊久經考驗、心地純潔而又完全瞭解非暴力反抗的嚴格條件的志願人員。他們可以向人民說明這些原則，並且夜以繼日的警惕著其是否被正確的執行。

如果不進行「自我純潔」的工作，要和每一生物合為一體是不可能的；沒有自我純潔，要遵循非暴力的法則也必然是一種夢想。一個心地不純潔的人，絕不能認識上帝。因此，自我純潔必須包括生活中的各個方面的純潔。而由於純潔是富有感染力的，個人純潔的結果必然使周圍的環境也純潔了。

然而，自我純潔的路程是艱難而崎嶇的。一個人要達到完全的純潔，就必須絕對擺脫思想、辯論和行動中的感情。超越於愛、憎、迎、拒的逆流之上。我知道我自己還沒有達到這三方面的純潔。雖然我在這方面一直進行著不倦的努力……在我看來，克服微妙的情欲比用武力征服世界要難得多。我自從回到印度以後，總感到情欲一直在我的內心裡潛伏著，這一種感覺使我感到慚愧，但是並沒有使我氣餒。這些經驗和嘗試使我知道在我的面前還有一條艱難的道路。

我必須把我自己降為零，一個人若不能自動地在同類中甘居末位，就不能解脫，非暴力是最大限度地謙讓。

經驗教導了我，文明是非暴力反抗中最困難的部分。這裡所說的文明並不是指在這種場合講話要斯斯文文，而是指對於敵人也要有一種內在的善意的胸懷。這應該在非暴力反抗者的每一個行動中表現出來。

二〇〇四年五月三十日

我希望幹部在讀了我的信以及甘地關於「Non Violence」的論述以後，能在他們的心中觸發一點點沉思也就可以了。如果能夠引起他們的覺悟和共鳴，那當然是最好的結果了，但是——但是這種可能性存在嗎？

二〇〇四年五月三十日

這一段時間除了生產線勞動（鍋爐生產）正常外，每天留在連隊的人都沒有事幹，因而有充足的時間讀書，當然我由於在禁閉室關了三個月，我訂閱的《南方週末》和《文摘報》也已積累了三個月的，正好抓緊時間看，不過今年的《南方週末》辦的品質不如以前，無論其思想性和新聞性都與九九年、二〇〇〇年比不上，也許十六大以後，《南方週末》的記者編輯隊伍又遭到整肅了吧。

二〇〇四年五月三十日記

妹妹的一封來信

今天，嚴連長交給我一封妹妹於五月三日寫來的信。信文甚是令我感動和難過，現將部分內容摘錄如下：

「……三月十一號去見你，才知道你被禁閉起來了。當時我特別難受，我把枕套和鞋墊子都拿著在，可就是捎不進去，幹部說到四月分可以見到你，我無耐（應為「奈」）地回到西安……一直等到四月初得知消息，還不能見面，而且還要關兩個月……

哥，不知你的身體怎樣？原來的病情如何？哥，說實在的，我很為你難受，每天一想到你，心裡面就一跳，看到電視或者報紙有監獄的情況，我就想掉淚……

我聽說你和別人打架了，眼鏡都摔壞了。後來讓你下隊勞動，你不服從，才把你禁閉起來的。哥哥，不要這樣，聽妹妹的話，好漢不吃眼前虧，再說勞動對我們來說不算什麼，只要你的身體好，多幹點沒關係，而且能聽他人說話，能見天空，比起你在房子一個人好多了。一定要想開點，不要著急，一年多過去了，還有三年多，哥，堅強些，一定要把身體當回事……

近幾年，叔的身體應該沒問題，他只希望你早點回來。只要出來了成家立業還是來得及的。我們是相信你的，從小到大就是你指導著我怎樣做事、做人，我覺得從你身上我學到了許多東西，難道我身上就沒有一點你能學習的東西嗎？現在社會上的事睜一隻眼、閉一隻眼就過去了，為什麼你一次次都這樣，到最後吃虧的還是你。你想過沒有？妹妹求你了，我不懂你那些事，但是我知道把日子過好就行了，就是把氣爭了。父親也放心了，母親也不虧得把你苦大。

哥，我不知道你到的心裡是咋想的。你最對不起的是你自己。你有才華、有能力，為什麼要這樣生活？每次你出事，多少親人和朋友為你擔心，為叔想過沒有？他把我們一個個養大，他落下了什麼？六十多歲的人了，還為你傷心掉淚……

還有然然經常要小舅舅，我能給她說什麼？孩子一天天大了，有時她拿著影集看到你的照片時她是那麼地興奮……

妹妹　二〇〇四年四月二十七日

妹妹的這封來信自然是其肺腑之言，我覺得自己應該就其中的某些批評、意見和建議做些新的思考，也許為了減少妹妹和親友們的擔心，我確實應該重新調整一下自己的思緒和心態……讓我想想吧，好好地想一想吧……

二〇〇四年六月二日記

獲獎後的感想……

今天是六月十一號，為三連的接見日，我見到了妹妹，也見到了哥哥，他們都來看我了，他們對我問長問短，關懷之情溢於言表。我的心裡真是暖乎乎的，他們主要關心我是否生病了，提醒我一定要保重身體，要能夠想長遠些。

他們還在餐廳請我吃了一頓飯。

在接見快結束的時候，志平來了，給我上了三百元錢的帳，並匆匆告訴我說：「美國的全美學自聯給你評了一個『民主鬥士獎』」（注：出獄後我得知是第四屆「自由精神獎」，原來志平記錯了），由於接見時間到了，他未能告訴我詳細情況，便被幹部強行中斷了接見……

能被評上獎，當然不是什麼壞事。但對於我來說，能否獲獎並不重要，重要的是在人生的將來採取什麼樣的方式能夠更好地為中國的民主事業而奮鬥。再說，雖然我自八九年以來，已是第三次因尋求民主事業而入獄——自我個人而言，雖已盡了最大努力和犧牲，但與魏京生、徐文立、劉青、胡石根、秦永敏等前輩相比而言，還差得太遠。就是與同時代的王丹、王有才等人相比較，我仍然還有很大的距離。我覺得榮譽應該授予別人。至於我自己，應該以同時代的王丹同學為榜樣，在力所能及的範圍內，盡可能地為中國的民主事業多做點實事，誠如甘地所言：「我必須把我自己降為零，一個人若不能主動的在同類中甘居末位，就不能解脫，非暴力是最大限度的謙讓。」

因此，對於我來說，應該不斷地從思想上進行自我革命和刷新，應該在總結過去、立足現實的基礎上把眼光投向中國的未來、投向祖國的明天！

最後，請時刻記住，自己目前身處監獄，是共產黨的囚徒。從近十五年的實際情況來看，自己是從失敗到失敗、從監獄到監獄——難道人生的將來還要繼續失敗下去？還要繼續以監獄作為自己棲居的地方？我覺得這樣的生活該結束了，應該變換一種生活方式，變換一種鬥爭方式，盡可能地降低風險，同時還要盡可能地把事情做成！

當然，在殘酷的政治鬥爭中，尤其是在現行體制和現行制度的統治下，很難有一種兩全其美的辦法達到一種理想的雙重效果。在中國，實現民主變革的最好辦法自然是由執政黨主動去承擔這一偉大的歷史重任，但如果執政黨寧願一如既往地犧牲國家和人民的利益而不願意放棄自己的既得特權的話，民主變革的重任自然的落到了我們的肩上，在此情況下，如果我們決心為理想而奮鬥到底的話，不用懷疑，我們還會一如既往地為這個事業去做犧牲的——包括坐牢！

作為我本人來說，肯定還會與諸多的民主人士一樣，繼續為我們的國家社會理想而犧牲下去的。這，並非命中註定，但我深信，惟如此，才能證明上帝對我的厚愛和選擇，才能證明百年人生的價值和意義！

二〇〇四年六月十一日

從禁閉室出來後的這一個多月時間裡，連隊也沒有什麼活兒幹，大家都留在號子裡，我當然也是什麼都沒幹，所能做的就是從圖書室借書看。這段時間我借閱了馮驥才的《一百個人的十年》、《基督山恩仇記》、《安娜·卡列尼娜》、《哈姆雷特》、《戈巴契夫傳》、《甘地傳》等等。

二〇〇四年六月二十七日

因看望范寶琳第二次被關禁閉！

真是糟糕得很，我又被送進禁閉室關了兩個月。

事情是這樣的：

七月二十日上午，吳幹事帶領我們去打電話，在中途吳幹事「離職」去西監大門口的時候，我去了入監隊看望范寶琳，結果時間不到十分鐘吳幹事就派人去把我追回。吳對我進行了批評，我也接受了批評。但是回隊後，吳幹事又要讓我寫檢討，我拒絕了，吳幹事又把我叫去值班室批評，並限令我第二天下午二點必須將檢討交上去，我堅持不寫檢討——不寫檢討的原因在於：是國家首先對我做了錯事（我的所有行為都是為了這個國家的進步，但國家政權卻強行判我入獄——國家的這個行為當然是錯誤的），如果沒有國家對我發生的錯誤行為，我也不會出現所謂的「脫離互監、擅自串隊」問題。正因此，如果要檢討的話，首先應該是國家對我進行道歉，而不是我要向中隊、向監獄做「檢查」的問題。

結果我的態度引起了王連長的嚴厲批評，指責我：「態度頑固，不認罪、不悔罪、不幹活、不背規範、不打報告詞，現在擅自脫離互監又不做檢查」等等，最後宣佈我去禁閉室，結果我又被一口氣關了兩個月，直到九月二十日上午才被接回。

這一次被關進了才建立起來的新禁閉室。新禁閉室的衛生條件比較好，裡面有自來水，有沖水式蹲坑，不用再受馬桶文化的折磨。但仍然睡在水泥臺上（不過上面貼了瓷磚），由於房子新建，加之是地處一層，七八月分，天氣雖熱，但被子、褥子鋪上去很快就潮濕得不行。同時，每天吃的都是由玉米麵做的窩頭——窩頭有雞蛋大，每頓兩個，一天不到半斤糧，根本吃不飽，這兩個月實在是很餓的。

我曾向找我談話的幹部如王連長、獄政科李科長等人反映吃不飽的問題，但均無濟於事，其中有幹部甚至教訓我說：「這是禁閉室，專門讓你吃不飽的，如果席夢思鋪上，大魚大肉供上，那不都進來了！」

二〇〇四年九月二十五日

今天是十月十一日，三連接見日。

梅來看望我了，還請我在外面接見室餐廳吃了飯。令我意外的事情有兩件：

一是妹妹買房子了，就在玉祥門外，且是三室一廳的，當然這是令人非常高興的事。妹妹說還借了一點賬，但顯然妹妹自己也是非常高興的。

二是，濤（表弟）跟梅來看了我，我有很多年未見這個老表了，濤現在寶雞賣油，不過他又說：「舅娘前不久去世了……」

他們最後給我上了三百元的賬，我剛好要在本月訂報，真是「及時雨」呀。

二〇〇四年十月十一日記

二〇〇五年我訂閱了兩份報紙：《南方週末》、《世界新聞報》。總計二百零一元。

二〇〇四年十月二十六日記

消極怠工，每週上交一個草墊

從十月中旬我開始學習編織草墊，我不準備再爭取「半天學習半天勞動」了，我想改變一下策略：我決定全天都幹活，但上午、下午我都將抽出一定時間來讀點書，這也是幹部找我談話時曾經暗示默許的——就這樣吧。

最近一段時間，我每週交一個草墊，別人每天得編兩個草墊，每週得上交十二個。

二〇〇四年十一月五日記

寫給獄政科的大學生活簡介

（前兩天，獄政科科長要我將自己的大學生活寫個材料，要求客觀，昨天我已將我所寫的東西交了上去，現據草稿將所寫內容抄錄如下：）

在我三十五年人生行程中，曾有四年時間是在一所名叫「陝西師範大學」的校園中度過的，這四年時間我都學了些什麼？遭遇了些什麼？又做了些什麼？對於我整個的人生來說這四年又有哪些深遠的影響？本文試圖通過簡單的回憶與總結對這些問題給予較為客觀翔實的回答。

難忘的大學一年級

一，入學及軍訓

一九八八年八月中旬我意外的收到了陝師大歷史系的錄取通知書，儘管我當時並不想上這個學校並因此難過得睡了兩天，但考慮到家庭的實際情況，我還是於九月二號前往母校報到了。

開學不久，我們所有新生被學校組織前往寶雞隴縣八四八八五部隊一六三團參加為期一個半月的軍事訓練。我在軍訓中除了射擊項目成績很糟糕外（八發子彈打了二四環，全連倒數第二），其他均合格。軍訓結束時，鑒於我在其他專案比較好（如佇列、軍事理論等），連隊還給我評了個「連嘉獎」（這是連隊指導員黃和平先生告訴我的）。

二，希臘羅馬史的學習

軍訓結束後返回校園開始正規的大學校園生活。第一學期開設了一些基礎課程如古籍閱讀、英語、史學工具書、中國古代史等。但給我印象最深的則是世界上古史中希臘羅馬史的學習，古雅典城邦從梭倫經克里斯提尼到伯里克里斯時期的民主政治讓我驚歎不已，儘管我在學習那一段歷史時處在一個雪花飄飄的冬天，但古雅典民主政治的陽光卻在我年輕的心房留下了融融的暖意。與此同時我之內心又有一種失落感，因為考察三千年中國政治史，既就是今天我們政治生活的民主程度也趕不上二五〇〇年前的雅典城邦水準——可以說，雅典人給我百年人生行程做了第一次民主啟蒙！

三，《危機！危機！！危機！！！》一文的寫作

我上大學的一九八八年，正處在中西文化大討論的高潮期，學界對傳統文化的反思和批判，《河殤》作者群對藍色西洋文明的讚美和呼喚，政治高層圍繞變革與保守之間的矛盾衝突構成了當時中國的宏觀背景。而大量出現的官倒腐敗以及現實存在的教育危機（經費不足、失學率升高）、農業危機（自八五年開始農業開始停滯不前），經濟危機（物價大漲、通貨膨帳）及意識危機（信仰崩潰），使我的心中產生了深深的憂患意識，其結果我花了將近一個月時間撰寫了《危機！危機！！危機！！！》一文（長達二四〇〇〇字），全面闡述了中國社會危機四伏的現實及原因。按照當時日記中的想法，準備將此文修改後上寄給趙紫陽和鄧小平的，希望能以此引起他們對社會危機的關注（這當然是幼稚的），但後來由於撰寫其他文章而未能將此文修改上寄。不幸的是僅僅三四個月後，我在文中的危機預感便演變成了八九年四月中旬全面學潮爆發的現實……！

四，呼籲成立大學生文化交流協會

八八年十一月學校教務處組織的一次徵文活動中，針對高校學生的精神文化生活現狀，我撰寫了一篇題為《論成立大學生文化交流協會的必要性和重要性》的文章。該文主旨在呼籲成立帶有自治性的西安大學生文化交流協會，通過學生間的交流（如討論、辯論、演講等）提高學生的綜合文化素質並培養大家關心國事、天下事的積極性，該文獲得三等獎。

五，八九年春天的讀書活動

一九八九年是中國五四運動七十周年、法國大革命二百周年的紀念年。因而開學不久

我便投入到有關五四新文化運動的閱讀中去了。陳獨秀關於科學、民主與人權的大聲吶喊，魯迅對「吃人」禮教的控訴和批判，胡適、李大釗關於「問題與主義」的爭論，毛澤東、周恩來在那段時間的卓越表現，張國燾、羅家倫、傅斯年等北大學生領袖在五四運動中的愛國救國行為真是感天動地的。那段時間關於五四運動方面的讀書常常讀得我或熱血澎湃、或仰天長嘯、或淚流滿面。我記得自己在當時的日記中寫道：中國學生界應該以五四前賢為榜樣，勇敢地站起來，挽救現實中國的危機！這也是我後來積極參與學潮並被捕入獄的文化心理基礎！

六，撰寫《西化與現代化》論文

八九年三月分，校團委與《大學春秋》編輯部為紀念五四運動七十周年，舉辦了以「五四精神與現代化」為主題的徵文活動。我以極大的熱情投入到徵文活動中去。通過半個月的努力，我撰寫了長達一二〇〇〇餘字的論文——《西化與現代化》，文章較詳細地考察了從林則徐、魏源「師夷之長技」到曾（國藩）李（鴻章）洋務派創辦近代工業運動；從康梁維新派的體制改良活動到孫黃革命派的「共和」制度創新運動；考證了從陳獨秀等人的民主啟蒙經陳序經的「全盤西化」到胡適的「充分世界化」主張。最終從社會主義國家與資本主義國家的整體比較中得出了結論：即「西化」與「現代化」之間存在著某種必然的聯繫。特別是我在文中一改高中時代對方勵之、劉賓雁、王若望等人的批判，我第一次對方勵之等人引導的「自由化」思潮表示肯定，認為這是陳獨秀、胡適等人的「西化」思想在當代社會思潮中的表現，認為中國要實現現代化就必須接受「西化」道路。我在文中還第一次試探性地提出了「多黨政治」立論。儘管後來因學潮爆發，校團委與《大學春秋》編輯部取消了評獎活動，但在後來退還給我的文稿後面寫了這樣一段話：

「專家評語：全文體系龐大，前後貫通，但字數太長，可作畢業論文入選。」

七，積極參加組織學潮並被捕

一九八九年四月十五日，耀邦逝世引發全國性的悼念活動。四月十五日當晚我就撰寫了輓聯、悼詞並請同宿舍的同學用毛筆書寫後張貼了出去。四月一七日，請女同學紮了大白花並衝破校方的封鎖上街與西北政法學院學生一塊舉行了悼念活動。

四月二十二日悼胡活動結束後，又積極參加組織反官倒、反腐敗、爭民主的活動中去了。五四大遊行時我親自為遊行隊伍製作了第一面大旗，上書「民主、自由、人權、法治」八個大字，並與另外一個同學親自高舉著大旗走到遊行隊伍的前列。在學生自治會成立後，我又擔任了自治會宣傳部長，撰寫了《五四宣言》、《告老師書》、《告同胞書》等文章。並組織演講團、宣傳團到街道、工廠進行宣傳。

五月二十日凌晨，李鵬發佈戒嚴令後，我參與組織了當天的抗議大遊行。隨後辭去自治會宣傳部長職，另外組織了一支聲援團前往北京。在北京參加了「外高聯」並一度出任聯絡部秘書長職，六四慘案發生後，我被抓捕並被送往秦城監獄關押四個月。後被陝師大保衛處從北京接回。

不用懷疑，正是八九學潮、六四大屠殺及秦城監獄的青春洗禮讓我充分意識到了現存體制的殘酷性並奠定了我此後整個人生的奮鬥方向！

大二、大三時的系統讀書活動

六四大屠殺後，全國進入到了政治高壓下的「秋後算帳」時期，在那種百花凋零、萬馬齊喑的所謂「治理整頓」時期，校園文化活動被取締殆盡，八九年冬國家教委甚至下達了高校不許過「耶誕節」的謬令。在此情況下我放棄了所有的寫作，而把最主要的精力放在了埋頭讀書上。

從大二到大四的第一學期我系統的研讀了西方哲學、中國哲學和馬克思主義哲學，對以普羅達哥拉斯——蘇格拉底——康德——沙特等人為代表的西方人本主義哲學有了較為系統的瞭解。結合蘇聯東歐波瀾壯闊的民主變革運動我又系統的考察了國際共產主義運動的歷史進程，對史達林時代、毛澤東時代的共產主義制度性悲劇有了全面瞭解，並對以伯恩斯坦——布蘭特——戈巴契夫為代表的民主社會主義理論產生了極大的興趣。

與此同時，我對世界近代文明史做了較為詳細的考察。英國憲政史上的《自由大憲章》（一二一五年）、《人身保護法》（一六七六年）、《權利法案》（一六八九年）、美國開國時期的《獨立宣言》（一七七六年）、《一七八七年憲法》、法國大革命時期誕生的《人權宣言》（一七八九年）均成了我心靈聖壇上百讀不厭的經典。洛克、孟德斯鳩的分權制衡學說，盧梭、伏爾泰等人的「天賦人權論」、「人民主權論」更是讓我心歎不已。而對華盛頓、傑弗遜、林肯、康有為、孫中山、甘地及戈巴契夫等偉大歷史人物的閱讀更讓我感動了一種偉大的、開天闢地、旋轉乾坤的歷史性力量！

而所有這些哲學、歷史、政治思想與變革的學習和考察都使得民主、自由、人權、法治的旗幟益發高高的飄揚在我的心靈大地上，並成為指導和規範我此後所有政治活動和社會活動的最高憲法！

大二、大三時的其他活動

一，考古活動

九〇年暑假，與其他同學一塊前往洛陽——少林寺——開封——天津——北京——太原——韓城進行了所謂的「考古」實習活動。名為「考古」，實為公費（考古經費）旅遊活動，但沿途確也對祖國的大好河山有了許多美麗的感性認識，因而也增添了一份建設偉大祖國的責任感和使命感！

二，九〇年四月我曾發起成立「未名社」活動，被校方通告取締。

三，九一年三月，我曾發起成立「哲學同學會」活動，亦被校方無理阻止。

此外，大三、大四還擔任了兩年的班級學習委員職務。

大學四年級

一，九二年三月在西安市第十九中學參加為期一個月的教學實習活動。

二，四月分集中精力撰寫畢業論文，我的論文題目是——《路在何方？——面向二十一世紀的思考》。

三，四月五號清明節，攜幾個好同學一塊去黃帝陵祭祖。

四，六月初，去南京拜謁中山陵，並前往上海看望復旦大學和同濟大學的八九友人，結果被上海警方通報到陝師大校方說我去那邊搞「串聯」，我差點因此畢不了業。

五，七月分，我被分配到核工業部下屬的國營八一三廠工作。

未完的話

對於我這樣一個四歲喪父又身處秦巴山區偏僻鄉村的農家子來說，能夠以家鄉有史以來第一個「大學生」的身分進入省城讀書，應該說還是很幸運的。也因此，我對於生我養我的祖國和人民充滿了深深的感恩之情。因為那份感恩使我必然產生一種「報答」心理，因而八八年入學之初中國社會的危機現狀便觸動了我極為敏感的心靈。一種巨大的憂患意識和使命意識油然而生，其結果便是大學一年級時所表現出來的巨大政治熱情。

而中國儒家傳統的「修齊治平」意識、「天下為公」意識、「自強不息」意識以及「先天下之憂而憂」、「天下興亡，匹夫有責」的士人道德操守也早在中學時代就滋潤著我的心靈。這樣當社會、當民眾要求民主變革而執政當局又頑固拒絕、野蠻鎮壓的情況下，國家現代化的進程也就上演了極為悲劇性的一幕！而我在八九年遭遇的個人悲劇只不過是整個國家悲劇的一個小小注釋而已。然而這個小小的注解對於我個人的命運卻具有里程碑的意義！它決定了我和現存的共產主義政治體制之間的矛盾是不可調和的，並驅使著我從二十歲的一九八九年出發，背負著政權性的壓迫去為一個偉大的、民主統一繁榮的現代化國家而作畢生的努力和奮鬥——

我願意為此國家社會理想付出包括自己生命在內的任何代價！

（昨天，我已將前述「簡歷」及「未完的話」交給幹部轉交獄政科）

二〇〇四年十一月十六日

今天，中隊進行了調整，我被調至一分隊，同時幹部也有較大變動，原來的指導員王樹光被調到獄政科去了，而新任指導員竟然是劉中平，對此我感到很意外，根據我在入監隊的觀察，我認為這次監獄幹部人事調整，劉指導應該有足夠的能力得到升遷，但是現在卻是平級調動，從入監隊（十一監區）的指導員調來三中隊任指導員，不過這也不奇怪，中國的人事問題是一個非常複雜的問題，在共產黨的官僚系統裡，一個人能否得到升遷，主要的並不取決於他的能力，關鍵在於他與上面的關係如何，如果一個人能力平庸，但卻能夠在上司、上上司面前極盡奴才之能事，用盡一切方法和手段（包括錢財色相等）討得主子的歡心，那麼他肯定會得到重用，相反，如果這些討好的事情不做或做得不到位，那麼任你有孫猴子七十二變的本領，可能也會在「弼馬溫」的位置上長期混下去，所以劉指導的「遭遇」在中國特色的關係網裡應該是「正常」的。如果咱們的國家擁有民主自由的政治體制的話，那麼孫中山先生在一八九三年上書李鴻章時所說的那種「人能盡其才、地能盡其利、物能盡其用、貨能暢其流」的理想則一定會變成美麗的現實的，然而……

當然，我對劉指導也沒有多少瞭解，但他的幹練和能力是我一到入監隊就感知過的，也許他的「機會」還在前面吧。

二〇〇四年十二月九日記

自我受洗成為基督徒！

我賜給你們一條新命令，乃是叫你們彼此相愛，我怎樣愛你們，你們也要怎樣相愛。
——《聖經‧約翰福音十三章》
你們禱告，無論求什麼，只要信，就必得著。
——《聖經‧馬太福音二十一章》

主啊，我決定從心中確立對你的服從和信仰！我為自己能站在我主基督的旗幟下而感到無上的驕傲和光榮！
我將忠實於我主所確立的博愛法則！
我將竭盡所能去追求你所指引的真、善、美及人類正義事業！
我相信在你的啟示和感召下，我和我的人民必將掃除一切虛假、醜陋和罪惡的角落！我的祖國必將因為你的厚愛而獲得一個民主、自由、統一與繁榮的未來！
感謝上帝！
感謝主！
Amn！Amn！

趙常青　二〇〇四年十二月二十四日平安夜於渭南監獄

注：因為對上帝的信仰、對耶穌基督的渴望，二〇〇四年十二月二十四日平安夜我在渭南監獄洗

了一個冷水澡後，便宣佈自我受洗皈依上帝成為基督徒。二〇〇九年去到北京後，所有的教會和牧師都不承認我這個自我受洗的基督徒，只好於二〇一〇年七月十日在愛加倍教會由崔約瑟牧師給我進行了正式施洗，才取得了基督徒的「合法」身分。

悲悼紫陽先生

趙紫陽先生逝世了！

元月十八日晚有人從收音機裡聽到這個消息（先生於二〇〇五年一月十七日逝世）並將之告訴了我。我的心裡十分震驚，好幾天以來，我的心情感到特別的沉重和疼痛。在動筆的現在我覺得自己的雙眼滾動著痛心的淚水，紫陽先生怎麼會現在就走人呢？怎麼會在我還在蹲監獄的時候就走人呢？我沒有辦法去到北京為您獻上我的白花，先生，我只能用自己能寫出來的有限文字來表達我無上的敬意和無盡的追念！我祈禱我主上帝保佑您的靈魂，保佑您能獲得天國的榮光和寧靜，Amn！

（一）

先生，我對您最早的瞭解應該是在您當總理的時候。當時我大概在上初一，因為我也姓「趙」，因而為「趙」姓人家出了一個大總理而感到自豪。記得有。一次和班上幾個小同學「抬槓」的時候，姓李的同學說他們李姓歷史上有個大人物叫「李世民」，一個姓周的同學說周姓有個「周恩來」，我也不甘示弱，說：「我們趙姓歷史上也有大人物呢，你們知道百家姓第一姓為什麼是趙嗎？就因為宋朝開國皇帝是趙匡胤，這個人厲害得很呢，一杯酒就把將軍們的兵權解除了。趙姓不僅出皇帝，還出了個大將軍趙子龍呢，而且最重要的是現在的國家總理也姓趙呢！」……

當然，先生，這些都是少年時代的抬槓遊戲（但當時您當總理確實在我的心中引起過自豪感），當您在天國散步的時候，您是否會為我彼時的孩子氣而感到好笑呢？

（二）

我上初中的時候，正是聯產承包責任制在廣大農村由試驗而向全國推廣的時候。我家住在秦巴山區的偏僻鄉村，分了很多的地。記得在承包土地前的生產隊時期，我家老為「缺糧戶」，每到一年春天青黃不接時，全家（乃至全村）都面臨著饑餓的威脅，因而我小學放學後的經常性任務就是和妹妹背著筐子到山坡上去尋野菜，一年中的大部分時間都要以菜糊糊為主食——唉，吃不飽的滋味真是很難受的！

但是，土地承包後，我家均把所分土地當自留地耕種，不用懷疑，糧食打得多起來了，吃飽是沒有問題了。等我上初中時，除了在學校每天吃兩頓玉米粥外，我母親還會為我烙上五六個麵餅讓我當「乾糧」吃——但要放在生產隊大集體時期，就不會有那種香噴噴的麵餅了。正因此，我對農村土地承包制是很感恩的。後來聽說這個承包制是您在四川當省委書記時首先在四川試驗推廣的，且有「要吃糧，找紫陽」的民諺在鄉間流傳，在此情況下，那個在鄉村中學讀書的孩子對您（和小平）是充滿了好感的。先生，現在，請允許蹲在監獄中的我以二十多年前的孩子口氣向您真誠的說一聲——

謝謝了！多謝了！

（三）

一九八五年九月我有幸到我們縣中讀書了（縣重點高中），八六年底合肥、南京、上海、杭州等地發生了尋求自由與民主的學潮，我當時雖然身處高二，但我還未能形成自己的世界觀和價值觀，我以一個共青團員的身分相信老師的說教，相信教科書的說教，因而我還積極回應政治老師的號召，寫文章批判自由化的代表人物方勵之、劉賓雁、王若望等人。對於中共中央處理耀邦先生並升任您為總書記，我當時相信是正確的（就如我當時相信共產黨是正確的一樣），一九八七年十月十三大召開後，我作為即將面臨高考的學生把您做的政治報告當做必須牢記的時事政治反複擇其要點加以誦記。當然我彼時只是把其當做「作業」一樣完成的，我對您的認識並沒有超越別的同學對您的認識，當然也不會因為您從總理升到總書記的位置上而再去向別的同學做孩子式的心理炫耀了——因為當時我已經是十八歲的成人了。

（四）

一九八八年九月，我被錄取到陝西師範大學歷史系讀書。通過收音機中的外電報導，我瞭解到在如何管理這個國家的問題上，您和鄧小平、陳雲及李鵬等人是有分歧的，但當時由於各種因素的作用，我已經開始重新審視自己既往的世界觀和政治人生觀。審視的結果是有關共產主義的價值體系開始在我心中動搖崩潰。我迅速地接受了有關民主與自由的價值觀，這樣我便改變了自己原來對八六年冬那場自由化學潮的看法。方勵之等人成為我心目中的精神導師，同時，我對八七年元月被趕下臺的胡耀邦開始深表敬意和同情，由於這份敬意和同情我開始對您和鄧小平懷有某種敵意和不滿，邏輯很簡單——因為耀邦先生被趕下臺後，是您坐在了他曾經坐過的那把椅子上（總書記），耀邦既然是因為放任自由化而被趕下臺的，您的上升只能說明您對自由化思潮是持敵視和打壓立場的，於是，我們之間的距離開始拉大……！

（五）

八九年四月中旬，耀邦先生突然辭世，引發了全國性的悼念活動，而我作為學生中最為積極的悼念者之一，自然借助悼念活動對鄧小平、李鵬以及您本人發出了最強烈的抗議。

悼念活動結束後，人們轉向了爭民主、反官倒、反腐敗的抗議浪潮中。我也積極參與其中並將矛頭指向了鄧小平、李鵬和您身上。特別是當時盛行的「官倒」腐敗行為已經引起了廣大民眾的強烈不滿，而民間傳聞中的倒賣「黃河」牌彩電的醜聞則和您的家人有關係，這更增加了我對您的不滿。而到了四月二十九日晚上袁木、何東昌兩個老官僚與北京部分學生對話時，一個中國政法大學的學生則突然出示了一本封面為您打高爾夫球的雜誌，這讓我十分生氣，在此後將近兩週的時間內我簡直把您和鄧小平當作了中國腐敗專制勢力的總代表！

但是——

（六）

但是奇蹟發生了！

八九年五月十六日您在會見蘇共中央總書記戈巴契夫先生時面對電視機和全世界觀

眾，像《國王的新衣》中的那個小男孩一樣勇敢地說出了大家其實都知道的中國政治的真相——一切都還要請鄧小平掌舵！（這可是中國政治生活中的「天」字第一號秘密呵——儘管這個「秘密」是家喻戶曉的）！

接著您於五月十九日凌晨去到天安門廣場看望了絕食情願的學生，您要求學生保重身體，恢復進食，希望同學們「看到我們中國實現四化的那一天」，您甚至向絕食學生鞠躬並流下了淚水——這是您在全世界最大的廣場上，在為民主而請願抗爭的數十萬學生和市民面前，在全國乃至全世界的電視觀眾面前所作出的最後公開亮相，您的聲音是偉大的人道主義聲音，您的關愛的淚水裡閃耀的是不朽的人道主義光芒！

更重要的是在強權派決定召開萬人大會進行鎮壓時，您毅然選擇了決裂，您不僅拒絕了強權派要您主持大會並做講話的要求，甚至根本拒絕出席會議！您以自己的偉大行動捍衛了自己的人道主義立場。也因此，您將贏得全世界文明人類的無上敬意！贏得歷史和未來的恆久紀念和緬懷！

自然，您那閃爍著人道主義光輝的聲音、淚水和行動及一位慈祥老人的面容也永遠地結晶在我的記憶裡，永遠的定格在我年輕的心靈中！

（七）

六四大屠殺後，我被當局送進秦城監獄關押。大概是六月二十五號前後，我們得到了一張有關十三屆四中全會的公報。全會是在六月二十三到二十四日召開的，強權派不僅將您趕下總書記的寶座，而且一併撤掉了您的政治局常委、政治局委員、中央委員及中央軍委第一副主席的職務。您回到了平民生活，但卻喪失了普通公民所能夠擁有的相對自由——在軟禁狀態下，在強權政治的淫威下，您又艱難的生活了十五年，那是一種什麼樣的悲劇和不幸啊！

二〇〇一年二月我從漢中監獄出獄後，曾給您原來的政治秘書鮑彤先生打過電話，在電話裡我曾向鮑彤先生打聽您的健康狀況並請他代向您問好，遺憾的是鮑老在電話中告訴我——他也無法與您聯繫，因而也不知道您的情況。二〇〇二年十一月在我組發的一百九十二名持不同政見者致中共十六大的公開信中也曾要求執政當局恢復您的全部公民權，其結果，有關方面不僅置廣大民意於不顧，反而將此作為我的一大罪狀而將我逮捕入獄——在此情況下，我只能暗自從心裡祈禱上蒼保佑您身體健康了，然而卻沒想到您在繼耀邦先生帶著悵然離開人間的十五年後也帶著深深的悵然離開了您曾生活過八十六年的祖國，離開了人間……

（八）

行文至此，我覺得這篇文章已經寫不下去了。我的心中充滿了悲痛——不僅僅因為身陷囹圄的我無法為您編製一個白色的花環，更因為這個世界人口最多的國家依然籠罩在一黨專制的強權政治之下。執政黨對於自己一手製造的六四大悲劇仍然沒有一絲一毫懺悔的跡象。諸多持不同政見的民主人士仍然被一次又一次的逮捕入獄。但是正如烏雲不可能永遠遮擋太陽的光輝一樣，中國的強權政治集團也不可能永遠的凌駕於億萬人民的頭上。雖然您心懷悵然的離去了，但我相信您在八九年五月所點燃的人道主義聖火必將歷史性地傳承於八九「天安門一代」的手上，傳承於我們的心上。我們，必將通過艱苦卓絕的努力和奮鬥去消解這個強權集團，將您曾生活、奮鬥、關懷、熱愛的這個國家轉變成——

一個偉大的、民主的國度！
一個自由的、法治的國度！
一個人道與文明的國度！

先生，您，去吧，放心的去吧！

我相信在不久的將來，您會在天國的門口看到我們的微笑的，看到中國人民和文明人類的微笑的！

趙常青　二〇〇五年元月二十日於陝西省渭南監獄

主啊，在這農曆大年三十之夜，我的心裡對您充滿了感恩，我希望在您慈愛的光耀裡，讓我母親的靈魂安寧，讓我的親人身體健康，並讓我自己能擁有平平安安、順順利利的二〇〇五年，我為我的上述願望而向您——萬能的上帝祈禱，Amn!

同時，在我的情感世界我遇到了新的困惑，我很想給若蘭寫信，我希望自己能通過努力贏回她對我的愛情，同時我又想給我的大學師妹寫信，然而我對她們又感到了一種巨大的陌生，並擔心給她們任何一人寫信都是不合適的，主啊，我相信您的智慧與萬能——在我遇到如此困惑的時候，我希望自己能得到您充滿慈愛的點播以指引我走向光明與愛的前方——主啊，主啊，我將為我的這個私人心願而向您做至誠的祈禱，阿門！

下面我將寫出四張紙條，上面分別寫明是否應該給若蘭和洛梅去信，請您將您的指示告訴我，我相信您，並將堅定地按您所指引的方向走向未來、走向前方！

Amn!

二〇〇四年大年三十夜半（二〇〇五年二月八日）

主啊，萬能的上帝啊，

感謝您對我的至愛與點撥，

我將遵您的旨意，

——不再給若蘭去信，並祝福她幸福平安、永遠永遠，Amn！

同時，我將按照您的指令，

——給我的大學同學洛梅去信

以表達我的友誼、問候與思念！

最後，再一次向偉大的主表示我心中的感恩，並祈禱我主的光耀照亮我的國家、我的人民！祈禱我主的光耀照亮我的理想、我的未來、我的前程！

Amn！

你的常青

二〇〇五年正月初一 於渭南監獄

關於讀書與寫作關係的思考

應該說，我現在的獄內讀書時間是充分的——去年幹部定勞動任務時，其他人一般情況下每週要編十二個草墊，而給我只定了五個，毫無疑問，幹部對我的情況是考慮過了的。

但是由於我編織速度效率確實很低，一天能編一個就不錯了，因而我決定一週只編三個墊子，節約出來的時間就用來讀點書。而從中隊幹部的反應看，也已經默許了我的這種做法，這樣，我之半工半讀的要求就基本變相的實現了。

（當然，如果堅決拒絕勞動的話，也是可以爭取全天學習的，但我覺得那樣做總有些不合我的個性，同時根據經驗，一天接一天的全天學習實際效果並不好，因而適度地從事一些力所能及的生產勞動對於學習效果及身體健康都是有好處的，因而我認為半工半讀是最好的。）

但是我覺得自己關於讀書的某些想法是錯誤的，而且是非常錯誤的，其中最大的錯誤便是以讀為主，忽視了寫作，甚至是不寫作。而自己開出的不予寫作的原因則是：自己所知甚少，不可草莽下筆，因而應該多讀書，等關於未知世界的知識積累的足夠充分——至少是「差不多」的情況下再去從事寫作吧。結果是越讀書就發現自己越無知，讀的書越多，發現自己相關的知識缺陷就越多，於是便把大量的時間分配給「閱讀」了。

但是，我終於發現這是一個誤導人生的陷阱，這個陷阱不僅深，而且深不見底。試想一想，這個世界的圖書數量何其宏大，何其繁多，一個人能夠有效支配和利用的時間又是非常少的，即使一個人將其一生的所有時間都用來閱讀，一天閱讀一本，一年三百六十本，一氣閱讀八十年，也只能讀完兩萬冊書，而兩萬冊圖書相對於整個人類的圖書大廈來說只能說是九牛一毛了。更何況這種閱讀是不可能的。這也就是說一個人做一輩子的讀者，他所面臨的未知領域也是無限的，如果一個人認為自己無知就不敢或不能從事寫作，那就是一個讓人不能原諒的錯誤。而對於我來說，這種錯誤已經持續了太長的時間，不能再這樣錯下去了，因此今後我將會把最主要的精力和時間投入到寫作中去。而且我認為自己關於某些領域的思考已經很成熟了，我應該把自己在這些方面（如政治、歷史、倫理等）的思考忠實的記載下來，也許自己的有些東西經過傳播後對於我所生活的這個世界是有些積極的意義的。

當然，書還是要讀的，但我絕不會把讀書當做最重要的事情了。尤其在餘下的兩年多獄內時間，一定要把自己多年來關於國家、政治、人生、歷史等方面的思考記錄下來。我相信，這種記錄不僅對於我在獄內的生活是有意義的，而且對於我的未來也應該是有意義的。

二〇〇五年四月十日記

二〇〇五年春天的閱讀記錄

今年春天還是讀了幾本很好的書的：

海耶克《通向奴役之路》

阿克頓《自由與權力》

秦暉《問題與主義》

王俯民《孫中山詳傳》（上下）

甘地《我體驗真理的故事——甘地自傳》

甘地《真理靜修院院規》

大仲馬《基督山恩仇記》

除此之外，又詳細複讀了
《自由大憲章》（一二一五）
《權利法案》（一六八九）
《維吉尼亞權利法案》（一七七六）
《獨立宣言》（一七七六）
美國《一七八七年憲法》及其修正案
《人權和公民權利宣言》（一七八九）

二〇〇五年四月十日記

從收音機裡收到的一次有關王丹的採訪

二〇〇五年六月二日午夜王丹在自由亞洲電臺訪談熱線欄目中談到以下幾個問題：

一，他個人的情況

八九年七月二日在北京被捕，坐牢四年，九三年釋放，九五年再次被捕，九六年十月三十日判刑十一年，九八年被流放美國，共坐牢七年，現在哈佛取得碩士學位，目前在攻讀歷史學博士學位。

二，柴玲在美國經商，吾爾開希在臺灣謀生。

三，對於自己的選擇從不後悔，將繼續為中國的民主事業奮鬥下去，同時希望有更多的中國人站起來同共產主義暴政做鬥爭。

四，願意以非暴力的和平方式謀求民主和自由，但不排除在和平方式行不通的情況下將以暴力革命的形式進行鬥爭。

五，批評「革命是為了出國」的謬論，說明自己兩次入獄，坐牢七年，最後又在毫不知情的情況下被當局直接從監獄押往飛向美國的飛機，為「身不由己」。

六，認為六四慘案中，死難者有千餘人，傷萬餘人。

二〇〇五年六月三日記

為「六四」死難者祈禱

主啊，那偉大的天主啊！

在這西元二〇〇五年六月三日的子夜，在這二〇〇五年六月四日的凌晨我伏在一個囚徒的床上向您祈禱——

我請求我主保佑十六年前殉難於那場大屠殺中的所有死難者，我請求我主保佑所有那些屈死的靈魂能在您的國度裡得到安息和安寧。我至誠的向他們獻上我的敬意，並同樣至誠的為他們——為我被屠戮的兄弟姐妹們祝福和祈禱！

Amn！

同時，作為被共產主義政權第三次逮捕入獄的囚徒，此時此刻，憑著對我主基督的信仰，憑著至高的理性和良知發誓：

在我有生之年，我將以我自己的全部智慧和全部力量去承繼六四死難者的未竟之業，以自己的全部智慧和全部力量去為祖國的民主自由事業而奮鬥！

不達目的，決不甘休！

此　誓

趙常青

二〇〇五年六月四日凌晨一點於渭南監獄三連

二〇〇五年度大事回顧

既就是從陰曆講，二〇〇五年也過完了，這當然是值得高興的事情，現將這一年與自己有關的「大事」記錄如下：

一，相對平安

與二〇〇四年相比，二〇〇五年作為我人生歷程中的第三個本命年，是相對平安和順利的。我沒有生過什麼病，沒有與人發生過大的衝突，只在年末關過一次禁閉……我想這一切都應該歸功於主的關愛、歸功於上帝的關懷和恩典。也因此，我對於我主充滿深深的感恩，我將以更堅定的信念站在我主基督的旗幟下，以同樣的愛情去奉獻給我的同胞，獻給我的政治理想和社會理想，獻給我的未來，我的前方！

二，在第一季度系統的讀完了《聖經》，對《新約》與《舊約》有了相對全面的瞭解。

從我的主觀認識上講，坦率地說我對於《舊約》裡面的很多內容是不能認同的，在我的心裡更多的充滿了Jesus的教誨，耶穌基督所高揚的「博愛」大旗高高地飄揚在我的心靈大地上，我為這面旗幟而感動、而流淚，我認為我自己已經尋求了十六年的民主事業從廣義上講正是我主基督所獻身的博愛事業，我將繼續高揚著這面民主的也是博愛的大旗將我的生命推向前方。

三，在夏季系統地思考了有關「民主」的理論，草擬了有關民主的九條法則並加以論析：

一，眾生平等法則
二，主權在民法則
三，少數服從多數法則
四，保護少數法則
五，公平競選法則

六，分權制衡法則
七，代議民主法則
八，多黨政治法則
九，地方民主自治法則

四，拒絕寫《決心書》遭到幹部的批評
每年監獄都要在服刑人員中開展各種各樣的活動，並要服刑人員都寫一份《決心書》之類的東西。但我一直拒絕書寫此類材料，因此經常遭到幹部的「批評」，尤其是今年九月分獄內開展所謂的「強規範，剎歪風」活動，為了決心書問題，我和中隊最高領導發生了嚴重的正面衝突和頂撞，事後回想自己當時的反應可能太激烈了些。

五，八月分監獄開展連隊間「歌詠比賽」活動，我拒絕參加，受到嚴肅批評。
由於我所在的三連參賽歌曲有所謂的《沒有共產黨就沒有新中國》，我拒絕參加，中隊多名幹部為此先後做我的動員工作，要求我參加歌詠比賽，均被我拒絕，最後指導員劉中平親自出馬，希望我參加大合唱，說我不用發聲，站在佇列裡，動動口形就行，我堅決拒絕，最後他們因失望而對我嚴厲批評。

六，年底因拒絕參加升旗儀式而被關押四十多天禁閉。

本來我心裡就一直對國旗的圖案設計十分不滿，因為「五星紅旗」中的那顆大星象徵的是中共，四顆小星才作為工、農、小資、民資的象徵組成「人民」的符號，作為國家主人的「人民」在國旗上反而成了專制政黨的陪襯。這當然是既反民主又反人民的，這當然不是我心中的國旗形象，但是由於自己現在身為中國公民，如果不承認這面國旗將會使自己陷入「失去國家」的境地，無奈之餘，我只好很矛盾地接受這面旗幟，等將來完成祖國的民主變革大業時再做新國旗的圖案設計吧。也因此，一般情況下，我對升旗活動還是認可的。

但問題在於渭南監獄的升旗活動中有一項內容是「宣誓」，宣誓的內容包含有「認罪悔罪，服法改造」之類的東西，我覺得這無論如何都是我所無法接受的，因而來到渭南監獄我只參加了一次升旗活動，那是二〇〇四年六月的升旗活動，在那次升旗活動中，宣誓時我既未舉手，更未開口，而且從我知道要「宣誓」時開始，我就決定不再參加升旗活動。從〇四年六月到〇五年十月，三連共舉行了四次升旗活動我均未參加，儘管每次幹部都要求我參加，並在我不參加的情況下對我進行了批評，但並沒有將我關禁閉，這種情況持續到二〇〇五年的十一月二十八日，便發生了新的重大變化。

十一月二十八日早晨又輪到三連主持升旗活動，我再次拒絕參加，幹部又派人來叫我，我拒絕下樓，結果下午連隊幹部便將我送往禁閉室，在大冬天一口氣關了我四十餘天，直到〇六年元月九號才把我從禁閉室接回來。幹部承諾以後不再對我做這種要求，說我以後可以不參加升旗活動，但要有適當的理由或藉口——如「生病了，參加不了」等等。

（關於禁閉室饑寒交迫的情況以後再說）

七，我遵守了不給若蘭去信的諾言

對於我來說這應該是很不容易也是很痛苦的事情，畢竟在那三年相戀期間我曾深深地愛著她，畢竟在我孤獨而又蒼涼的青春時代她曾經給我愛情的滋潤，但是，讓我想不到的是三年的愛情抵不上一副手銬的重量，當我上一次入獄後，她就毅然決然地離開了我，儘管二〇〇一年我出獄後曾經為贏回那份愛情而做過至誠的努力，但是她除了再給我之心靈增添新的創痛外，便是無邊的冷漠了……

我不想再做這些與她有關的回憶了，在這一次入獄後我就決定忘掉她了，我早就不再對她存在任何感情的幻想，在對她的遺忘方面，我雖然進行得很有些艱難，但卻越來越成功了。

八，我沒有兌現給洛梅去信的諾言

二〇〇五年，我對洛梅的思念有點瘋狂，當然追本溯源，我對她的這種思念應該歸因於我和她的大學時代，但由於種種原因，我對她的愛情還未來得及開花便凋謝了。儘管從道德上講，我在當時的決定是非常正確的，但我卻永遠也不能原諒自己由於判斷失誤而造成的這份感情上的錯誤，正因為我對自己所選擇的這份青春的錯誤是不能原諒的，因而更加重了我對她的思念，這份思念從畢業前夕一直持續到我工作、我上一次和這一次的監獄生活。

當然，我對她的這種感情她是不知道的，她的判斷肯定是：自從九一年春我在她面前犯了那個不該犯的錯誤後，她認為我就永遠移情別戀了，當上一次出獄後，我因為思念她而給她打電話時，她竟然還以為我在思念著她的那位山東姐妹，竟然把山東那邊的電話告訴我，但事實上她哪裡知道我心中的真實情感呢？

不過從心裡說我現在的心情是很矛盾的，我既希望他知道她在我心中的分量，又害怕她知道，畢竟已經分手十五年了，她的生活早就平靜了，畢竟她的小女兒都十二歲了。正是出於對她的愛情，我雖然在這麼多年十分的思念她，甚至思念得有些心痛，但始終不敢去打攪她，我害怕她會受到我的傷害，正因此，儘管二〇〇五年正月初一上帝曾指示我給她去信，但這一年我仍然勒令自己沒有給她去信，我想在出獄之前我都不會去信的，但是我知道我會從內心裡繼續這種思念的！

讓這份感情就埋藏在心裡吧！

九，二〇〇五年經濟花費一千六百元，有點多。

二〇〇六年一月二六日記

神聖的祈禱！神聖的祈禱！

主啊，現在是農曆二〇〇六年正月初一的晚上，我在這裡向您表示深深的感恩之情，由於您的愛情我順利的度過了二〇〇五年，由於您的愛情，我的心裡常常充溢著融融的暖意！感謝我主，阿門！

當然，我的心雖然早已皈依在我主基督的旗幟下，但從現實層面講，我知道自己距離我主的教義要求還很遠，我因此而在內心充滿了慚愧，我應該加強自己的宗教修養，我想我會以實際行動向著我主所要求的方向而努力的！

二〇〇六年來臨了，我萬分虔誠地向我主做如下幾方面的祈禱：

第一，我祈禱我主讓我擁有一顆博愛的、平和的、冷靜的心繼續向著真、善與美的方向前進！

第二，我祈禱我主給我以智慧的啟迪，使我能夠借助於我主的光耀而發現通向民主中國的具體路徑，對於我的一生來說，這是最重要的。我懇請我主在我出獄之前一定要擦亮我的雙眼，拂去我心靈深處的蒙昧和積塵，從而使我能夠找到一條帶領人民走出壓迫和奴役、走向民主和自由的具體路徑——常青為他的這個請求而向我主作至誠的祈禱！

第三，請我主保佑我的養父和我的妹妹身體健康！

第四，請我主關愛我的大學同學梅君，使她健康如意，一切都好！

第五，最後，懇請我主也給我一個健康的身體！

主啊，其實我還有很多願望，但我不敢做太多的奢望，我只祈禱我主能以您的慈悲和博愛滿足我上述的心願，我因此而向我主作至誠的祈禱，Amn！我相信我主的力量是無邊的，我相信在我主的關愛下，我的上述願望都會實現的！

Amn！

二〇〇六年正月初一（二〇〇六年一月二十九日）祈禱於渭南監獄三連

邵XX的三封來信摘錄

二〇〇六年一月二十八日邵XX給我私信摘錄——這封信要點有十一：

一，其人有才，可信
二，知識分子靠不住
三，以「天下主義」詮釋普世價值觀
四，對中共一分為二、分化利用
五，組織的重要性
六，農村的重要性
七，民主陣線的團結
八，民運骨幹的培訓
九，經費籌畫
十，革命者的後方工作
十一，青年工作

現做如下摘錄：

……無德必亡，惟德必危。我在前一階段細讀了一本《毛澤東謀略》，收穫極大。我曾經說過，如果你想做胡適、魯迅等啟蒙傳播真理人權民主和自由理念的人，我會很尊重你，我會是你忠實的朋友，但不會與你共事。我會重返故鄉，先發展自己，然後作村官，蓋教堂，選人大代表，造福鄉里。因為我愛我的家鄉，而且更重要的是，那裡的人民鄉親，也對我惋惜憐愛。我的名譽人品信任度沒有任何大的傷害。我屆時會暗蓄力量，積極著手準備迎接民選鎮長、縣長。我相信我的能力和我的名譽。更何況還有我的親人、我的高初中老師、小學老師、同學、同事，他們雖基本一致認為我不會說話、直來直去，但是相信坦率真誠會真正贏得人心的，時間會證明一切。

你以前的事情，只是你略說一些，當然你有你的苦衷和秘密，我很理解，但是直覺告訴我，你值得我信任……你若懷經世濟民之志，我願拋棄一切，和你共成大事，說到做到，千金一諾！……

我忠告你：知識分子絕不會成為推進中國大步前進的中堅力量，他們大都已喪失公信力，香港科技大學丁學良不是也指出內地真正的經濟學家不超過五個嗎？……國際社會的壓力已經被中共煽動的民族主義所抵消。民主力量、自由戰士動輒被冠之以「走狗」、「漢奸」之謂，你不可不察。其實民族主義中共會利用，自由戰士也應該會利用。民族國家理念在中國不過五十多年，而且基本是在中共學習蘇聯之後成型的，你應利用傳統文明中的「天下」主義置換全球化，並借之抵消民族主義的消極性，用「替天行道」、「弔民伐罪」之詮釋「人權高於主權」、自由民主無國界以推行普世價值。現在不是古代中國文化又重新獲得部分肯定，為什麼不加以有效利用呢？

對中共的批評不應籠統地批評中共如何，應批評中共反動派如何，對其分化瓦解，對中共的失意政客也要加以利用，通過他們瞭解其黨內幕，進行有效曝光。

你這次出去，應吸取教訓，不只呼籲，發表文章，應著手組織力量，革命的中間力量應是失去土地的農民……做好街頭武裝鬥爭的思想物質準備，農村會為革命輸送中堅力量，知識分子會是同盟軍，但是不要指望他們披堅執銳，奮不顧身。毛澤東奪取政權的謀略是值得借鑒的。當今社會矛盾的焦點其實是渴望進城的農民和現政權間的矛盾。現政權根本沒有能力解決這個問題。取消農業稅，想減少民怨，作用不會大，反而起反作用，讓農民覺得政府做得還不夠。城鄉二元體制會是中共的軟肋致命點。

在基層多建組織，利用現政權基層渙散，應乘機廣泛建立各種組織，說明農民借貸、醫療、修水利、蓋教堂，這點應該向國民黨學習。讓農民和本組織利益一致，血肉相連，等中共垮臺，這些力量會接收現政權。在城裡打工的農民應秘密組織起來如建築工會、紡織工會，建立民工子弟學校、民工醫院、民工職業培訓班、民工務工介紹處。毛澤東曾說過：誰能贏得農民，誰就贏得中國，這句話現在還有效。我不是民粹主義者，但必須考慮中國國情，民主自由人權號召不起物質主義、犬儒主義渲染太久的中國人。但是巨大的城鄉差別，權貴官僚和平民的差別，會加深下層勞工的壓迫感和痛苦感。當局剛想進行善政改革，等於在大堤自鑿洞孔，本想洩洪，不料卻潰斷大堤，此中道理，你應能想到。

在國際上加強民主陣線的聯繫，爭取物質援助，並輪番培訓民運骨幹……你和王丹相識，爭取把自己的組織匯入民陣中，接受民陣領導，民主力量再不能四分五裂了，只要能推翻專制暴政，幹成大事，做不了大官又何妨？

……幹事需要資金，除募捐之外，也應置辦黨產，除了用於發動運動，還應撫恤烈士、同志家屬，絕不能讓同志寒心。否則組織會失去凝聚力，譬如你的情況，如果有組織按時匯錢、書給你……你如果有孩子，組織也應該照顧，必須解除革命者的後顧之憂，這些事情你考慮過沒有？

爭取青年……

二〇〇六年二月一日摘錄

邵ＸＸ二〇〇五年七月來信摘錄：

……《孫傳》（指王俯民著《孫中山詳傳》）現贈與您，希望對您的事業有所裨益，我將與您的友誼告知家人，大妹（邵ＸＸ，七七年，西大檔案學）當時便想邀請您在餐廳相會，但是鑒於……我無奈替您回絕了妹的邀請。但這份情誼卻不得不告訴您，讓您知道，公道自在人心。您的背後有非常非常多類似我們兄妹這樣的人理解您支持您。

我之所以自學新聞學，是為了以後有用於正義的呼聲，苦學經濟學是因為國父為革命籌款難得掩面哭泣。若為自己籌畫，我自忖何難做百萬富翁甚至於千萬富翁……我希望能將自己的才智貢獻給正義的偉大的事業——不甘為奴的抗暴！爭取做人的權利！……

我妹妹根據你的身高，專為你買一件T恤，萬望笑納，以表禮敬之心！

費孝通關於知識分子之評說請注意，知識分子可以鼓吹造勢，但難以成為組織中堅，面對準軍事組織之專制集團，惟另設組織嚴密之自由人同盟圖推翻，所有請君細讀《孫傳》……

我厭惡商業但基於生存及希望有助於君，我會努力學習商務知識……

二〇〇六年二月三日摘錄

邵ＸＸ二〇〇五年春節來信摘錄——

來信要點：
一，傑弗遜的意義
二，國家理想
三，世界主義者
四，生命、良知、上帝、學習
五，學習美國
六，勉勵與期許

……謝謝你在我最痛苦徬徨的時候，為我重新打開一窗，讓我看到一個嶄新的人生天地，頓感人生是如此的美麗富饒！

湯瑪斯．潘恩是我尊敬的人，但我希望你能成為湯瑪斯．傑弗遜。中國最缺的政治家就是傑弗遜，希望你一定要保重自己，不只是為了你自己。所以你在重新自由之後，不要只再撰寫鼓吹民主自由的文章，而是要將熱愛自由的人民組織起來，改造我們祖輩生活著的國度，讓愛我們的、我們愛的人都能自由的呼吸新鮮的空氣。讓我們深愛並憎恨的這個國家重新注入嶄新的政治理念，將辛亥革命先烈們的旗幟重新升起。讓我們敞開胸懷，放寬視野，學習一切人類的文明成果——先進的政治、經濟、社會、法律、教育等等制度——而絕不是模仿技術。讓這片土地上的人民不再有中國美國非洲之分，更不存在東方西方所謂「文化」差異。因為我們都是一樣的生靈——人類！我們都熱愛自由，熱愛生命，渴望過上尊嚴體面富庶的生活！只不過有所區別的是對幸福生活的理解差異——這樣的差異如同有人喜歡米飯有人喜歡麵條一樣，形味雖異，其本質卻一樣——都能滿足生命的生理需求和營養均衡。通過這幾代人的努力，甚至我們這片土地上的人民會重新引領人類前進，成為這個星球上最驕傲生命群體的旗手——如果您認為這是我空幻的夢想，但是我寧願用餘生做一個天真的追夢人……我認為對於一個生命而言，其存在的意義在於不斷完善自己的靈魂！我的良知是我行動的指南！它既給我勇敢的動力，也給我制動的剎車。大丈夫做事，有所為有所不為，上帝在天空中注視我，我行動的勇氣和力量由他賜予和剝奪，我不敢為惡，不敢放縱邪念，不敢虛偽，不敢……不敢做天父賜予的智慧良知已判斷為錯的事！除非現有智慧判斷有誤的事。所以我以誠惶誠恐的心態努力的學習學習在學習！

通過學習和我以往的切身體會，感到中國學習的主要對象應該是美國，尤其是她的民主共和制。如果學習法德歐洲的民主制度，中國極有可能淪為多數人的暴政。因為我們有蔑視少數權利的傳統。以中國民眾的理性見識比美國開國之初的民眾素質相比，即使高也高不了多少。所以建立民主基礎之上的共和制、三權制衡的國家架構，中央地方嚴格分權的聯邦制，社區、社區政治重心制，尤其是多黨競爭制，它雖不能根除腐敗，但將極大減輕腐敗。腐敗在中國源遠流長，深入人心。它將是民主共和制真正在中國建立鞏固之後這個民族要面對的最大敵人。對於這個理性先天不足的民族，參議院委任法官、總統否決國會法律提案權力，以省為單位記取選票的選舉團制可能是捍衛少數人適當權利的最富智慧的制度設計了。

現行的奴化教育機器制出的產品只是兩種——合格產品——順民，不合格產品——暴民。所以請你以蒼生為重，學習甘地和曼德拉，用非暴力理念組織人民改善我們的生活，否則將摧毀我們真正獲得自由的基礎。徹底走出中國的迴圈怪圈。將人民引上現代化的康莊大道——是真正的現代化——人的現代化！指向美好的未來，那個未來，古人叫「大同世界」，馬克思稱為「共產主義社會」——「每個人的全面自由發展是所有人自由全面發展的條件」。雖然遙遠，但是目標明確，而且能真正從實處著手工作。從現在開始，一切政治、經濟、社會、法律、教育等等制度只是工具，使用它們只是為了每個人能夠自由全面的發展，它是我們一切行動的出發點，也是我們行動的目的地，也是檢查我們行動正誤的唯一尺規。

二〇〇六年二月六日摘錄

第四次禁閉及其激動人心的收穫！

我又被關了三個月的禁閉！

春節過後，監獄開展佇列訓練比賽，而我從入監開始就一直拒絕參加佇列訓練，因此，在二月九號下午中隊決定將隊伍拉到大操場訓練時，我以頭疼為理由不願參加，但幹部要求我拿過凳子坐在旁邊觀看，我只好接受。

二月二十號監獄準備佇列驗收，故二月一九號下午（星期天）中隊幹部決定在院子裡再演練一次，我又拿個凳子坐在旁邊，但幹部非要我參加，我說有病不能參加，結果我便被惱羞成怒的幹部氣衝衝的送往禁閉室，且一關就是三個月（二監規定時間最長三個月），直到五月十八號期滿才將我從禁閉室接回。

這樣，從二〇〇四年二月下隊到現在兩年多時間裡我總共被關了四次禁閉，時間總計九個半月。

第一次：二〇〇四年二月二十四日——五月二十三日計三個月，原因是拒絕認罪、抗拒勞動；

第二次：二〇〇四年七月二十一——九月二十日計兩個月，原因是越隊看望范寶琳被發現，拒絕寫檢討；

第三次：二〇〇五年十一月二十八日——二〇〇六年一月十日計一個半月，原因是拒絕參加升國旗儀式；

第四次：二〇〇六年二月十九日——五月十八日計三個月，原因是拒絕參加佇列訓練。

在這四次禁閉中，前三次均無所收穫，除了受罪還是受罪。但這一次幹部觀我禁閉卻是歪打正著，由於這一次被單獨關了小號，在無人干擾的情況下，有足夠的時間進行思考和總結，因而這一次的收穫特別大，大得無論從哪個角度去誇張都不為過，甚至我可以說，在前此三十七年人生行程中的所有收穫都比不上我這一次在禁閉室中的收穫。我因此不僅對上帝、對我主基督充滿了深深的感恩之情，甚至我對於關我禁閉的中隊幹部（劉中平指導員）也非常的「感恩」呢——這絕不是反語，而是絕對的心裡話！

那麼，在這次的禁閉生活中究竟自己收穫了什麼從而使得這次禁閉顯得如此的重要？具體說來，收穫來自以下四個方面：

第一，我發現了一條符合中國國情的民主化道路！

這是最為激動人心的。我在前面所強調的這次禁閉的最重大意義正是指此而言的！因為這份發現我對天主、對我主基督充滿了深深的感恩！Amn!

記得今年大年初一，我便祈禱我主「給我以智慧的啟迪，使我能夠借助於我主的光耀而發現通向民主中國的具體路徑，對於我的一生來說，這是最重要的。我懇請我主在我出獄之前一定要擦亮我的雙眼，拂去我心靈深處的蒙昧和積塵，從而使我能夠找到一條帶領人民走出壓迫和奴役、走向民主和自由的具體路徑！」，幸運的是我主答應了我的願望，在我被單獨關禁閉而深陷極度困境時，主擦亮了我的雙眼，拂去了「我心靈深處的蒙昧和積塵」，從而使我發現了一條通向民主中國的具體路徑——我因此再次在心中向那偉大的天主、向我主基督表示深深的感恩！我將繼續站在我主基督的旗幟下，將民主的事業也是博愛的事業進行到底！我相信在我主的深厚愛情裡，我一定會沿著我主所指示的道路團結一切力量將中國推向民主與自由的明天的！

第二大收穫是我解開了我用十三年時間所未能解開的那位神秘老人留言的真諦。

第三大收穫是我通過努力改善了禁閉室的生活狀況，同時通過與監獄長的談話使得付費借書變為免費借書，使得「三無人員」也能自由借書了。

第四大收穫是我在自己無事的時候用「心」琢磨了十幾首古體詩詞。

下面我將具體記錄這四大收穫分別是什麼。

一，關於中國的民主化道路問題

自從八九年學潮結束後，關於中國的民主化道路問題始終是我思考的最核心問題。尤其是最近十年，不敢說天天都在思考這個問題，但這個問題始終在我心靈的天空盤旋著。

九七年八月我在中共十五大召開前夕發給中共中央並各省省委（包括直轄市市委和各自治區黨委）的改革意見書裡曾提出了中國民主化的三條路徑：

第一條，自上而下式，即由執政黨主動進行民主化改革；

第二條，上下結合式，即在執政黨不願主動進行改革的情況下，由中國民主派施加強大壓力，推動中共進行民主化改革；

第三條，在上述兩條道路都走不通的情況下由民主派發起全國性的民眾抗議運動，驅中共下臺，走自下而上式的民主「革命」道路。

而在這份意見書裡，我給執政黨推薦的是第一條改革路徑，並具體論述了這條改革路徑對於執政黨的好處。但總體上說來，我當時的思考還是比較籠統、比較模糊的。我的思想在當時並沒有跳出一般民主人士的慣性思維。從心理情感上講，我對共產黨的看法還停留在八九年身陷秦城監獄時的心態上，而且這種思維慣性和敵對心態一直持續到今年第四次被關禁閉時。

這一次被關禁閉不同於前三次，前三次都是與別人混關在嚴管號，三、四個人甚至七、八個人同處一個小房間，根本難做系統的思考。而這一次一進禁閉室就被關進單間，除了上午、下午在放風間坐上幾個小時外，其他時間都被單獨關在小房子裡。儘管有監控器在注視著，但生活環境絕對安靜，這樣，便給我創造了在監獄裡很難享受的「高級待遇」，使我有機會、有條件對既往的人生和心路歷程進行全盤的清理和系統的思考。自然關於中國的民主化道路問題是我最為重視的政治問題！

我盤算了一下自「民主牆」時代以來當代中國民主先驅們為尋求祖國的民主事業而做的種種努力——包括以魏京生為代表的七九民主牆、以胡平為代表的八〇競選、以方勵之為代表的八六學潮、以王丹為代表的八九學潮、以胡石根為代表的九二組黨、以王有才徐文立秦永敏為代表的九八組黨以及唐吉訶德式的單打獨鬥活動等。但所有這些努力無一不被鎮壓、無一不走向失敗。為什麼會出現這樣的情況?原因是什麼?中國的民主化道路究竟應該怎樣走?我又該怎樣去做?所有這些問題構成了我初入禁閉室時的心靈主旋律。就在我百思不得其解的時候,就在我身陷極大思維困境和人生困境的時候,奇蹟發生了——

奇蹟發生在二〇〇六年的三月三號!

這天下午三點多,我正一個人邊擦地板邊琢磨一些問題,突然從外面大廳傳來電視裡全國政協開幕時的熱烈掌聲。這個掌聲導致我擦地板的速度慢下來,最後竟停了下來。我的手雖然停了下來,但我的大腦與心靈卻像得到了神助一樣,突然間電光叱吒、天雷滾滾,在電光火石的激盪中迅速產生了這樣的一系列問題:

這不是政協會議嗎?

這不是搞政治協商的會議嗎?

究竟哪些人可以去參加政治協商會議呀?

是誰剝奪了我參與政治協商的機會呀?

許多尸位素餐的人可以堂而皇之的在人民大會堂享受掌聲和鮮花,而真正心系國家、心繫民主與人民的我卻在這監獄的禁閉室裡擦地板?!

為什麼我會在這裡擦地板?!

我已經三十七歲了呀,喬治亞的薩卡希維利三十六歲就被人民選為總統(且得票率為百分之九六),而我三十七八歲了,卻在這裡擦地板,難道還要這樣一直擦下去嗎?

不！

這種監獄生活不能再繼續下去了！

不能再繼續的失敗下去！一定要想辦法走向成功！而這成功的第一步就是要參加全國政協，就是要在人民大會堂裡參與重大國事的議論和討論！

我繼而想到以個人身分參與全國政協不僅希望渺茫，而且對於民主事業意義不大，因而必須以組織的形式出現。參加全國政協和全國人大的不是有八個民主黨派嗎？既然八個民主黨派可以合法的參政議政，那麼再成立一個民主黨派是不是也可以合法的參與兩會呢？當思維的閃電照射到這個問題時，我感到了一輪紅日正從心靈大地噴薄而出，並在剎那間照亮了我充滿迷濛的全部心靈天空，我看到了一條偉大的道路，這條道路不僅通向北京、通向人民大會堂，而且將會從實踐上引導中國的民主事業走向成功，同時這條道路也會引導我個人走向光輝的峰巔！

這條偉大的道路便是：

在憲法框架下，成立第九個民主黨派，取得合法參政權，在人大和政協這兩個參政議政平臺上，與執政黨取得良性互動，並乘機發展自己的基層組織，壯大自己的隊伍，進而推動執政黨向著政治民主化的方向前進——這是第一步。

第二步，在取得合法參政權後，推動憲法的全面修訂，取得平等合法的執政權。在這個階段的核心任務是從憲法上確立結社自由制度，使得民主黨派及新組建的政治社團與執政黨擁有平等合法的執政機會。至於各黨派能否執政就看自己在爭取民心方面有多大的作為了。

我確信這樣一條民主化道路，世界各國都未曾有過先例，當然這並不是一條最理想的道路，最理想的道路自然是由執政黨在近期宣佈民主化改革，開放黨禁、報禁，給予持不同政見者以政治活動的自由，這當然是最理想、最富有效率的，但問題在於執政黨還在繼續維護自己的一黨獨尊地位，還沒有出現進行政治民主化改革的任何跡象，還在繼續打擊異議人士的政治活動。在民主化事業不能一步到位的情況下，我們只好退而求其次了，即先承認共產黨的領導權，在擁護現行憲法體制的框架內謀求第九個民主黨派的合法誕生，以人大政協為政治活動的平臺取得合法參政權，並在此基礎上與執政黨達成良性互動，進一步謀求修憲，最終取得平等合法的執政機會——到這個時候，中國的民主化事業也就可以說基本上成功了！

這便是二〇〇六年三月三日我在禁閉室擦地板時發現的那條符合中國國情的民主化道路，即退而求其次，先做矮子，再做巨人。

而就我個人而言，明年出獄後，組建第九個民主政黨並進行相應的理論建設便是我所面臨的最主要的任務。我相信這是命運的安排，但我更相信這是天主的啟示，更相信是偉大的天主在我身陷困境而無法自拔的情況下給我以神聖的電擊，從而使我蒙昧的心靈在電光火石的碰撞洗禮中盡滌塵埃並在瞬間發現了那條符合中國國情的民主化道路。我為自己的這份發現而歡呼、而激動，我為自己在長期的苦難中而蒙受天主的厚愛而向我主表示萬分的感恩。主啊，謝謝您，我代表十來億在體制性壓迫和奴役中的人民而向您表示隆重的感恩！我堅信，您所指引的這條道路終將解開捆綁在人民身上的制度性鎖鍊，並進而引導他們——我親愛的五十六族同胞們走向民主和尊嚴、走向自由和解放！主啊，謝謝您！

當然，對於持不同政見者來說，要接受這條道路並非易事，因為這條道路的第一步是在憲法框架內承認共產黨目前對於國家的領導權，而無論是九二組黨還是九八組黨都是要求一步到位，即與執政黨擁有平等的法律地位，甚至將執政黨作為潛在的或直接的敵人而欲加以徹底消滅，也因此引起執政黨的強力打壓。而現在第九黨欲退而求其次，即先謀取合法的參政權，再謀取合法的執政權，就必然面臨著對執政的共產黨進行重新評價和準確定位的問題。特別是在初期面臨著接受共產黨的領導權問題——當然這裡的「領導」是指共產黨享有法律地位的領導權，第九黨也只是在法律地位上承認並接受共產黨的領導地位，並不是第九黨在政治上也接受共產黨的領導。第九黨在政治地位上儘管不能與共產黨平起平坐，在第一階段也只謀求合法參政權，但第九黨在政治地位上則是完全獨立的，這個階段的第九黨大抵類似於抗日戰爭時期的共產黨對於國民黨的狀況——我的這個主張也許會引起國內國外民主陣營的分裂，我本人也有可能遭到部分民主人士的一時批評和誤解，但如果我能做好解釋性工作，我相信大部分民主人士還是會理解和支持我的這一主張的。

當然，關於這條道路的技術性問題還需要做仔細的思考，但無論如何主所指引給我的這條道路將是我確定不移的實踐方向和前進方向。

我相信主所指引的這條道路不僅會為我親愛的祖國拉開一個偉大的民主的時代，而且也必將使我的人生迎來一個花果飄香、萬紫千紅的未來！

感謝主！

再一次向我主表示我隆重的讚美和感恩！

My God, thanksgiving!

第二大收穫：老人留言的真諦

這次被關禁閉的第二大收穫是我破解了我用十三年時間都未能破解的謎語。

一九九三年八月十三日下午我在西安火車站二樓候車室碰到一位陌生而奇怪的老人，我當時正在閱讀濟南某書店購買的《曾文正公家書家訓》，這時老人來到我身邊問我讀的什麼書，然後便和我交談起來，我原以為老人是和我一樣候車的，結果並不是，老人和我做了大概一個小時的交談後在我筆記本裡留下了一段文字——「善於總結經驗教訓，學會全面看問題，時時不忘。要腳踏實際，只有立地，才能頂天。」——這段文字表面看起來非常平實，但十三年來我雖常加揣摩卻未能領略其中真諦。而這一次在禁閉室小號裡，幾乎在我發現那條民主化道路的同時，我悟開了老人留言的萬丈深意。而由於發生在牢底的這種大徹大悟，使得十多年來我曾經碰到的系列難題都將迎刃而解。面對未來，我認為我幾乎不需要再做什麼深層次的思考，我要做的只不過是沿著老人早已提供的思想路徑並沿著老人所指示的方向大步前進罷了。我已在心中向那位老人表示過深深的感恩。老人今年應該七十多歲了，祝福他健康長壽。倘若將來有機會能夠再次「碰到」那位老人，我一定會向他三鞠躬以示隆隆的感恩！

對於我來說，老人留言的最核心思想是一個心態轉換問題，這個心態轉換與我在禁閉室所發現的那條民主化道路存在著十分密切的聯繫。當我在禁閉室完成了這份心態的理性轉換的時候，我深深的意識到在我人生的未來不會再遇到太大的困難和太深的困境了，我甚至認為由於天主的啟示和老人的指引，在我百年人生行程中即將到來的將會是一個「乘長風，破萬里浪」的時代！

出於對老人的隆重的感恩，我不準備在這裡對老人留言做書面文字的解析，我只想將其保留在心靈的聖壇上如長明之燈塔照亮我的前方！

第三大收穫：通過「鬥」和「爭」局部的改善了禁閉室的生活狀況

自從二〇〇四年六月新禁閉室建好後，裡面因為鋪了瓷磚並有自來水設施因而衛生狀況比老禁閉室要好得多。但有兩種情形對被關禁閉室的服刑人員的健康威脅很大。

一是每天吃不到半斤糧。早晨給一小勺稀飯，中午或晚上只給一個二兩重的小饅頭或窩頭（玉米麵做的，有時還是生的，吃不成），導致被關禁閉或嚴管的人員終日饑腸轆轆。

二是睡的水泥地板。八個禁閉小號尚有一塊人造毛氈防潮，但嚴管號則沒有防潮氈，因而褥子鋪上去十分潮濕。尤其是冬天，早晨一覺醒來，褥子會濕的像小孩子尿了床一樣。而每週又只能在週末晾晒一次被子。因而大部分時間服刑人員都不得不在饑寒潮濕中生活，自然對身體的危害很大。

從二〇〇四年七月我第一次被關入新禁閉室開始，我就向禁閉室管教幹部、中隊幹部（包括王樹光連長以及當時尚是入監隊指導員的劉中平）、向獄政科長反映過這兩個問題，除了劉指導答應我向上面反映這個問題外，其他幹部全是批評我的。如王樹光連長就衝我吼著說：要是禁閉室都擺上山珍海味和席夢思，不是所有人都搶著往這裡跑……，我不理會這種批評，當去年冬我被第三次關禁閉時，於十二月二十四日晚（平安夜）再次向來禁閉室視察的齊穎明政委反映服刑人員的饑寒交迫問題，但齊政委竟然回答說這是對服刑人員的「分級處遇」，言下之意是我們這些因為違規違紀進了禁閉室的服刑人員，就應該受到這種非人的懲罰和虐待！

無奈之餘，我今年元月中旬從禁閉室回到三連後，給監獄長王智雄寫了一封信，我從《監獄法》、陝西省監獄局的公開承諾、人權及「和諧社會」四個角度論述了禁閉室懲罰規則的失當性和錯誤性。全部信文如下：

尊敬的王監獄長：您好！

我叫趙常青，二〇〇三年七月被西安市中級人民法院以所謂「煽動顛覆國家政權」的罪名判處有期徒刑五年，同年十月被送來二監（我所在的渭南監獄又稱陝西省第二監獄，是全省三大重刑犯監獄之一）。二〇〇四年二月被分派到三連服刑至今。

就我到二監服刑兩年多時間的觀察感受而言，與我以前生活過的五六所監獄（自八九年學潮以來，我先後在北京的秦城監獄、半步橋監獄以及漢中監獄、西安監獄、崔家溝監獄、渭南監獄生活過）相比，二監的管理水準應該是僅次於秦城監獄的。比如說，幹部毆打服刑人員的情況較少（我所在的三連幾乎沒有），文明執法水準逐年提高，考核相對規範、公開、公平，牢頭獄霸現象幾乎沒有。服刑人員可以參加高自考，參加電腦、電焊、電工等技能培訓，開闢了圖書室、電話室以及心理矯治中心等等。所有這些好的發展變化從宏觀層面講是國家與社會發展進步的結果，但從微觀層面考察，自然是與王監獄長、與監獄各級領導及眾多警官們的辛勤努力與工作是分不開的。正因此，請允許我以一個普通服刑人員的身分向您及您的同事們表示崇高的敬意！

當然，我寫這封信的主要目的是想向監獄長先生反映一個問題——一個在我看來是比較嚴重的問題。這個問題就是有關禁閉室裡被禁閉嚴管人員的饑餓問題。

因為種種原因，我從入監以來不到兩年的時間裡就被所在連隊幹部送往禁閉室「嚴管」三次，前後總計時間近七個月，因而對禁閉室的情況是非常瞭解的。老禁閉室的情況就不說了，新禁閉室建立起來後，我被關了兩次（一次是夏天、一次是冬天），與老禁閉室相比，新禁閉室的衛生狀況 要好得多，活動空間也相對大一些。但無論是冬天還是夏天，都睡在水泥地板上，特別是冬天，晚上睡不暖，早晨起來褥子卻幾乎能濕透，又沒有地方晾晒（根據衛生科的規定，平時不許晾晒，一周只許週末晾晒一次），真是糟糕得很，這種情況對身體的傷害自然是不言而喻的了。

但這還在其次！

最嚴重的問題是被禁閉嚴管人員處在極度饑餓狀態。我曾在老禁閉室關過三個月，儘管那裡的衛生條件極差，但除了肉食外，平時是基本能夠吃飽的。但搬到新禁閉室後，早晨只給一小勺稀飯、中午和下午只給一個二兩重的饅頭或窩頭，平均每天不到半斤糧，這對於任何一個正常的成年人來說，都是吃不飽的，我曾先後將這種情況向禁閉室的管教幹部反映過。去年十二月二十四號（平安夜）晚十點左右，齊政委到禁閉室視察時，我還專門向齊政委反映過這個問題，但是很遺憾，在我本次離開禁閉室前，（元月九號），這個問題仍然沒有得到解決。正因此，我才決定冒昧向王監獄長寫信反映這個問題，根據我的膚淺認識，我認為這種「饑餓療法」至少存在以下四個方面的問題：

第一，從法治的角度講，這種「饑餓療法」是明顯和《監獄法》的有關規定相抵觸的。

早在九九年的九屆人大二次會議上，「依法治國，建設社會主義法治國家」就被作為國家目標寫進了憲法，在中國法治史上，這當然是一個很大的進步。所謂「依法治國」，其核心思想是國家官員在行使自己的職權時是有著法律的邊界的。在人治狀態下，治理國家存在著隨心所欲、不受約束的情況。但在法治狀態下，國家官員的任何作為，都必須在已成文的法律框架內施行，不能越過法律的邊界。「依法治國」對監獄的要求就是依法治監。而監獄作為國家刑罰執行機關所依據的最重要的法律自然是《監獄法》——《監獄法》第五十條明確規定：「罪犯的生活標準按實物量計算，由國家規定。」既然罪犯的生活標準是由「國家」規定的，監獄只能是不折不扣的執行，被嚴管禁閉人員自然也應該享受由「國家規定」的標準。我雖然沒有看到過具體的條文是怎樣規定的，但我相信有關法律法規絕不會規定被嚴管禁閉人員一天只能吃半斤糧。如果是監獄內部的規定，根據依法治監的要求，這種規定必須符合《監獄法》的相關規定，而不是與《監獄法》相抵觸。但我認為克扣被禁閉嚴管人員基本伙食的「饑餓療法」是明顯與《監獄法》的相關規定相抵觸的，自然是與「依法治國，建設社會主義法治國家」的憲法精神背道而馳的。

第二，這種「饑餓療法」是明顯和省監獄局的有關規定嚴重抵觸的。

二〇〇三年三月，陝西省監獄管理局為深入貫徹「依法治國」方略，為推進監獄工作的法制化、科學化和社會化，曾就監獄的主要執法活動和管理工作「公開向社會作出了十項承諾」，其中的第四項承諾就是：

「監獄供給服刑人員國家規定標準的伙食食物量，做到每名服刑人員能夠吃飽、吃熱、吃得乾淨衛生，並逐步實現科學配餐和營養配餐，以維護和增強服刑人員的身體素質。」

很顯然，監獄局的這項承諾既符合依法治國的憲法精神，也能體現文明治監的時代要求。既然監獄局承諾「做到每名服刑人員能夠吃飽、吃熱、吃得乾淨衛生」，被嚴管、禁閉的服刑人員自然也在這「每名服刑人員」之內，自然也應該能夠「吃飽、吃熱、吃得乾淨衛生」。而根據常識任何一個成年男性一天吃半斤糧是不可能吃飽的，對被嚴管禁閉人員施行「饑餓療法」，顯然是與省局的前述承諾是矛盾的。值得注意的是省局不僅公開地做了這種承諾，而且還明確載文說：

「竭誠歡迎全省服刑人員及其親屬和社會各界人士予以監督，凡發現或知悉有監獄未履行承諾內容的，請直接向我局投訴」。並同時公佈了投訴電話：

局長專線：〇二九—八七三一六八六八

舉報電話：〇二九—八七三一六九二八；〇二九—八七三一七五七五

諮詢電話：〇二九—八七三一六六三八；〇二九—八七三一七五二八

第三，這種「饑餓療法」是違反憲法及相關法律規定的基本人權的。

在二〇〇四年三月召開的十屆人大二次會議上，「國家保護和尊重人權」已被正式寫入憲法。在中國人權發展史上，這應該具有里程碑的意義。因為在過去，「人權」話題是一個禁區，曾長期被當做「資產階級」的專利來進行批判。但現在「保護人權」已經被納入憲法，在「人權」問題上，中國正在逐步融入國際社會，胡錦濤先生二〇〇五年九月十五日在聯合國成立六十周年會議上面對全世界公開演講說中國「積極促進和保障人權」，這當然是一個求之不得的進步！

在我國，憲法規定公民的基本權利共有十七條（憲法第三十三條－五十條）。而對於監獄服刑人員來說，其基本權利在《監獄法》中也有明確規定，如《監獄法》第七條就規定：「服刑人員的人身安全不受侵犯」、「服刑人員有維護身體健康的權利」、「監獄人民警察不得對服刑人員進行體罰、虐待、刑訊逼供、毆打罪犯或者縱容他人毆打罪犯」等。其他如《員警法》、《刑法》中的有關條款也有類似規定，違反這些規定構成犯罪的，將被追究刑事責任，不構成犯罪的，也會受到行政處分。

根據上述相關法律規定，我認為對被嚴管禁閉人員施行「饑餓療法」是有「虐待」嫌疑的，至少長期饑餓會嚴重損害服刑人員的身體健康權。在共和國歷史上曾發生過四千萬人因饑餓而死亡的慘痛悲劇（六〇年－六二年），禁閉室每天半斤糧雖然餓不死人，但生命健康權利會受到重大影響。人餓一兩頓、三五天問題是不大的，但如果連續兩三個月都處在饑餓狀態，對健康的危害就不言而喻了。正因此，《監獄法》對禁閉人員的時間嚴格限制在七－一五天，但二監對一些違規人員動則實行一個月、兩個月甚至長達三個月的嚴管，睡的水泥地板、每天又吃不到半斤糧，這種懲罰也許動機是好的，但事實上這種懲罰是嚴重侵害服刑人員的基本生命權和健康權的。更何況二〇〇三年省監獄局公開承諾「做到每名服刑人員能夠吃飽、吃熱、吃得乾淨衛生」，其目的就是「維護和增強服刑人員的身體素質」。遺憾的是二監對被禁閉嚴管人員所採取的「饑餓療法」剛好與省局的承諾背道而馳。

第四，這種「饑餓療法」與中國社會時下流行的「主旋律」是不合拍的。

執政黨總書記於二〇〇四年秋天召開的十六屆四中全會上，提出了「以人為本」、建設「和諧社會」的思想理論，並具體闡明了「和諧社會」的豐富內涵。在此思想指導下，二監高層也作出了建設「和諧監獄」的正確決策。在二〇〇五年六月二日晚召開的監獄電視大會上，齊政委更是公開強調「監獄所有工作都將圍繞服刑人員的正當利益而展開，努力建設和諧監獄」，並具體論述了「和諧監獄」的四層內涵，其中的一層內涵便是在「監獄工作人員與服刑人員之間建立起和諧相處的關係」。

由此可見，監獄高層是有著足夠的回應中央政策、順應時代發展潮流的政治智慧的。但問題在於當從宏觀層面發出政令後，怎樣從微觀層面認真的執行下去。我認為這種「和諧」關係的建立有賴於方方面面、點點滴滴的努力。當然，要想幹部的工作全讓服刑人員都說「好」的那種高標準「和諧」是不存在的，但起碼應該有個最低標準，這個最低標準在我看來就應該是成文法律法規所提供的邊界。達不到法律法規所規定的底線，甚至有意或無意的遠離法律所規定的邊界，在尋求「和諧社會」、「和諧監獄」的歷程上就會出現「不和諧」的音符，幹部和服刑人員的關係也就不容易「和諧」起來。

比如說，在禁閉室，當被嚴管禁閉人員饑寒難耐時，各種各樣的牢騷話都會說出來，其中固然不乏情緒性發洩，但饑寒交迫、身體受折磨卻是一個不容爭辯的事實。可如果監獄執行了國家規定的伙食標準，不隨便克扣被禁閉嚴管人員的伙食，「讓每個服刑人員吃飽」，並使服刑人員的體能有所「增強」——至少不予損害的情況下，我想監獄高層有關「和諧監獄」的構想、國家高層有關「和諧社會」的構想就會更容易實現些。畢竟所有服刑人員不僅希望早日回歸社會，而且希望能帶著一個健康的身體回歸社會。對於大部分服刑人員來說，一個健康的身體是他們回歸社會後所能擁有的唯一本錢。如果身體垮了，連唯一的本錢都丟了，又怎麼能夠以積極的心態去「重建家園」呢？記得毛澤東先生在延安整風時期曾提出過「懲前毖後，治病救人」的整風指導方針，儘管這個指導方針是針對當時的中共黨內情況提出的，但我認為把這個思想用在今天的監獄改造事業上，依然有著重要的時代意義！

尊敬的王監獄長，自八九年學潮以來，為尋求中國的民主人權事業，我這已經是第三次入獄了，數年的監獄生活可以說已使我的身心疲憊到極點。我本不想「惹」任何事情，因而入獄之初我給自己的基本定位便是「獨善其身」，遺憾的是，下隊不到兩年我便被三次嚴管（當然從中隊管理的角度講，我對這三次懲罰都表示足夠的理解），尤其是後兩次「嚴管」生活，讓我充分體驗了饑餓折磨的滋味，這已嚴重損害了我本來就十分瘦弱的身體，尤其我還剩一年十個月的刑期，說不定什麼時間幹部還會把我送進禁閉室受罪，在「獨善其身」的最低目標難以實現的情況下，我只好很無奈地提筆向王監獄長寫出這封信。

需要說明的是我寫這封信的目的絕不是要告禁閉室的狀。根據我所瞭解的情況，「饑餓療法」絕不是負責禁閉室的十六分監區幹部制訂的土政策。我相信這是監獄高層的決策。俗話說「心病還須心藥醫，解鈴還須繫鈴人」，我寫這封信的主要目的是請監獄領導根據《監獄法》及相關法律法規的規定依法治監、依法行政，使被送去嚴管禁閉人員能夠「吃飽」（沒人每天多加三個饅頭而已），同時能否也給嚴管號買幾塊氈防潮，使得嚴管人員也能享受到被禁閉人員的「待遇」（禁閉小號都有一塊氈鋪在地板上防潮）。

當然就像所有的領導都不會真心歡迎下屬提意見一樣，我相信我作為一名服刑人員寫的這封信也會使王監獄長、使監獄高層很不高興，但因為「饑餓療法」不僅牽涉到我個人的具體利益，也牽涉到所有被送去嚴管禁閉的服刑人員的利益，因此，我不能不站出來發出自己的微弱呼聲。我希望監獄高層能重新審訂有關禁閉室的懲罰規則。如果王監獄長和監獄高層認為「饑餓療法」符合有關政策法規，如果在我下次被送往禁閉室發現禁閉室還在執行「饑餓療法」的話，我將保留向省監獄局及司法部吳愛英部長反映這一問題的權利！

這封信已經寫得很長了，也許信中的許多話語顯得生硬，也許我的表達方式很不合適，如果因此多有得罪和冒犯的話，還請王監獄長多多包涵，我衷心的希望並相信在您的領導治理下，在全監幹部職工和廣大服刑人員的共同努力下，渭南監獄會早日建設成為一所和諧的省部級現代化文明監獄！

最後，我衷心的祝福監獄長先生及您的家人在新的一年生活愉快、身體健康、萬事如意！

三分監區服刑人員：趙常青
二〇〇六年二月十六日草

二月十六日我將這封長信寫好後，原打算交給中隊幹部轉呈，但在我還沒有來得及交上去時，二月十九號下午我又因拒絕參加佇列訓練而被第四次推入禁閉室。

這一次一進禁閉室就被關進了禁閉四號室，這當然是我「求之不得」的，因為這是單人單間，又有防潮氈子，又有沖水廁所，這種相對清靜和乾淨的禁閉環境在中隊裡是「享受」不到的。說心裡話，中國社會擁擠的人口確實是一個令人頭疼的問題，在社會上不僅城市裡到處都是擁擠的人群，就是鄉村，也到處是人，來到看守所和監獄也同樣是人滿為患。看守所的擁擠讓人恐怖，監獄裡一間房子住十八—二十人，也同樣讓人頭疼。對於喜歡安靜、喜歡獨處的我來說，能在禁閉室擁有一間獨立的小房子，咋能令我不高興呢？

但是先不要急著高興！因為自己馬上面臨的就是饑餓問題。說心裡話，對於自己這一次被關禁閉心裡非常惱火，因為我元月九號才從禁閉室放出去，不到四十天又把我關進來，我心裡咋能不生氣？因而當天晚上我便在禁閉室裡口占了一首打油詩來表現自己的憤怒——

四入禁閉室有感

料峭風寒春尚早，慷慨四入牢中牢。
舉足狠跺猙獰地，揮拳猛擊惡牆腰。
恨不借來金箍棒，直搗南海醜龍巢。
再請百花仙子來，扮我江山無限嬌。

二月二十號，我瞭解到禁閉室的飯食如舊，一天半斤糧，我便決定進行鬥爭。二月二十一號早晨我向值班幹部提出如下要求：

一，我要求見監獄長反映問題，並且我明確提出只見王智雄監獄長，因為齊穎明政委作為監獄二把手都不能解決問題，其他領導就更不用說了。

二，如果王監獄長不見我，我要求見駐監獄檢察官反映問題。

三，如果到二月二十二號下午三點我還見不到上述兩人中的任何一人，從二月二十三號開始我將進行無限期絕食抗議。

值班幹部迅速把我的意見反映給禁閉室主管改造的副連長（姓薛），薛連長當天下午找我談了話，我又重複了上述三方面的意見。

當天晚上我躺在床上心裡很不平靜，我很珍惜生命，從主觀上講我確實不想絕食，尤其自己的身體本身受過肺結核大病的重創，這又是監獄禁閉室，因而一旦絕食，後果極難預料，不排除被獄方折磨致死的情況發生。但是當我想到禁閉室饑寒交迫的非人待遇時，我心裡就特別生氣，既然自己的身分是傳統意義上的「政治犯」，而且二〇〇四年我還獲得過「全美學自聯」頒發的「人權獎」，因而現在就不能再沉默下去——既然無法「獨善其身」，那就「兼濟天下」吧。我追求安寧，但在追求安寧而不得的情況下，那就追求不安寧吧。尤其是面對禁閉室虐待服刑人員的生活狀態，再沉默下去就是巨大的悲劇，因此該自己有所表現了。生命是珍貴的，但在忍無可忍的情況下，該慷慨時就得毫不吝嗇的獻出！更何況這是為了改變被禁閉嚴管人員（包括我在內）的基本生活狀況——想到這裡，我的心也就鐵定下來，決定如果第二天見不到監獄長或檢察官，就在二十三號開始絕食。

二月二十二號上午在等待中過去。

中午午休起床後，我又在放風間等了兩個多小時，到了四點多還沒有人來，我想有關領導肯定是避而不見了。我的心裡充滿了怒火，既然他們無視我的正當要求，既然他們逼我絕食，咱就把攤子鋪大——我並不想靜悄悄地等待死亡，我臨時決定在絕食之前鬧一場帶聲音的鬥爭——我在風池來來回回地繞了好幾個圈，思考應該喊什麼口號比較合適。我考慮過「自由」、「人權」一類很純粹的政治口號，但又覺得不太合適，最後決定就事論事，準備喊出「反饑餓」、「反虐待」、「要吃飽」、「要健康」這四句口號，我覺得這四句契合現實狀況的口號要比純粹的政治口號更適合鬥爭需要。但奇怪的是，在我幾次想舉起手來呼喊口號的時候，總感到力量有些不足，聲音被堵在嗓子眼裡就是發不出來。於是我進到禁閉室裡面把門關上，面對心靈天空的上帝，我閉上眼睛面對我主基督開始禱告，我說：「主啊，我要鬥爭，請給我以力量和勇氣！請給我以力量和勇氣！」而就在我如此禱告的一剎那間，我感到一種鋪天蓋地的力量源源不斷的從上面、從頭頂的方向湧下並在瞬間充溢了我整個的心胸，我相信這是上帝傾聽到了我的呼求之聲，相信這是上帝裝備給我的鬥爭武器！我帶著渾身的力量一轉身一腳踢開禁閉室虛掩著的小門，迅速沖到鐵柵欄門前，面對走廊和外面的大廳，振臂高呼——

「我抗議！」

「我抗議！！」

「我抗議！！！」

我的聲音平時就很高亢清亮，我呼喊時又使用了全部的力量，一下子便把看守人員和值班幹部吸引過來。看守人員不許我喊，我立刻又高舉右臂以我最大的聲音連續喊出下面早已想好的口號：

「反饑餓！反饑餓！！反饑餓！！！」

「反虐待！反虐待！！反虐待！！！」

「要吃飽！要吃飽！！要吃飽！！！」

「要健康！要健康！！要健康！！！」

我的如此高聲抗議和吶喊將禁閉室裡的所有幹部和服刑人員都調動起來，一時間鐵柵欄外面的走廊裡擠滿了禁閉室的幹部和服刑人員，其他被關禁閉的服刑人員也都通過門上的小方孔而向我這邊張望。特別是禁閉室第一負責人朱進（人稱「朱科長」，聽說以前在獄政科幹過科長）也過來了。看到我在高聲吶喊，對身邊的一個看管人員說：「去，把銬子拿來！」並大聲叱喝我停止喊叫。我乾脆一不做二不休，站在放風間，衝著他再次高舉著手臂，並以更高的聲音喊道：

「我抗議，反饑餓！」

「我抗議，反虐待！」

「我抗議！要吃飽！」

「我抗議！要健康！！要健康！！」

在這個時候，鐵柵門被打開，值班人員衝上來將我的頭摁抵在牆上，並捂住了我的嘴，另外一個人則給我戴上了手銬。朱科長對我說：「喊啥喊！不要喊了！」同時要求捂我嘴的人走開。我說：「禁閉室一天只給大家吃不到半斤糧，這明顯是對服刑人員的虐待。我前幾次關禁閉都沒有這樣喊過，我耐心的按程式向值班幹部、向獄政科長、向三連和十一連的指導員都反映過這個問題，去年十二月二十四日夜晚我還向齊政委反映過，但誰給解決問題了呢？」

朱科長說：「連齊政委都沒有解決這個問題，你還要向誰反映？」

我說：「我要見監獄長或駐監檢察官。」

朱科長說：「你不要喊了，我今天下午就給你解決！」

既然朱科長答應解決問題，那就先告一段落吧。一個小時後開飯了，果然每個人都發了兩個饅頭，每人增加了一個。

晚飯後，朱科長又來找我單獨談了一會兒話，朱科長說：「你是上過大學的，遇事應該冷靜，怎麼還這麼衝動，看你今天下午的表現簡直就是五四運動的架勢。」不提學生運動還罷，一提學生運動，我咋就感到自己心裡特別酸，我極力地克制著自己彷彿馬上就要流下來的淚水……要知道我正是從中國歷史上規模最大、結局也最為慘烈的八九學生運動中過來的，我當時不僅是學生自治會宣傳部長，而且組團入京後又參加了「外高聯」，並一度出任「外高聯」聯絡部秘書長。六四大屠殺後，我又被戒嚴當局抓進秦城監獄。而此後十餘年來我所經歷的數次風雨、種種磨難，從思想源頭上講正是八九學生民主運動。現在在監獄禁閉室幹部又談到了這個敏感話題，我心裡怎能平靜呢？

朱科長對我說禁閉室的生活標準數年來一直是這樣——一天半斤糧，他也覺得這樣做不合適，但他只能執行監獄規定，他說他曾經就這個問題與有關方面交涉過好幾次，但未能奏效，這一次他「以辭職相威脅總算把問題解決了。」我雖然懷疑他話中的水分，但我還是向他表示了感謝。

第二天早晨，我的手銬被卸。

早飯加了一個饅頭，但到中午白麵饅頭換成了窩頭，不過個頭比較大，大概四兩重吧，晚上也是一個大窩頭。窩頭是由麥麵摻和玉米麵做成的，不僅能吃，而且基本也能吃飽，我想能吃飽也就可以了吧。

但過了一週後，窩頭被撤銷（大概伙房嫌麻煩），又換成了饅頭，只不過是早中晚各一個饅頭。我本準備再鬧一場，但朱科長說這是生活衛生科下的指令，他也無能為力，只能指示值班人員如果饅頭有多餘的就給大家再發一個。在此情況下，我不準備再鬧，我想等到回中隊後將那封長信修改後再發給監獄長。

誰知道四月二十九日下午我被中隊幹部從禁閉室提回中隊幹部值班室。在路上，中隊幹部告訴我是王監獄長要找我談話，我有些奇怪，這是我沒有想到的事。不過我迅速鎮定下來，既然監獄長找我談話，那就趁機將禁閉室的情況反映一下吧。

走進幹部值班室，見裡面左邊坐著劉指導，右邊坐著監獄長，我禮節性的向王監獄長問了個好，監獄長打量了一下我說：「都什麼時間了還穿著一雙棉鞋？」我看到腳上的棉鞋只好實話實說：「我是二月分被關禁閉的，那時天氣還比較冷。」

這時劉指導給我取過一把椅子，說：「王監獄長找你談個話，你有什麼事就給王監獄長說。」然後他站起身來對王監獄長說：「監獄長，你們談。」然後便起身走出辦公室。

王監獄長先問我：「你寫給我的信是什麼時間交給中隊幹部的？」這時我才知道我二月十六號寫給監獄長的那封長信讓監獄長知道了（我那封信寫好後壓在褥子下面，還沒有來得及交給幹部就被關禁閉了，後來才得知是我被關禁閉後幹部查號子搜出了這封信），我如實回答說：「我二月十六號寫好信還沒有來得及轉交就被關禁閉了，估計您看到的這封信是中隊幹部查號子查出來的。」

於是就與監獄長交談起來。談話要點回憶如下：

監獄長首先對我在信中提出的意見和建議表示感謝，他說：「感謝你提的意見和建議，這是對我們工作的支援，是在為渭南監獄做貢獻。」說心裡話，監獄長這樣謙虛、這樣高姿態地處理我的信確實出乎我的意料，我的心裡產生了一些感動。

監獄長承認禁閉室的工作有失誤，他答應馬上解決這兩個問題，饅頭是肯定要加的，同時答應給嚴管號購置防潮氈子。

我見機會難得，又提了兩個意見：

其一，建議在全監獄推廣晚上收風後不鎖號門，從而使服刑人員擺脫「馬桶文化」的困擾，為「文明監獄」增添新的內涵。監獄長說這個工作正在進行，監獄要求各分監區實行「信譽度管理」，即晚上沒有事情發生的號舍開放號門，出了事的號舍則被鎖上幾天門以示懲罰。

其二，我重點談了圖書借閱制度的不合理性問題。

我說二監的圖書室搞得很好，圖書雜誌雖然不多，但基本上能夠滿足服刑人員的讀書生活。但是圖書借閱制度是不合理的。我說，據我瞭解，監獄的圖書文化建設是納入國家財政預算的，監獄圖書是應該向全體服刑人員免費開放的，但現在二監圖書借閱採取有償付費制，即一本書一天收兩毛錢，一本雜誌一天收一毛錢，這樣就把「三無人員」（常年無來信、無親人會見、無匯款的服刑人員）、把「窮人」排除在圖書借閱之外。一些服刑人員想通過圖書室自學一點科技文化知識，為將來出獄後回歸社會、重建家園做點知識儲備，卻因為交不起閱讀費用而作罷，我認為這樣做是很不合適的。我還給監獄長講了這樣一件事：

二〇〇五年我去電話室打親情電話，電話打完後我便去了圖書室翻閱圖書，這時另外一個我不認識的服刑人員也進來翻閱圖書結果圖書管理員便質問那個人辦圖書卡沒有，那人說沒有，管理員便大聲呵斥「沒辦卡還在這裡翻書」，那人只好悻悻走開。這件事對我的內心觸動很大，我對監獄長說：「其實窮人在監獄裡是生產主力軍，不管是鍋爐生產還是其他創收生產，富人可以用錢倒換，而窮人因為窮，所以髒活累活全由窮人承擔了。應該說，窮人為監獄做的貢獻比富人要大得多。同時窮人違紀情況也要少得多，既然如此，監獄的基礎設施建設包括圖書文化建設也應該讓窮人享受得到。但事實上二監的圖書窮人卻是看不起的。」

監獄長驚訝地表示：「圖書還收費？我還不知道這件事，我一定要調查處理這件事。」

我說：「考慮到監獄文化建設經費不足的問題，我也不特別反對向有錢人收點圖書費用，但是監獄能不能從收取的這部分錢裡每年為每個三無人員（即全年無通信、無接見、無匯款之人）辦理一張免費圖書卡。我說，就拿三連來說，去年年終召開三無人員會議時，三連總共有五十人參加，依次比例計算，全監獄的三無人員大概有七百人左右，以七百人計算，每人每年辦理一張免費借書卡，全監獄一年大概「損失」費用三、四萬塊錢，而去年監獄給省局上交利潤都有一百萬元，這三、四萬塊錢對於監獄這個大家庭來說應該算不了什麼。更何況，每年收取的圖書借閱費用遠超過三、四萬。因此我建議為三無人員辦理免費圖書卡。」

監獄長果斷的說：「圖書收費肯定是不對的，這事我下來調查，真是這種情況就一定要改正。」（我五月十八號從禁閉室出來後聽說目前暫停圖書借閱，估計是監獄長真不知道借書收費之事，現在正在整改，由此可見教育科真是膽子不小。）

交談中，監獄長還談到朝鮮監獄的情況，說前不久朝鮮那邊過來六個監獄長到中國監獄參觀，那些監獄長說在朝鮮監獄，好多犯人要在出獄的時候非要給惹出個事來，如把人打傷，然後加刑就可以繼續生活在監獄裡了，因為外面太窮，在監獄裡好歹還有個生活保障。

對於我談到的渭南監獄在管理上僅次於秦城監獄的情況，監獄長談到秦城監獄畢竟是一所非常特殊的監獄，那裡關押的人不一樣，它的管理制度、經費、特別是工作人員的待遇肯定不一樣，自然管理效果是不一樣的。

最後，監獄長在談到我的情況時說：「你年齡不大，經歷的坎坷很多，個人的人生應該說是很不幸的，希望你總結經驗教訓，少走點彎路。」

與監獄長的談話使我的心裡很有些感動，我向監獄長表示了感謝和祝願。談話在非常輕鬆和友好的氣氛中結束——我們甚至握了握手。然後我被送回禁閉室，朱科長又找我瞭解了一下情況，我坦誠的如實相告。

結果，五一節後，我們這些被禁閉嚴管的人每天下午又加了一個饅頭。這樣，在我的「鬥」（二月二十二日下午）和「爭」（書信反映及和監獄長的面談）之下，被禁閉嚴管人員的生活飯食由以前的每天兩個饅頭一份稀飯增加到每天四個饅頭一份稀飯，收穫還是比較大的，大家不再那麼饑餓了。一些被禁閉嚴管人員在放風時都向我表示感謝，我說，我力量有限，只能在某些情況下幫大家說說話而已。

到我五月十八日離開禁閉室，監獄長承諾的購買防潮氈之事還未兌現，但我相信監獄長一定會督辦此事的。

今天已經是五月三十號，圖書室還未開放，但我相信，三無人員借書問題一定會在監獄長的干預下得到有效解決的。

第四大收穫：十來首詩詞的誕生

我本次入禁閉室除了思考民主化的路徑、老人留言之真諦外，沒事的時候我還琢磨了十來首詩詞。

我在連隊也偶作詩詞，但都是用筆在紙上寫出來的，而這一次在沒有紙筆的情況下，竟然用「心」推敲了十來首詩詞，連我自己也頗覺意外，現將這些詩詞抄錄如後，並略加注釋，以作自勵自勉或自娛自樂。

沁園春
鳳凰

（二〇〇六年三月）

小小村舍，
靜坐秦巴，
山高水長。
正春暖大地，
峰舉豔陽，
有嬰初啼，
哇聲朗朗。
日月電交，

星移斗轉，
玩泥小兒進學堂。
奮十年，
讀盡手中書，
榮離故鄉。

或曰家出鳳凰，
卻人間正道多滄桑。
歷八九風雲，
京華受難，
三五大獄，
烈煉金剛。
今臥牢底，
心照神州，
圖騰天翼萬里翔。
會文武，
除千年積弊，
中華榮昌。

滿江紅

烈烈赤子

赤子烈烈，
觀長空，
雲舒雲卷。
放聲嘯，
音拍天地，
鬥牛驚眩。
英雄自古舞風雨，
松柏從來傲雪寒。
不必問，
牢籠有何懼，
且小眠。

大丈夫，
豈負天，
困陋室，
圖志展。
待明日定喚億萬兒男。

翻造國基除舊惡，
重整山河春滿園。
競風流，
閱萬紫千紅，
開心顏。

賀新郎
指南針

經幾番浮沉，
算而今，
十七年來，
三破牢門。
坎坎坷坷曆歷苦辛，
難平懷中憂憤，
更煎熬風雨黃昏。
自信生來負天今，
卻常歎前道霧茫茫，
指南針，
何處尋？

陰陽交化又一春，
誰能料，
四陷牢底，
幽禁纏身。
休道饑寒交迫苦，
惟有願景牽魂。
三月三，
滾滾霹靂，
萬里電光指亮程。
先矮子，
再做頂天人，
望乾坤，
好風雲。

瑤池詠歎

瑤池雖小其用全，暮浴足來朝洗臉。
洗頭洗澡涮餐具，還須借此行方便。
如此尷尬君莫笑，龍困淺水舒展難。

以俟雷開沛然雨，昂首騰駕九重天。

（注：詩中「瑤池」實為禁閉室中之便池也）

獨處禁閉室，對故人自然充滿了思念。思念之餘，亦推敲了幾首婉約詞，無論詩詞之中使用了何種文字，記錄了何種圖景，核心思想只有一個，即對她的愛戀和思念，也許對於我來說這種情感是不合適的，但我亦性情中人，並不想掩飾心靈的率真，故將這幾首詩詞照錄於此，權當一段心路歷程的記載吧。

女冠子
祈禱

昨夜夢中，
綿綿與君相擁，
春意濃。
竊竊作私語，
好看羞羞紅。

忽然夢醒了，
惆悵知多少？
手貼戀戀心，
長祈禱。

小重山
黃昏

時近黃昏風飄飄，
聽窗外，
雨瀟瀟。
喟然掩卷圈圈繞，
多盼望，
門有舊人敲。

愛憶小梅嬌，
當年起戀意，
至今朝。
可她早就嫁人了，

心上淚，
點點為誰拋？

蝶戀花
錯辨梅花蕊

懶臥小床望天際，
心思縹緲，
悠悠繞夢寐。
依稀忽見佳人泣，
梨花帶雨盈盈淚。

醒來懷抱千般味，
最痛當年，
錯辨梅花蕊。
天若有情天亦悲，
十六年來心常碎。

一剪梅

楊柳依依

可憐人生長別離，
楊也依依，
柳也依依。
癡看佳人繽紛淚，
山也嫵媚，
水也嫵媚。
休管他人腹中誹，
攜我戀戀，
若比雙翼。
萬千心事何須提，
風也知會，
雲也知會。

衢

小重山·春恙

春雨細細把春滋，

憑欄眺，
起相思。
情愫飄飄垂千尺，
君莫問，
此物為誰織？
憔悴為誰癡？
夜半枕上淚，
為誰濕？
戀到深處幾欲死，
更心碎，
遠方人不知。

一剪梅

暗香

常憶往事小園中，
象牙塔內，
相伴書聲。
兩心無約若長約，
花開花落，

春夏秋冬。
屢為暗香牽心動，
竊看嫩梅，
澀澀初紅。
手把小枝癡癡語，
心儀是儂，
心醉是儂。

卜運算元
念

前年思念君，
去年思念君，
年年念君不見君，
今年念更深。
小亭初識後，
愛戀到如今，

朝朝暮暮相思長，
誰解瓣瓣心？

夢之歌

（注：本詩追記二〇〇三年十月十四日在崔家溝監獄遭遇黑惡事件後的某種意境）

秋風瑟瑟兮冷雨瀟瀟，
囚衣加身兮四臨煎熬，
苦役難服兮橫遭黑惡，
心懷絕唱兮長臥冷牢。

迷迷糊糊兮漸入夢鄉，
忽見佳人兮當年衣妝，
良語切切兮如光如電，
驚我心魂兮照我前方。

常憶此夢兮心潮澎湃，
常恨高牆兮隔我天外，
聊托白雲兮寄我相思，
佳人佳人兮我愛我愛。

我心念念兮念我知音，
我心戀戀兮戀我佳人，
我心長誓兮我要我要，
我要長伴兮唯汝一人。

天蒼蒼，
水長長。
此其誓兮，
莫能望。

憶秋遊

重陽時節霜染秋，同學七八山上游遊，
路盡偏逢陡坡立，眾生健野躍前頭。
惟有汝小嬌而怯，竟然坐地滑索索。
慌得我忙擁身起，暗度頑石破嫩膚。
有心柔摸痛疼處，又怕冒昧難伸手。
只好以目傳安慰，意會雙雙難言苦。
青春無邪心若水，能滌滾滾紅塵流。

不知今日夢中人，還記當時少年否？

關於這次被關禁閉的四大收穫就寫到這裡，感謝上帝，這次牢沒有白坐。

二〇〇六年六月一日於渭南監獄

「劉指導和監獄長都是值得表揚的……」

剛才從中隊管事犯處知道，監獄圖書借閱制度發生了重大變化。

從昨天開始（六月五日），監獄決定所有圖書雜誌借閱一律實行免費，比我原來要求監獄長僅僅為三無人員辦理免費圖書卡的建議還要好許多。一些人說我給大家辦了好事，其實我覺得「功勞」不能完全歸我，功勞應該歸劉指導和監獄長，因為劉指導將我那封信查出轉呈給了監獄長，而監獄長又採納了我的建議，這才促成了此事。如果劉指導將此信扣押甚至做垃圾處理，或者王監獄長將此信當垃圾處理，這事都沒有那麼容易。因此，在這件事情上劉指導和監獄長都是值得表揚的……

二〇〇六年六月六日於渭南監獄記

小外甥女的兩封來信

（在我第三次、第四次蹲禁閉的時候，小外甥女李泰然給我寫來了兩封信，讓我感動，現兩信全文抄錄於後——錯別處、標點全文照錄）

第一封信——

Jiu jiu nin 好。

Jiujiu 你還好嗎? 我 hen xiang 你，erqie 媽媽給我讀了那一 feng xin，我 gai jue hen nan guo，我不 zhidao 你 shen 麼時 hou 回來，說不定你回來 zhi 後變了呢。

好像媽媽 dui 我說我上 dao 三年級的時 hou jiu jiu jiu 回來了。

從我上一年級我 qi 來的 hen 早，我 mei 天我 dou 要 qi 早。

Jiujiu 媽媽 gaosu 我你寫文 zhang 寫的 fei 常好，我 xiang rang 你 jiao 我，好嗎 jiujiu.

我 gaosu 你一個好 xiaoxi 我 dai 上紅 lingjin 了，jiujiu zhe 是 bu 是個好 xiaoxi 嗎?

還有我上一年級 sui 然我的作業 bian 多了，可是我還要 jianchi 下去。

Erqie 我每天晚上 shui 的很晚。

舅舅 xian 在已經是冬天了你要多穿點 mian 衣服，小心 ganmao 了。

還有我 qi 中 kao 試英語 kao 了一百，還有數學也是 kao 了一百，語文 kao 了九十七.

舅舅我已hou hui jin chang gei你寫xin的。

二〇〇五年十二月十日　李泰然

（二〇〇六年春天我第四次被關禁閉時，七歲的小外甥女第三次來信，全信抄錄如下）

Qin愛的jiujiu您好，我是然然，我很xiang你，你xiang我嗎？

從你一走我就很xiang你，ei對了，明天就事我七歲的生日，你xiang can 佳嗎？要是你xiang can 佳的hua，你可以來，要是不xiang can佳的hua,mei guan xi，下yi次一ding可以can佳的。

李泰然　二〇〇六年三月十日

老表們對我的關心

昨天，妹妹帶著兩個表妹（阿豔和銀芳）來看我，實在令我感動，小表妹結婚早，今年才二十一歲，孩子卻都四歲了。

糟糕的是表哥表弟他們被擋在門外不讓進來見我，他們都是和我表妹一樣，兩個是從山西煤礦過來的，兩個是從河南金礦過來的，他們五六個人通過電話與我妹妹聯繫好過來看我，卻想不到千里迢迢的結果是被拒之門外……

電話接見時間很短，連半個小時都不到，我們的「家常」還沒有拉完，便被幹部吆喝著回隊，遺憾，遺憾！

表哥（黑子）與我自小一塊長大對我一直很關心，尤其是在我上大學那四年，在經濟上對我幫助很大。我那時從他手上借來的七百多元錢直到現在尚未清還（九十年代初的七百元錢還是很值錢的，我九二年開始工作時第一個月的工資才是一百七十一元）。上一次在漢中監獄服刑時，他還給我寄過兩次錢，二〇〇一年出獄後，他還資助過我一千元，這一次我在渭南監獄服刑，他又來看我還通過妹妹給我上帳……所有這些都必須記在心裡，等將來有條件時一併償還吧。

大表妹只比我小兩歲，對我也一直很關心，昨天和我談話時，還流淚了，唉，多不好意思……

至於妹妹的關心就更不用說了。

二〇〇六年六月十二日記

今天收到妹妹寄來小包裹一個，內有背心兩件，短褲一條，褲頭兩條。

說起來也是個笑話，我長這麼大直到今天我沒有穿過背心，不是買不起，而是因為上小學一年級時，我的前胸上部靠近咽喉的位置被一個五年級女生（林杏芝）不小心燒了一個疤，穿低領衣服就會露出那個難看的疤痕，為了遮「醜」，故我這三十多年一直穿的是圓領襯衫，從不穿背心。但是這個幾十年的禁忌今天被我打破了，穿上純棉白背心後，一些人對我說「很精神」，我自己呢，也好像有此感覺，我想，以後我大概會經常穿背心的。

二〇〇六年六月二十七日記

幾本好書讀後感

自五月一五日我自禁閉室出來後，已有兩個月了，這一段時間我閱讀了自友人（邵偉）處借來的幾本書：

《聯邦黨人文集》（漢・彌爾頓、麥迪森、傑伊）

《論美國的民主》（上下）

《美國讀本》（上下）

《第五項修煉》

這幾本書當然都是很好的書，像《聯邦黨人文集》就是美國立國進程中的幾位很了不得的思想家和政治家針對邦聯體制的弱點而向紐約州人民乃至全美十三周民眾論述了建立一個擁有較大中央權威的聯邦的必要性和重要性。正是由於聯邦黨人的鼓與呼，才催生了一部偉大的帶給全人類嶄新希望的一七八七年憲法。而正是由於一七八七年憲法及其修正案的出臺，才促使了一個偉大的、民主的、統一的、繁榮的美利堅合眾國的誕生。倘若缺乏聯邦黨人的大力鼓吹，我想今天的北美很可能如小國林立的歐洲一樣，甚至造福全人類的民主制度不會通過傑出榜樣的力量在全世界得到推廣、發展和壯大。正是從這個意義上講，我對聯邦黨人及其所著文論是充滿敬意的（當然我對以傑弗遜為代表的民主共和黨人可能會有更大的、更多的敬意）。

《論美國的民主》則是學術史上第一部系統論述美國民主制度優越性的著作。作者對美國的民主制度充滿了歡呼和讚美，如作者寫道：

「人民以推選立法人員的辦法參加立法工作，以挑選行政人員的辦法參與執法工作，可以說是人民自己治理自己……何況，政府還要受人民的監督，服從建立政府的人民的權威，人民之對美國政界的統治，猶如上帝之統治宇宙。人民是一切事物的原因和結果，凡事皆出自人民，並用於人民。」

「民主政府儘管還有許多缺點，但它仍然是最能使社會繁榮的政府。」

「我最欽佩美國的，不是它的地方分權的行政效果，而是這種分權的政治效果。在美國，到處都使人感到有祖國的存在，從每個鄉村到整個美國，祖國是人人關心的對象。」

「企圖阻止民主就是抗拒上帝的意志。」

毫無疑問，托克維爾在一百六十多年前就說出了我想對美國民主制度所說的一些話。問題的重要性並不在於民主制度值得我去給予無限的表揚。我對民主制度的熱愛遠甚於我對自身生命的熱愛，因為這份強烈的愛情，從二十歲的一九八九年起，我就開始為在自己的祖國擁有同樣的民主制度而奮鬥，並因此而三次入獄。但殘酷的監獄生活並不能阻擋我對民主的這份美麗愛情，而為了這份崇高的愛情，我不僅將繼續奮鬥下去，而且相信，我的奮鬥終將成功。

《美國讀本》則彙集了美國史上所有經典的演說、法令、詩歌等等，如《五月花號公約》、《為出版自由辯護》、《維吉尼亞宗教自由法令》、《獨立宣言》、《亞美利加》、《星條旗》等。讀這本書不僅能使你感受到一種偉大的力量，而且我將在那些創造美國歷史的巨人們的精神力量感召下為我自己祖國的民主事業而竭誠驅馳、奮鬥到底！

《第五項修煉》側重於學習型組織的管理，該書很受系統論思想的影響，對於一個準備組建新型政黨的讀者來說，閱讀這本書當然不無裨益。記得該書導言部分作者引用了證言法師的如下一句偈語：

「只要找到路，就不怕路遠。」

我想對於我來說，那條「民主道路」已經找到，要做的事情就是沿著上帝所啟示的那條道路勇敢而頑強的走下去就行了。

《新約．加拉太書》第六章保羅說過這樣一句話：

「我們行善，不可喪志；若不灰心，到了時候就有收成。」

我相信這是真理，努力吧！

二〇〇六年七月十七日記

峰兄來信摘錄：

「……邵嬋去年高考不理想，今年重考，目標是外院，你明年出去，若方便，請替我分擔兄長的責任，能引領她共赴你的事業更好！相信我，她們只要瞭解你，會給你真摯的友誼、深厚的親情……」

二〇〇六年七月十八日於渭南監獄

（注：邵嬋二〇〇六年考取西安理工大學英語專業）

我被列為「頑危犯」

今天上午，幹部將我叫到辦公室談話，說教育科通過調查將近兩年受過禁閉處分比較多的人列為監獄「頑危犯」（頑固犯與危險犯的簡稱），其中我所在的三連有兩人，除我外還有一個愛打架的。幹部怕我不信，還將教育科下發的檔通知拿給我看。

我接過檔一看，原來教育科在全監獄範圍內對受禁閉嚴管處分的服刑人員進行了一個調查統計。我因為從入監以來兩年時間裡受過四次禁閉處分而被列為「頑固犯」，檔上除了說明我的身分、罪種以及各次受處分的原因外，還特別要求各分監區加大對「頑危犯」的改造工作，通過加大工作力度使這些人實現認罪悔罪、服管服教、加速改造的目標。檔要求各分監區將轉化工作落實到具體承包幹警身上，並承諾到年底每完成一個頑危犯的教育轉化工作，教育科對具體承包幹警獎勵二千元現金。如果到年底完不成轉化目標，所在分監區不能參加監獄的先進評比。

我看完文件對幹部說，如此看來，我又要影響連隊的年終評審工作了。幹部要我配合中隊的工作，努力完成思想轉變，我說我恐怕會讓中隊失望，如果要轉變我早就轉變了，甚至監獄都不會進來，何必要等到一而再、再而三地受到懲罰後再轉變呢？幹部要我別急於做結論，下來再仔細想想。

說心裡話，我覺得自己心裡不但沉重，而且還很不舒服。從內心裡說，我並不想影響幹部的年終考核，人都有上進心，年輕幹部也都在奔自己的前程，他們都想通過一些具體的工作成績而為自己的提升或重用積累必要的條件。但是很遺憾，我無法幫他們這個忙。執政黨和現政權已經收拾過我很多次了，但這並不能動搖我為祖國民主化事業而奮鬥的決心和信心，不可能使我偃旗息鼓、改弦更張，更不可能使我認罪悔罪。從這個意義上講，我和幹部工作目標之間的衝突將是始終不可避免的。從私人感情上講我真不願意這樣，但這是一個難以兩全其美的事情，我只能從私人感情上向他們表示「歉意」並等待新的懲罰了！

二〇〇六年七月十九日於渭南監獄

獄內相思——月照青梅

我必須承認我對洛梅的思念是十分嚴重的，有時想念得我的心都有些痛，今年七月妹妹來看我時我曾向妹妹透露了這份心思，並且委託妹妹代我去看望一次洛梅，但後來考慮到路途有些遠，同時考慮到一些相關的種種問題，我又及時給妹妹寫信阻止了這件事。但我心裡對洛梅的思念卻是有增無已，怎麼辦？

去年（二〇〇五年九月十八日）中秋節晚上我曾向我主祈問我在情感問題上的答案，

結果主讓我在三個可能的紙簽中抽到了洛梅。我還因此做了一首詞《虞美人》來記載這件事情——

虞美人
月照青梅

盈盈滿月掛中天，
清輝灑人間。
今夜花好弄美辰，
引來幾多少年牽佳人。

綿綿心事重重繞，
嬋娟情未了。
暗問蒼天伊是誰？
月照夢裡夢外一朵梅。

今年中秋節（二〇〇六年十月六日）晚上，我又向我主祈問同樣的問題，結果我從我主那裡得到了更加肯定的答案，說心裡話，這樣的答案是我十分希望看到的，問題在於，我真會有這樣幸福的未來嗎？

我還有一年時間才能出獄，我真想讓妹妹去為我跑一次路，但我知道這樣做從許多方面講都是不合適的，如果妹妹不能為我跑這個路的話，我所能做的大概只能是繼續痛苦而又漫長的等待了。

等待吧！

忍耐吧！

願我主保佑洛梅並真誠的祈禱我主能讓「我們」擁有一個共同的、幸福的未來！

Amn!

二〇〇六年十月八日記

我被「放羊」了

我十分想擁有一個安靜的環境寫點東西，但是很困難。困難來自於以下幾個方面：

其一，永遠沒有一個獨處的環境，一個號子住一八個服刑人員，一層樓上（一個分監區）住近二百名服刑人員，到處都是人，永遠沒有一個安靜的環境。

其二，暗中總有幹部安排的監護人來監視我的言行。我不想自己的勞動成果被幹部獲取，同時會給自己帶來一些額外的麻煩。

因為我的東西是不適合別人看的，更不適合幹部看，因此，入監好多年，我大部分時間都是在借書看，只能做些閱讀，我感到很慚愧，也很痛心，因為我的生命因為這種強迫性的大量流失而使我的監獄生活顯得缺少意義和內涵。

（當然，從我今年三月身處禁閉室而突然發現通向民主化的道路來講，哪怕這次入獄我不能寫成一篇文章也是有著非常重要的意義的。因為我知道這條道路不僅將引導我的祖國走向民主，引導人民走向自由和尊嚴，而且也將引導我去努力完成主所賦予的特別使命，並將因此而獲得百年人生的無上榮光！）

在難以動筆的情況下，就多讀點書把。直覺告訴我，明年出獄後就不會再擁有整天整天、整月整月的足量讀書時間了（注：自五月十八日第四次走出禁閉室後，我乾脆不再承擔任何勞動，一個草墊都不編了，什麼活我都不幹了，每天只是讀書，習練口琴和笛子。頗為難得的是連隊幹部也不再找我任何麻煩，而且也不再對我採取任何懲罰措施，將我「放羊」了，因此，從二〇〇六年五月十六號到二〇〇七年十一月二十七日我出獄，我一直處於一種難得的「自由」狀態，我估計在我第四次被關禁閉和王智雄監獄長的「友好」談話起了作用，也許是王監獄長給連隊負責人劉中平發話了，所以我最後一年半時間的獄內生活充滿了讓人羨慕的「自由」），應該努力去珍惜這餘下的一年多時間，爭取出獄後，不再需要去大量的閱讀什麼了，就如希特勒當年所宣佈的那樣：在他離開了充滿苦難的維也納之後，就不再需要讀什麼了——希特勒的政治哲學雖然是十分反動的，他的奮鬥雖然給人類製造了空前的悲劇和人道主義災難，但流浪維也納時期的希特勒的勤奮好學卻確實給我留下了十分深刻的精神印象。只不過他尋求的是專制獨裁，而我尋求的是民主自由罷了。

二〇〇六年十月八日記

我初步學會了兩種樂器

這次在渭南監獄我初步學會了兩種樂器：口琴和笛子。我在漢中工作時曾和若蘭有過三年的戀愛，她會吹口琴（她妹妹會吹簫），她曾教過我，可惜始終不得要領。去年夏天蘇廣林（原為西安公路學院學生，九四年因與人打架致人死亡被判死緩，已經服刑十二年）送我一支口琴，在他指點下，我現在竟也能對著歌譜進行吹奏，儘管還吹得十分的粗糙和生澀，但我已經很有些滿意了，至少自我娛樂是沒問題了。

至於笛子，在樂器裡面是我最喜歡的。在西安上學時就想學，可惜一直未得入門，今年夏天蘇廣林又送我一支竹笛，在幾個友人的指點下，近來吹笛有所入門，我希望也相信我的吹笛技術也會有所提高。

我常吹奏的曲子有：

《心中的玫瑰》、《蘭花草》、《祈禱》、《友誼地久天長》、《在水一方》、《莫斯科郊外的晚上》、《牽手》、《梁祝化蝶》、《上海灘》、《花兒與少年》、《女兒歌》、《葬花吟》、《送別》、《牧羊曲》等等。當然有時候也會吹奏一些紅色曲目，不看歌詞，只是覺得曲子旋律很美如《山丹丹開花紅豔豔》、《閃閃的紅星》、《橫斷山》等曲目。這些紅色曲目的歌詞確實很垃圾，但一些曲子確實很好聽的。

二〇〇六年十月九日於渭南監獄

豔夢與豔詞

昨天晚上我竟然做了那樣一個美麗的夢，我竟然被夢中的幸福弄醒了，我想我再也做不到那樣美麗、那樣令人幸福的夢了。哦，洛梅，我愛你，我愛你……

清晨起床，憶起夢中情景，口占小詞一首，立此存照：

點絳唇
夢中芬芳

一覺醒來，
猶覺溫懷抱餘香，
夢中芬芳，
綻雪梅花放。
看那窗外，
哪見東方亮。
心猶想，
快入夢鄉，
好看羞澀樣。

剛才，又推敲了一首小詞，也錄到這裡——

菩薩蠻
心上人

半醒半睡憶青春，
好憶少年戀情深。
心上人好看，
嫩臉紅豔豔。
春風幾得意？
相遊畫中醉。
只因一念失，
十年苦相思。

二〇〇六年十一月十一日記

癡呆之餘覓小詩

我二十二周歲生日那天（一九九一年的四月六號），洛梅曾和另外一個同學陪我去公園遊玩，並合影留念。這是我和洛梅在一塊的唯一一張合影，上次妹妹來監獄看我時，我讓她將這張照片給我找出來，昨天，妹妹給我帶來了這張照片，我真是看得有點發呆發癡呢，癡呆之餘，做出如下兩首小詞——

西江月

思想

夜半常憶往事，
黃昏總念遠方。
臥床癡把畫中望，
好色如花初放。

無心沉沉書卷，
罷筆澀澀文章。
只把佳人做思想。
不知今朝怎樣？

謁金門

舉眼望，
春風蘇醒萬象。
當年師妹淡紅妝，
動人秀色無疆。

多想牽手重遊，
無奈冷冷鐵窗。
惟祈天恩垂萬丈，
保佑儂安康。

二〇〇六年十一月十二日於獄中

幫某幹部寫了一篇小論文

（注：前不久，副連長私下請我幫忙寫一篇論文，而這位副連長也是連隊裡主管我改造的幹部，他人長得眉清目秀、性格似乎有些內向、小圓臉，連說話都有些臉紅，個人修養好，天賦善良，說話很斯文，從沒有對我發過脾氣，給我印象一直很好。出於內心對他的好感，我便幫了這個忙，基

本上用體制內語言做了一篇〈如何認識有中國特色的社會主義？〉的文章，現將該文章的第七部分抄錄如下：）

並非多餘的意見和建議

德國作家歌德曾在《浮士德》中借梅菲斯特之口說：「理論是灰色的，生活之樹常青」，這話一點也不假，實踐是檢驗真理的唯一標準，當預設的理論與鮮活的實踐發生衝突時，當理論不能適應實踐的發展，或者根據這種理論的指導所進行的實踐只能導致失敗、挫折和悲劇時，我們所能做的唯一正確的事情便是從實際情況出發，打破教條主義的束縛，開動腦筋，解放思想，修正理論，發展理論，從而為改革、為發展、為現代化建設事業提供強大而科學的精神動力和理論支援。

從一八四八年《共產黨宣言》發表至今，國際共產主義運動經歷了一百五十多年的發展。而一百五十多年的國際共產主義運動的歷史進程也恰恰是馬克思主義理論被不斷修正和揚棄的過程，我們不妨在此再做一簡單回顧——

當馬克思認為社會主義只能在歐美發達的資本主義國家同時實現才能成功時，列寧則抓住機遇認為社會主義可以首先在俄國這種落後國家進行，並在一九一七年成功地建立了世界史上的第一個共產黨政權。

當以馬列主義正統自居的蘇聯和共產國際批評毛澤東為綠林草莽、認為共產黨人只能在大城市進行自己的理想奮鬥時，毛澤東們卻從中國的國情出發，走農村包圍城市的道路，最後竟也奪得了共產主義革命的勝利。

而當毛澤東根據蘇聯模式和馬克思主義有關公有制和計劃經濟的經典論述在中國建設「一大二公」的社會主義卻遭逢極大挫折時，鄧小平等中共領袖果斷地對既往的框框條條做了及時的「修正」和「揚棄」，大膽的解放思想、引進外資、允許多種所有制並存，搞市場經濟，搞股份制，吸收私營業主入黨，加入WTO，積極參與國際競爭，結果，有中國特色的社會主義建設事業搞得有花有果、有香有色。如果毛澤東之後的中國繼續像「凡是派」那樣死搬硬套經典作家有關社會主義的理論教條的話，那麼現在的中國大概比當今的朝鮮好不到哪裡去。

通過國際共產主義運動進程中這一系列的理論揚棄，一五〇年前的馬克思倘若活在當今中國的話，他會驚訝的發現自己窮盡一生所確立的有關科學社會主義的基本原則已被全部抽離，自己幾乎一無所是、一無所餘了——如果單從經濟角度考察，馬克思的這種驚訝應該是真實的——倘若馬克思活在今天的中國，他會因此生氣嗎？我想他對於中國的經濟變革是不會生氣的，因為馬克思首先是一個偉大的人道主義者，他所創立的共產主義理論的目的只有一個：即消滅剝削、消除壓迫、解放全人類，讓每一個人都過上幸福、自由和尊嚴的生活！

而要實現這種幸福、自由和尊嚴，從經濟角度講，必須讓人們過上物質充裕的生活，貧窮的確不是社會主義，生活在貧困當中的人民也是談不上幸福的。因而當代中國共產黨人從經濟角度所作的這種理論突破和創新經過實踐檢驗是正確的，是符合人民利益的。因為相比較於毛澤東時代，中國人的物質生活豐富起來了，總體生活品質確實提高了許多。

但人民需求的絕不僅僅是物質層面的幸福享受，人民更需要尊嚴和自由。打個比方說吧，奴隸吃得再好再胖在主人面前也總須低三下四——不過「會說話的工具而已」。要想奴隸活得有幸福有尊嚴，不僅要讓他吃得飽吃得香，更重要的是賦予他與主人一樣的平等權利和自由。

雖然中國共產黨人所開創的有中國特色的社會主義事業使中國的生產力、綜合國力和人民生活水準都有了較大的提高，但看穿了，也都是物質層面的進步，幾乎沒有超過晚清「洋務運動」的水準。而從馬克思主義的核心價值觀——人的解放、人的自由和人的尊嚴的角度講，中國共產黨人需要做更大、更重要的開創性工作，那就是加速推進政治體制改革，積極推進中國社會的民主化進程，厲行法治，保障人權，從操作層面、從實質上落實人民對於自己國家的主人地位。

而當代中國社會的許多矛盾焦點如腐敗問題、兩極分化問題、三農問題、人權保障問題以及形式主義、官僚主義種種弊病則正是國家政治體制改革滯後、民主法治難以到位的結果。雖然，中共領袖從鄧小平到胡錦濤都強調民主的重要性，如早在八十年代中期，鄧就講過「沒有民主就沒有社會主義，就沒有社會主義現代化。」二〇〇六年四月胡錦濤在耶魯大學發表演講時稱：「我是一個唯物論者，我認為上層建築必須適應經濟基礎發展的要求，我也認為，沒有民主就沒有現代化。」但中共高層關於「民主」的強調總表現得過於謹慎，尤其在行動上顯得瞻前顧後、疑慮重重。這種擔心也許可以理解，因為任何事業都具有一定的風險性。但西諺說：No risk ,no gain!（沒有風險哪有收穫），我認為，只要是符合人民願望和利益的事業，都會贏得人民的歡呼和支持。按照中國共產黨的宗旨，按照「立黨為公，執政為民」及「三個代表」的理論指導，中國共產黨除了人民的利益外，不會有任何別的私利。既然人民利益至高無上，而推進民主、讓人民活得富裕、自由和尊嚴，實現自己在這個國家的真正主人地位，又正是當代中國人民的最高利益所在，因此，在推進國家民主化進程方面，執政黨不應該再有所顧慮了。鄧小平在著名的「南巡講話」中，曾提醒領導幹部要有一股子「冒勁」和「闖勁」，我看在政治領域——現在應該是到了「大膽地試、大膽的闖」的時候了。

那麼，在實踐層面究竟應該怎樣進行國家的民主化進程呢？我以為可以從以下幾個方面進行考慮：

在基層政權建設上，積極推進縣市級以下（包括縣市級）行政長官及其人民代表的民主競選制度，放手讓基層群眾在多位候選人裡選擇出自己信任的縣市級行政長官及同級人民代表。候選人既可以由共產黨的組織系統推出，也可以由民間團體推出，還可以是自薦產生的獨立候選人。總之，由人民群眾多數意志來自主淘汰和選擇。通過五至十年的基層民主訓練再推進到省級行政長官及省級人民代表的民主競選。最後時機成熟了，再進行全國人民代表大會代表乃至行政首腦及國家元首的民主選舉。總之，必須尊重廣大人民群眾的主人地位，相信人民有能力為自己挑選出能提供良好服務的各級「公僕」。

落實憲法第三十五條規定的六項公民權利，特別是落實其中的「結社自由」，譬如說，在農村允許成立農民協會，在城市允許工人成立自治工會來進行自己的維權監督活動。也應該允許其他民間社團乃至民主黨派的產生並進行相應的立法規範。

同時在現行憲法框架下對人民代表大會制度及共產黨領導的人民政協制度進行改革。比如說，允許八大民主黨派及新誕生之社團在各級政權選舉時也推出自己的候選人參與民主競選。

當然，所有這些設想也只僅僅是筆者現時的意見和建議而已。但筆者深信，有中國特色的社會主義是一個在理論上可以無限創新、在實踐上可以無限探索的過程，歸根結底還是那樣一句話，只要是有利於人民根本利益的，只要是能夠增加人民福祉、提升人民的自由、尊嚴和主人地位的事情，就可以大膽地試、大膽的闖、大膽的做！

沉舟側畔千帆過，
病樹前頭萬木春。
人民在期待著，盼望著！
我，也在期待著，盼望著！

二〇〇六年十一月十六日於渭南監獄

邵兄一封感人至深的來信（二〇〇六年十一月十八日）

（二〇〇六年十一月十四日，邵兄來信，現作部分節錄如下）

葉爾欽曾說過，蘇共的統治使俄羅斯人民被放逐到世界文明的邊緣，可是俄羅斯人民迷途知返，逐漸回歸到當今主流文明之中。可是我們呢？想一想，現在是二十一世紀了，可我們還生活在一個二千多年前的政治制度之下，百代皆行秦政制！或許這才是世界上除巴基斯坦外，別國人民都輕視我國人民的重要理由吧。一個人不能自己管理自己，怎麼能贏得別人的尊敬呢？一個國家亦然。

我認為，民主政治的最大魅力不在於它能創造和平舒適的環境，而是它滿足了每個有尊嚴的人渴望自己主宰自己的願望！這個道理如同監獄供應再舒適的住所和再美味的食品，都不能阻止囚徒回歸社會的渴望。專制政府治理國家、管理經濟的能力即使比民主國家再強，也無法和民主政府的魅力比美。每一個自尊的人，都不應該由別人支配自己的生活，更不能由自己未授權就膽敢聲稱代表自己利益行事。渴望被人尊重這才是民主政治魅力所來源之處。這也算我近來讀書和思考的點滴心得。算是我交上的作業，也算是不枉我兄的指教！

請相信我對兄的友誼會永遠長青，我會永遠堅定地捍衛支持您——除非您忘記您的初衷與民賊同流！

你的家、你的書屋、你的農場我知道在哪裡？它緊鄰高冠瀑布、草堂煙霧和太平森林公園，東邊有高冠河，西邊有太平河。農場裡有幾畝魚塘、葡萄園、奇異果園，還有稻田。我媽媽的敦厚、質樸、熱情會讓你感受到母親的溫暖。關於你的情況，我會向媽叮囑，我已經和小妹說過和你的友誼，並且他會像尊重我一樣尊重你……我會把縣城的房子賣掉，為我們在鄉下建設一個現代農場。我很熱愛農藝，更愛田園生活，「採菊東籬下，悠然見南山」，等你功成身退，那個莊園就是你和伴侶養老之地，我們兩個會整日研究釀造葡萄酒和獼猴桃酒。我們在南山找些好的素材作盆景和根雕，參加鄉里教堂的禮拜，並主持某場佈道，把上帝的福音傳給眾人，尤其是把新教的獨立思想、自由批判精神、崇尚簡樸自然的生活方式、注重個人價值的理念傳播給鄉鄰。（原日記注：峰兄心細如髮，我在讀《傑弗遜傳》的時候，當讀到傑弗遜從總統位置回到自己的莊園、回到自己的書屋、家和農場時，我感慨於自己「一無所有」的現狀而在原書文中寫了一個「where!?」，不想峰兄從那一個單字裡讀懂了我的感慨和心事，並在此信中為我做了這樣的設計——哪怕這只是嘴上說說而已，也足以令我感動了……多謝矣！）

現在臺灣、日本的鄉村就是功成之後中國鄉村的未來風貌。我堅信，每個人都渴望被人尊重，也相信有很多人甘心為尊嚴犧牲，所以你的事業，除了勝利，別無結果！

希望你出去後，能抽空看望我媽，我知道你很忙，偶爾打個電話給她也行……我媽非常愛小孩，你如果結婚了，孩子可以交給我媽媽給你在鄉下帶著，免得你有後顧之憂。

聽我一句話，這次出去，一定要找個伴侶，事業家庭其實並不衝突……你心懷蒼生，牽掛著天下所有的人，唯獨忘記了你自己！每念及此，我心很難過，這也是我及其尊重您和很想幫助您的原因……

這封信真令人感動太深，魯迅說：「人生得一知己足矣，斯世當以同懷視之」，這種友誼對於我來說當是人生一巨大動力也，切記，勉之，勉之！

二〇〇六年十一月十八日於渭南監獄

苦難與慚愧

今天是二〇〇六年十一月二十七日，我心裡很高興，因為正常情況下，到明年的今天我就可以離開監獄這種太苦難的地方了。

對於我來說，監獄是一個太令人痛苦、太苦難的地方。監獄除了對「境外人員」實行單一監區關押外，其他所有服刑人員都混押一處，因而這若干年我就一直生活在以殺人、搶劫、強姦、盜竊、詐騙等等為主體的人群當中。一個號子三十多個平方米，九—十張架子床，住的便是十八—二十個男性服刑人員，一個封閉式樓層住了近二百名各類服刑人員，號子裡又沒有廁所，晚上十點「收風」以後，門被幹部從外面一鎖，裡面放上一個馬桶，服刑人員夜間的大小便便統統在這一個馬桶裡解決，直等到早晨六點開門後才由值日生將馬桶提出去入廁清洗。夜間撒尿有的人還注意小節，講點文明，把尿打在桶梆子上聲音較小，不影響他人睡眠，有的人則完全不管這些，肆無忌憚地撒尿的聲音能把全號子人吵醒。不過最糟糕的是夜間會出現一些人大便的情況，那簡直是活受罪——這麼多年我最害怕的是夜間自己要解大手，儘管由於自己的調節還沒有在正常情況下半夜解過大手，但有一次我發生了拉肚子的情況——不幸得很，在忍無可忍的情況下，我只好懷著上絞架似的心情走向那只馬桶……！

監獄裡亂七八糟的事情都有，說特別髒的髒話的、罵人的、打架的、大呼小叫的、神經病的情況都有。在這種空間狹小、犯群擁擠、又是一種完全封閉式的環境裡，這一切情況只能面對而無法回避——根本找不到回避的空間！無論心裡是多麼地反感、多麼噁心、多麼痛苦，卻只能是接受！儘管別人都說我現在看起來還年輕，至少比實際年齡要小五、六歲，但事實上在監獄生活的惡劣環境作用下，我的心已變得非常的蒼老。我的頭髮不僅掉得厲害，而且出現了好多白髮，尤其是頭的右半側，一小撮白頭髮分外扎眼。每次照鏡子面對白髮和日漸蒼老的容顏，我的心裡都十分的蒼涼、難受和痛苦——我還未成家呢，人生狀態怎麼就成了這樣一個樣子？！也因此我時常會感到來自內心深處的無聲的長嘯，悲哀、疼痛、傷害乃至人間一切不幸的滋味都會裹挾在那無聲的卻是鋪天蓋地的嘯聲裡……我感到自己的心裡有一種恨，一種因受長期傷害而產生的深深的仇恨！

所幸的是這種無法回避的苦難歲月只剩一年了，因此，自己還必須忍受下去，還必須進行一年的克制。是的，我必須努力學會克制。但在實際服刑生活當中，也許我受壓抑的時間太長了吧，或者也許因為自己長期生活在這種垃圾坑式的生活環境裡，我發現自己的性格變得容易衝動、容易發怒，在忍無可忍的時候會和人大聲的爭吵乃至擺出一副準備與人拼命的架勢，甚至真的因小事和人打過架。我尤其不能容忍的是自己也學會了以髒話去罵人——儘管凶巴巴的模樣有時候會是一種自我保護方式，使別人不敢小覷自己的爆發力，但回想起來我卻十分的傷感——

記得我本是一個很有修養、很講文明的「好學生」。十八、九年前，當我還在高中讀書時，一位縣領導的女兒（她一直坐在我身後）還在寫給我的一封信中說：「和你同學兩年，我發現你是一個非常有修養的人，我從未聽見你說過一句髒話。」並因此在畢業時還特別送我兩張小照片……這位女同學的評價曾讓我在人生的若干年裡感到十分的自豪，想起來心裡會覺得特別的甜美，呵呵！但是現在，當年那個不說髒話、有修養、講文明的小男生哪裡去了呢——現在，我既學會了說髒話，也學會了罵人，並在服刑生活碰撞當中實地使用過——看看現在，再想想過去，尤其是想到那位女同學曾經有過的美好評價，我的心裡真有一千種、一萬種的惆悵和失落。夜半，躺在床上，每當睡不著的時候，想到人生的種種苦難、遭遇和失落，我就有一種說不出的傷感和憤怒！操他媽！我必須為民主事業奮鬥到底！必須促成民主事業的儘早實現！否則，還會有很多與我一樣的人來承受這種在民主自由國家不會發生的苦難！還會有很多的人來承受這種在民主自由國家不會發生的心理折磨和現實折磨！

當然，作為基督徒，我應該向我主基督學習。只要想到 Jesus 為傳播「博愛」事業所遭遇的種種苦難（如被誤解、受嘲笑、遭奚落、被捕、挨打、受侮辱、被唾棄——直到最後被釘十字架等等），我的心在仰天長歎的同時又會感到一種深深的慚愧——主能為理想而遭受那麼多的屈辱並最終獻出自己的生命，自己現在只不過是為理想承受前面所說的那些痛苦（當然還有極為貧乏的物質生活及精神生活等）而已，難道就受不了了嗎？不，應該像主那樣，把各種苦難當作為理想奮鬥所必須付出的代價。既然在這個國家選擇了民主和自由事業，那麼現實中發生的這一切苦難就應該以足夠的勇氣面對下去，更何況孟夫子早就說過：「天降大任於斯人也，必先苦其心志，勞其筋骨，餓其體膚，空乏其身，行拂亂其所為，所以動心忍性，益增其所不能。」因此，自己必須向主懺悔，向主承認自己發脾氣、說髒話、罵人乃至打架都是不對的，應該以「博愛」而寬容的胸懷去面對現實中的苦難、面對一切！

寫到這裡，我十分虔誠地在這個樓梯拐角裡向我主祈禱——我願意去努力改正自己在監獄生活中所沾染的一些不良惡習，堅決克服掉易怒、說髒話乃至罵人的行為，恢復青少年時代之純真無邪。同時我也希望我主能在暗中給我以力量和鞭策，使我能懷著一顆博愛的、平和的心靈向著真、善、美的方向前進，向著我主所指引的方向前進！

Amn!

二〇〇六年十一月二十七日於渭南監獄

有關「夢遺」的獄內記錄

現在，我發誓，在今後的人生歷程中，無論自己遭遇什麼，我都不會再說髒話，再以髒話去罵人！如果做不到這一點，我願意接受我主所施加的任何懲罰！

我相信我能做到這一點，我相信我能戒掉髒話的。

根據此前的人生經驗，我發現自己一旦當眾宣佈了不做某事，我基本上還是能夠兌現的。二〇〇一年二月二十四日，當我走出漢中監獄大門時，我從心裡命令自己戒掉香菸。從彼時到現在將近六年時間已過去，我沒有抽過一支菸。而在戒菸的同時，我宣佈戒掉白酒，從二〇〇一年出獄到現在我也沒有沾過一滴白酒（實際上從九八年元月到現在我沒有沾過一滴白酒，但啤酒、紅酒除外）。又如二○○四年十月我因與別人下象棋發生衝突——怪我自己，我便當時宣佈戒棋三年，到現在已經兩年多時間沒有下過象棋。

我尤其感到欣慰的是：由於監獄生活是封閉的，嚴重的性壓抑是普遍的，因此，自慰是一種比較普遍的性宣洩途徑，我在二十歲談戀愛前也曾偶有這種醜陋的行為，但在兩次監獄生活裡我竟然能夠克服掉這種毛病，我認為自己還是很堅強的。由於避免自慰，因而週期性的「跑馬」現象則經常性發生。從去年九月開始，我還對自己的這種生理現象做過完整的記錄，下面的日子便是「夢遺」發生的日子：

二○○五年：

九月三號、九月五號、九月二十三號、十月七號、十月十五號、十月二十六號、十一月十八號、十二月三號、十二月十號；

二○○六年：

元月三號、元月十二號、二月三號、二月十九號、（三月四月無情況）五月十二號、（六月空白）、七月三號、八月二號、八月十六號、九月九號、十月二十號、十月二十四號、十一月六號

（注：大概是二○○七年八月又在這頁日記上補錄了二○○六年十二月到二○○七年八月同類生理現象發生的日期：十二月十九日；二○○七年：一月、二月、三月三個月全無情況，怪乎？四月四號、五月二號、五月二十七號、六月二十七號、七月六號、七月十二號、七月二十三號、八月一號）

從這些日期記載來看，去年九、十月較多，一個月三次（而此前無記錄的情況大概是每月兩次），其他月分則大體一月兩次或一次。我弄不清這種情況是否正常。前不久看過的一份雜誌上說，過了三十歲的男人正常情況下應該是兩個月或三個月出現一次（今年春天我關禁閉期間只在五月十二號發生一次，三、四月則是空白似乎符合這個說法），依此標準衡量，我的夢遺次數好像有點多。但從記錄來看，我的次數則在減少，這是不是因為年齡變大或身體出現什麼疾病了呢？

但不管怎麼樣，在普遍性壓抑的監獄生活裡，我為自己沒有「自慰」這種毛病而在內心非常驕傲，我之所以這樣勒令自己，原因有三：

第一，有這毛病會不利於身體健康。本來監獄生活品質就非常差，若不自愛自潔，可能對身體會造成雪上加霜的情況，而沒有一個強健的身體又怎麼能夠很好地去為民主事業而奮鬥呢？

第二，有這毛病會成為一個意志薄弱的人。儘管有好多書上都談什麼自慰是正常的，甚至有利於身心健康，我則認為這是胡說八道，是嚴重的不負責任。我認為「精滿自溢」、順乎自然的比較好。最重要的是可以通過這種克制來考驗自己的意志，來鍛鍊自己的意志。沒有健康的身體難幹大事，而沒有頑強的意志也同樣幹不成大事！

當然還有一個原因是夢遺大多是在非常色情的夢中才會出現的，而我「跑馬」的絕大部分時候都會與一些比較色情的夢境有關係，有些色情還非常的可笑，如在漢中監獄時有一天晚上「跑馬」竟然是和一個不相識的外國金髮女子在夢中做「好事」，當然大部分色情夢境都是和自己特別思念的人有關係——正因為能做這種色情的夢，因而給我的獄內

「夜生活」增添了一些「玫瑰色」，因而我也不願意有那方面的毛病。

這個話題囉嗦得有點多，甚至在無聊中帶有自我欣賞、自我表揚的嫌疑，但是我還是願意如實記錄下來，用以自勉自勵。

人無信不立，男子漢大丈夫，一言既出駟馬難追，今天既然發誓不再說髒話罵人，就一定要做到，這也算是甘地式的自潔生活在獄內的一個很重要的內容吧。

切記，勉之，勉之！

二〇〇六年十一月二十七日於渭南監獄

古體詞一首：念奴嬌・整頓乾坤

今天，在二樓樓梯拐角做《念奴嬌》古體詞一首——

念奴嬌

整頓乾坤

盤古開天，
到如今，
垂垂千萬年矣。

萬里江山常憔悴，
只因極權弄祟。
古今王霸，
盤踞中原，
求榮華世襲，
可憐眾生，
任由擺佈來去。

想來豈有此理，
同樣生為人，
何須苟且，
長久委屈。
起來吧，
攜手整頓乾坤，
盡去陳疾。
扮我好中國，
風光無限，
華夏神州，
更勝西歐北美。

二〇〇六年十一月二十七於渭南監獄三分監區

二〇〇六年十月六日中秋之夜，因對洛梅思念至深，再次書寫兩紙箋，默祈上天指引情路歸處，再次得到去年中秋之夜的相同答案，心中幸福之餘，曾做小詞一首，現照錄於此，以作銘念。

鳳棲梧

好月兒

好月淡照小窗臺，
難訴相思，
三步兩徘徊。
再祈神女定情懷，
還見去年今夜佳人來。

看來良緣天安排，
素心切切，
對月長相拜。
竹笛一支橫天外。
長音萬里歡奏百年愛。

注：若按《鳳棲梧》的格式，上下闕的最後一句均應為七個字。原詞上闕尾句本為「還見當年佳人來」，下闕尾句為「長音盡舒百年愛」，但總覺意思表達不能圓滿，故各加兩字，仍冒昧使用「鳳棲梧」詞牌，不知是否合適。

不過翻閱古詩詞，詞牌一樣，但格式聲律不一樣的也有好些，如蘇軾之《念奴嬌·大江東去》與文天祥《念奴嬌·水天空闊》及陳亮之《念奴嬌·危樓還望》就不一樣，李煜的《虞美人·春花秋月》與我所見過的其他人的《虞美人》詞律也不一樣，期間變化的標準是什麼我尚未弄清，但這並不妨礙我借詞牌——哪怕是加兩個字——來抒發悠悠情懷吧。

二〇〇六年十一月二十八日記

我的半截心思

自從妹妹將洛梅的照片送來後，我便覺得自己的獄內生活陽光了許多。說心裡話，我覺得自己的心裡對她充滿了太多的思念和愛——滿滿的一太平洋的思念，滿滿的一太平洋的愛。我喜歡看她的照片，喜歡她的樣子，喜歡她那掛在眉梢上的淡淡的笑意，還有她的那身淺紅色線衣，素白的襪子、素淨的小白鞋以及小白鞋上的兩朵蝴蝶結……看著這一切，我的心裡便會泛出暖暖的、幸福的笑意。在我高興的時候，看著她我會高興；在我憂愁的時候看著她我的憂愁會跑得遠遠的。晚上睡覺前我會看她半天，不看便好像一天的生活程式沒完成，便會睡不著。早晨起來的時候也會向床頭上的她問個早安，有時，甚至會在半夜中醒來時再看她半天……對不起，洛梅，請別怪我這樣，我確實太喜歡你、太愛你了……我的語言很貧乏，我找不出更恰當的概念來表達心中的那份情感。但是我知道，我的思念、我的幸福、我的喜歡、我的小屋、我的樓臺、我的牽掛、我的癡、我的愛……都在你的懷裡……

自從一九九一年四月十四日那件令人傷心的事情發生後，我們之間便有了十五年的距離了。十五年對於一個人的一生來說，是一個不小的厚度，對於我來說，這十五年時間裡發生了太多的事情——畢業、工作、入獄、打工、再入獄、直到現在我仍在監獄二樓的樓梯拐角處寫下這樣的文字（我之所以待在樓梯拐角裡是因為其他地方到處都是人，到處都充滿了喧鬧聲，而這個地方相對安靜些，一般情況下也無人打擾）。而對於你來說，我能知道的情況僅僅是畢業、工作，九三年結婚，九四年你便有了小女兒。而從九四年至今你的生活、工作、身體狀況有些什麼變化我卻是一點也不知道的。但根據我的常識推測，你的生活應該是很幸福、很美滿的，至少，我希望你能擁有一份幸福、美滿、甜蜜、健康的生活。

洛梅，我說這些話時，我的心是真誠的，但是，這只是我的半截心思，我還有另外的心思沒有說出來呢……這另外的心思沒說出來，是因為這份心思浸潤著我的癡情和愛情。儘管歲月在我們之間築起了至少十六年（加上二〇〇七年）的隔離牆，儘管你對於我這十六年的心思一無所知，甚至你的判斷會和實際情況截然相反，但我對於你的那份癡情和愛情卻隨著歲月的拉長而與日俱增。就這份愛情的厚度和堅固性而言，絕不亞於我對於民主理想的癡情和愛情。正是從我的愛情角度而言，我又希望你能在明年下半年的某個時間……如果我明年十一月出獄後你能夠單身的話，那我將毫不猶豫地為我的愛情理想而奮鬥，我不會再犯九一年四月所發生的那種錯誤了。但問題的關鍵在於我還有那樣的機會嗎？

從去年中秋之夜（二〇〇五年九月十八日）和今年中秋之夜（二〇〇六年十月六日）我主的指令來說，兩次的答案都是肯定的。即主告訴我，我對於你的愛情夢想會成功的。我當然相信主的指引，並因此而對我主充滿深深的感恩之情。但是如果我真能在你溫香的懷裡實現我的愛情理想的話，那就意味著你現在的生活過得並不如意。意味著你會因為現存婚姻的失敗而離婚，自然，發生這種情況，你現在的心情就好不起來，你的心和日常生活將伴隨著痛苦和悲傷——而這些又是我不願意看到的。我希望你擁有一生的幸福和如意，我不希望你的人生出現任何痛苦，但是，如果我要擁有你，你不經歷這種陣痛能行嗎？

梅呵，你現在到底過得怎麼樣呢？

我的心裡真是矛盾極了、痛苦極了，當然所有這些都是我單方面的想法和感受，是我單方面的矛盾和痛苦，你現在的生活品質既不會因為我高興而變得好些，也不會因為我不高興而變得差些，甚至在你的生活裡，我根本什麼也不是，無論你在高興的時候還是在悲傷的時候，你大概都不會想到我的——你為什麼要想到我呢？你又不知道我是如此這般的愛著你、戀著你，你如果知道我的這份愛情，你也許會在生活的某個時刻——如一個人站在窗前眺望南方天空的時候，或者一個人翻影集於不經意中看到那張合影的時候，或者半夜失眠時回憶自己的大學時代的時候——想起我的，但實際情況是你並不知道、並不瞭解。也因此，你現在的幸福和痛苦，我都不會成為原因，有可能因此，倘若你現在的婚姻發生危機的話，我也會因為這不包含我的因素而少一些慚愧。但是我卻不會因為你的生活缺少我的因素而淡化心中對你的渴望和思念——Ahi，真是痛苦極了！

二〇〇六年十二月八日記

合適嗎？我的愛！

（二〇〇六年十二月九日）

翻看昨天的這篇文字，我總覺得自己是不是在哪些方面出了不該出的問題——具體的說，我是不是太感情了些，尤其考慮到自己的政治選擇和冰冷而殘酷的生活現實，我對於洛梅的單向度的愛情究竟會有多大的意義。最重要的是，感情上的兒女綿綿會否給自己的理想選擇造成一些麻煩和障礙。記得金庸在《倚天屠龍．後記》中有這樣一段文字，他說：

中國三千年的政治史早已表明，要做一個成功的政治領袖，必須具備三方面的條件：

其一，要能忍；

其二，要有果斷明快的決策能力；

其三，要有極強的權力欲。

而在「忍」字上又要做到如下三點：

A，克制自己；

B，容忍別人；
C，對政敵的殘忍。

如果依此標準衡量，我便覺得自己在「自我克制」方面還要下些功夫。比如說，在感情問題上我覺得自己克制得還不夠，最好的情況是在沒有弄清她現在的情況以前將那份感情深埋在內心深處，不能很輕易的流露出來。再說前以色列總理夏米爾早就說過：「男人靠征服世界而征服女人，女人靠征服男人而征服世界！」而自己現在只不過是一個從失敗走向失敗的「囚徒」——一個全方位「失敗」的男人在女人眼裡會有多大價值，一個從未「成功」過的男人又有什麼資格去奢談愛情呢？更何況，對於一個優雅高貴的女性來說，你又能拿什麼「形而下」的東西去維持她的優雅和高貴呢？「形而上」的東西也許在遠距離會觸動她心靈深處的某根琴弦，但婚姻生活和家庭生活卻不能全憑精神層面的東西來維繫了。更何況在物質主義和享樂主義的主旋律中，六、七十年代曾經盛開的愛情理想主義花朵還有幾朵能夠傲立在滾滾紅塵當中呢？

我的心裡真是矛盾極了，痛苦極了。當然所有這些相思和矛盾痛苦都是我單方面的感受。她現在的生活品質既不會因為我高興而而變得好些，也不會因為我不高興而變得差些。甚至在她的生活裡，我根本什麼都不是。但是——

但是若從去年中秋之夜（二〇〇六年十月六日）我主的兩次指令來說，我對她的擁有不僅是可能的，而且是必然的——我敢懷疑主嗎？我當然不敢，我相信整個世界都在按萬能的天主的意志在運轉。自然，我未來的愛情、婚姻與家庭也必然體現主的意志。從這個意義上講，我將永遠服從我主的安排，自然我不會懷疑天主在去年和今年的中秋之夜對我在感情問題上的指令。我相信這兩次指令的真理性和神聖性。但是，這樣美好的未來畢竟還沒有發生，從我倒楣透頂的前半生的遭遇來說，我確實不敢幻想自己會有那樣美麗幸福的愛情和家庭在等待著，因而我必須謹慎、冷靜，從主觀上我祈禱我的後半生會擁有親愛的梅君，我祈禱在我出獄後會和她長相牽手、相扶未來，但從客觀上講，自己也必須有另外一種心理準備，我不能對未來期望太高！

真是痛苦！

痛苦呀，洛梅！

痛苦呀！我的愛！

二〇〇六年十一月三十日於渭南監獄

烈士暮年，壯心不已

——深切悼念我的精神導師林牧先生

林老去世了！

昨天在會見室，妹妹將這一情況告訴了我，妹妹並安慰我說，人已經走了，再傷心也沒有用的，你就不要難過了……

但是，對於我來說，這這是一個巨大的不幸和打擊啊！

怎麼會這樣呢？

四年前不是還好好的嗎？他的健康狀況一向很好。我想我不但明年出獄後還能見到他，而且我相信老人家差不多會活到九十歲的——可是今年他才七十九歲呀，怎麼說走就走了呢？

我問妹妹是怎麼回事？妹妹說她也不瞭解具體情況，說是西安的一個不知姓名的人通過電話告訴她的，而且是在喪事辦完之後才告訴她的，具體哪一天去世的也沒說。只知道大致情況是：去世的那天中午老人還跟平時一樣，沒有任何反常現象，但中午午休時卻突然感覺身體不行了，還沒來得及送醫院人就走了，乾脆得很。我問會不會是中毒了，妹妹說不知道。妹妹勸我說：「你不要難過了，去年過年你讓我去把老人看望一下，我也去看過了，總算幫你盡了這份心意，再說，你人關在這裡，又有什麼辦法？」

我確實沒有什麼辦法……在從會見室回監室的路上，我覺得自己的心情十分沉重，甚至感到一種從未有過的蒼涼……

老人確實走了，誠如趙紫陽先生的偉大光輝一樣，林老林牧先生的去世不僅在我的心中留下了悲痛，也在我的心中樹立起了一塊不朽的豐碑！

（十一）

我與林牧先生的初次見面是在一九九七年的五月二日。

一九九七年當我在「科舉」道路上再次遭逢巨大打擊時，我便義無反顧的選擇了公開奮鬥的和平民主化道路。而作為行動的第一步便是尋覓團結同志和友人。

九七年五月一日，我從漢中坐火車來到西安，我的目的是拜見鄭旭光君。旭光兄八九年為當局全國通緝之北航學生之一，在我的心中很有地位。之前，我和他曾有過兩次通信，我還將房龍的《寬容》及《巨人的心靈磨難》兩本書寄給他。但九七年五月一日旭光去北京了，我未能見到他本人，卻意外的會見了他的愛人（高民）和他的姐姐鄭曉紅。高民又將我介紹給楊海。楊海原為青島海洋大學學生，六四之後，被山東警方逮捕入獄，並被校方開除學籍，關押一年多時間後釋放。在整個九十年代的西安，楊為民運圈的核心人物之一。因而當我認識楊海後，楊很熱情的為我介紹了西安的情況，並於五月二日中午將我帶至林老家中拜會了林老。

在這之前我只是從收音機裡收聽過外電對林老的採訪，能當面拜會這位鼎鼎大名的老人我當然非常高興，林老的家很樸素，既沒有裝修，也沒有任何新傢俱，簡直想不到一個曾經為中共副部級幹部的家庭會如此清貧。九七年的林牧先生已經七十歲了，但看上去很慈祥、很精神，老人問了我的學習和工作情況——當老人知道我曾因積極參與八九學潮而被關進秦城監獄時老人笑著說：「不簡單。」並隨即談到王丹二次被捕的事情，老人說：「共產黨太不明智了，動不動就把持不同政見者推入監獄，這不是在為民主派培養政治家嘛。」還對我說了一些鼓勵的話，「你們年輕人要有耐心，民主作為一種世界性潮流，沒有任何力量能夠阻擋，中國實現民主也是遲早的事情。」最後老人在我拿出的筆記本上用鋼筆提下了四個字「曙光在前」（此筆記本後來被漢中市國家安全局抄走），並將一些海外材料找給我，如一本《北京之春》，上面有趙紫陽致中共十五大籌備組的信，還有《王丹胡平對話錄》等。

九七年五月的初識，老人給我留下了很深很好的印象。我感到老人就像一座山峰，巍巍然雄立蒼宇，以他的巨眼穿透著歷史的前方和中國的未來！

也是在那次拜會中，我初步瞭解到老人的生平概況：

老人本命駱荃桂，祖籍浙江（為駱賓王的後世——老人自己這樣說過），出生於陝西安康，早在四十年代中後期還在上高中時就積極參加反對國民黨專制統治的學潮，後曾一度加入民盟，四七年奔赴延安後便追隨共產黨鬧革命了。新中國成立後，在陝西省委辦公廳工作，胡耀邦任西北局第二書記兼陝西省委第一書記時，林牧先生當時是陝西省委辦公廳主任兼秘書長。在西北局第一書記劉瀾濤整胡耀邦時，林牧曾向中共中央上萬言書為胡耀邦辯護。也因此文革期間林牧被打倒十年，發配至商洛勞動改造。一九七九年後恢復政策，林老先後擔任中共陝西省委宣傳部副部長和國務院科技幹部局局長。中共十二大前當有關方面準備調他去中共中央書記處工作時，卻遭到胡喬木和鄧力群的反對，說「陝西人太多了」（根據林老當時談話，說當時的書記處已經有胡啟立和習仲勳，二者均為陝西人，前者是榆林人，後者是關中人）。最後，林老在複雜的人事鬥爭中被調回陝西擔任中共西北大學黨委書記。在八九學潮中，前往北京發表公開信支持學生反官倒、反腐敗、爭民主。結果在所謂的「治理整頓」時期遭到當局毫不留情地整肅，被解除一切公職。但也正是從八九年開始，林老逐漸成為中國民主事業的旗幟性人物之一。一九九五年國際寬容年時，林老曾與中科院的許良英先生共同發起有四五位專家學者參與簽名並在國內外造成很大影響的「呼籲書」，並經常接受外電採訪暢談中國存在的各種問題，通過聲音和電波努力推進中國的民主化事業。

（二）

我再次見到林老時，已是四年後的二〇〇一年春天。

九七年八月，中共十五大召開前，我向中共中央並各省省委發了一封題目為《改革政治體制，走民主化道路》的改革意見書。九八年元月，我因以獨立候選人身分參加南鄭縣第十三屆人民代表的競選被漢中地方當局逮捕並被判刑三年，二〇〇一年二月二十四日出獄。出獄前十天，我原單位中國核工業總公司八一三廠保衛處派人來漢中監獄向我送達了我被「開除廠籍」的通知。出獄當天，當地警方用車將我遣送回商洛原籍，將我交到山陽縣公安局政保大隊長朱長順手上。我在老家上了戶口後為謀生，只好到西安打工，很自然我二度拜見了林牧先生。

二〇〇一年的林老精神狀態、身體狀況依然很好，老人問了我在監獄裡的情況，對我競選人民代表的行為給予了充分肯定，說競選事件是九八組黨事件發生之前的一個重大人權事件，不但引起了國內外民運界的普遍關注，而且也引起了包括美國國務院乃至聯合國人權委員會的關注，說二〇〇〇年度美國國務院的《人權報告》提到了我因競選被捕的事情（這件事我從網上得到證實），還說聯合國人權委員會主席盧賓遜夫人一九九九年訪華時還和中國政府提到此事（這件事我無法證實），希望我要堅定信心，更加勇敢地走向未來。與此同時，林老對我的生活問題也很關心，不僅拿出自己的稿費安撫我的生活，而且多方託人安置我的工作；還要求我不要放鬆學習，要努力在理論上提高自己，並將海耶克的《通往奴役之路》及杭廷頓的《第三波》兩書推薦給我閱讀（我因在獄中已閱讀過《第三波》，便只取了《通向奴役之路》）。

後來我自友人處瞭解到在我於九八年因競選人民代表而被漢中地方當局逮捕後，林老十分關心，一方面努力推動外電及國際社會對這一事件的關注，同時由老人領銜偕同徐文立、任畹町、秦永敏、唐元雋、王有才、楊海等一百三十八位國內持不同政見者向海內外發出公開信呼籲有關方面釋放我——雖然我沒有因此被釋放，但可以肯定的是由於林牧先生的巨大影響力以及由於他和徐文立、秦永敏等人所推動的國際社會的關注甚至干預，才使得我只被判刑三年有期徒刑。當局對於民運人士的一般做法都是：如果此人有社會關注度和國際關注度，一般在判刑上都會相對輕些，否則會狂砸黑磚頭。如八九年作為全國通緝的第一號人物王丹只判了四年刑，但同年被關押的魏光君（人民大學學生）卻被判處十四年重刑。而九九年因「同情民運」而向海外透露了幾份材料的國家安全局官員范寶琳則被當局判處無期徒刑。魏光君、范寶琳二人領刑如此之重恐怕一個重要原因是自己所做之事情及出事之後不為外界所知。也正因此我對林老從內心裡有著一種深深的感恩！正是由於老人的關心，我才少受了一些可能的災難。

（三）

二〇〇一年二月我出獄後，在林老的關照下，楊海幫我在民辦西京大學教務處找到了一份工作，在西京大學工作了將近半年後我又去到了《人生導報》社做採編工作，因為是在西安，我就經常利用晚上或週末去老人家串門。老人興趣廣泛，性格開朗，思維敏捷，視野廣闊，人生閱歷及文化積澱都很深，因此，我們之間談論的話題也很廣泛，如中國的民主前途、八九六四高層決策內幕、海內外民運界所存在的一些問題，國內知識界自由主義的覺醒、民族主義高漲的危險性、假左派們的禍害、傳統文化與新儒家問題、臺灣問題、三種勢力（恐怖主義、極端民族主義和民族分裂主義）問題以及三農問題、腐敗問題、教育醫療問題等等——對於所有這些問題，老人都有自己的獨到見解。與老人的談話不僅使我開闊了視野、瞭解了一些我此前所無法瞭解的東西，尤其重要的是在許多問題上對我思維的啟迪。譬如說，對海內外民運界老人就使用了一種批判的眼光來對待的，對於某些人身上存在的問題老人也會嚴肅地指出來。而老人所指出的許多民運圈內客觀存在的一些不健康現象也使我調整了自己的慣性思維，使我覺得不僅應該對執政黨充滿警惕性，也應該對民運圈、對「自己人」充滿同樣的警惕性。弱點、缺點不僅「敵方」身上存在，「自己人」甚至「自己」如果不注意自身的修養，也同樣會出現這樣或者那樣的問題。曹操當年「唯才是舉」的政策絕不適用於民主人士的選拔和培養，為中國民主事業而奮鬥的朋友們和同志們必須經得起個人修養與品行方面的考驗。

在談話中，老人還具體的對一些知名人士做了評論，如朱鎔基人很務實，在對待法輪功問題上與江澤民意見不一；江澤民喜歡打扮作秀，但在推動中國參與世界經濟競爭方面還是有些成績的；說胡耀邦、趙紫陽確實很了不得，而胡啟立在八九年表現不錯，但後來「下了軟蛋」，官癮也很大，給個部長也願意「屈就」；楊尚昆在八九年表現很差，但九十年代有所悔悟，認為習仲勳人不錯；而鄧力群等人則「左」到現在。對於九十年代由秦暉、劉軍甯、徐有漁、朱學勤等人高揚的自由主義大旗大加讚揚，而對於李澤厚、劉再復等人的「告別革命」論表示深深的遺憾和批評；對於年輕一撥的摩羅、余傑、鄢烈山、劉洪波、宋志堅、傅國湧等人表示很欣賞；對於李昌平的個人行為很是好評；對《南方週末》、《南風窗》、《書屋》、《炎黃春秋》及《中國青年報》的「冰點時評」等刊物及相關欄目都有好評。

有時候在茶餘飯後閒聊中，老人也會談一些星象命理、陰陽八卦之類的東西，譬如說老人說自己屬「火命人」（爐中火），而自己的名字裡有一個「林」，木生火，兩個木在一塊，加上自己是火命人，因而，一旦燃燒起來，會火光熊熊，但也可能燒過頭，燒過頭就會壞事。說趙紫陽是火命人，且是「天上火」，他的名字又叫「紫陽」，陽氣十足，火太旺，反而壞了大事……當然這些閒談也只是一個話題而已，究竟可信與否，我沒有根據，無法置評。但前不久《南方週末》登了一篇文章說今年夏天香港吉尼斯開園前，香港氣象部門預報說開園當天肯定有雨，但有關方面請了一個在香港頗有名氣的星相大師則很肯定的說當日會是晴天，不會下雨，結果開園那天果真未下雨，且萬里晴空，科學乎？迷信乎？真是很讓人費解的事。

總之，在和老人的交往閒談中，讓我聽到了很多東西，學到了很多東西，悟到了很多東西，從此意義上講，林老，真為我之良師也。然而這樣一個好老師卻去世了，明年出獄後，再也見不到老人的樣子，聽不到老人的教誨了，想起來真讓人心痛……

（四）

由於種種原因，西安民運圈出了一些問題，楊海由於在二〇〇一年七月一日被圈內人士毆打，公開對外界宣佈退出「民運」，而開始自己的商業活動。而西安作為國內民運的重點地區，必須要有人來承擔組織性工作，在沒有其他合適選擇的情況下，林老向外界宣佈了我作為聯絡人的事情（林老向外界宣佈我一直不知道，只是二〇〇二年一〇月我因要事去北京，從許良英先生處知道這一情況的）。這樣，在林牧先生的直接指導下，從二〇〇一年下半年開始，我開始勉力承擔起組織工作的重任（這裡的「組織」是無形的，因為林老等人反對在西安組黨，主要是負責海內外的一些聯絡工作並開展相關民主活動，努力維護民運界的團結並就重大問題和事件用同一種聲音說話）。我很快便與海內外的朋友們建立起一些必要的聯繫，並開始重點考慮中國公民運動問題。二〇〇一年八月我起草了《中國公民運動宣言》草案，並著手相關活動細節，林老要我去一趟雲、貴、川、渝，就有關問題與西南友人做一討論，只是由於我突然生病住院，只好將之推到十六大之後，不意在十六大召開之前我便被警方逮捕入獄。

二〇〇二年，在林老指導下，我還具體組織過幾次後來成為我所謂「罪證」的全國性公開呼籲活動。

首先是營救楊建利先生的活動。

二〇〇二年四月，美國「二一世紀基金會」負責人、《議報》社社長楊建利先生為了回國開展民主活動，冒險闖關被大陸警方逮捕，此事引起極大國際反響。林老認為楊先生闖關回國意義重大，在許多國內人士紛紛出國尋求自由的情況下，楊先生卻反其道而行之——冒險回國以求中國民主大業，「明知山有虎，偏向虎山行」，終於被捕。林老認為國內同志必須竭力營救，我也持同樣看法。於是我便起草了一份公開信，要求當局釋放楊建利，廢除黑名單，允許海外人士回國參加祖國的現代化建設。經林老修改後，我通過電話、電子郵件徵集了全國一百七十位民主人士的連署簽名，再將此公開信發給「中國人權」主席劉青先生，由劉青在海外向新聞界公佈，此事在海外影響比較好。做完此事後，為避免警方的麻煩，我在誰也沒有告訴的情況下，去了外地了。而此時的西安警方也確實在打聽我的行蹤，西安的友人們見不到我的影子，以為我被警方抓了，而林老也以為我被警方抓了。其實我在杭州時給林老打過電話，說自己在外地，但林老誤解了，結果林老向自由亞洲電臺發了我「失蹤」的消息。當我從網上發現這一錯誤後立即趕回西安，林老見面後的第一句話就是：「你把人急死了，全世界都在到處找你！」然後他說包括自由亞洲電臺、美聯社都在過問這件事，而魏曉濤（魏京生先生的弟弟）也從巴黎打來電話問我的情況等等。我覺得這件事情實在是出乎我的意料，感到很被動。要求林老如實向外界加以澄清，咱絕不能人為的製造虛假新聞，不能無中生有給警方「抹黑」。同時我也承認自己在這件事情上是有責任的，那就是在離開西安避風時應該給林老打招呼。由於工作疏漏，結果弄得節外生枝，實在不好。林老同意我的想法並向外界通報了實際情況，並要我以後在類似事情上多加注意。

鑒於中共十六大將在二〇〇二年秋天召開，這不僅是執政黨的「大事」，也是關係全國人民的「大事」，因此，我當時向林老提出在十六大召開之前，國內人士應該發一封公開信向執政黨提出我們的基本要求和建議。我同時建議由林老來領銜做此事。但林老說自己早在二〇〇二年春就對外界聲明不再參加集體性活動（主要是他的老友李慎之先生給他提的建議），現在再參加是不合適的，並對我說：「你們不要總依靠老人，我們不要像共產黨那樣，名義上在前臺退了，實際上卻在幕後操縱，我們不搞這一套，我們可以提些意見和建議，但活動怎樣開展，要由你們自己決定。」見勸說不動，我只好暫時放棄，開始與友人籌畫相關事宜。我先是請成都的歐陽懿先生起草了一份初稿，歐陽先生起草後電傳過來，林老看了後覺得不太合適——主要是文學意味太強了些，而致中共十六大的信文應該是一份比較嚴肅的政治性檔。於是推倒重來，由我重新起草了一份公開信，對於中共在經濟改革方面所取得的成就表示充分肯定，但同時認為政改滯後而導致種種社會矛盾和社會危機的存在，因而要求執政黨進行民主化改革，並具體提出六條建議：

一，重新評價「六四」事件；

二，允許海外流亡人士回國參加現代化建設；

三，恢復趙紫陽的公民權利和政治權利；

四，釋放所有持不同政見者；

五，推動全國人大在二〇〇三年批准《公民權利和政治權利國際公約》；

六，修改《選舉法》，允許縣級以下人民代表及其行政長官實行民主競選制，用十到十五年時間逐步過渡全民選舉。

草稿完成後，又請在西安的其他朋友修改，最後由林老定稿再通過電子郵件及電話、傳真發往外省市徵詢意見，最後於十月中旬統稿。

與此同時，我總覺得這樣一份公開信需要像林老這樣有國際影響力的人來牽頭，我又去勸說林老來帶這個頭。我說我們所尋求的這個民主事業還在非常艱難的奮鬥時期，不應過分計較老年人與年輕人之間的職責劃分，更無法和共產黨的那一套相比。我覺得現在應該是團結整合一切力量去為民主目標而奮鬥，而不是去顧忌「老年人阻擋或干預年輕人」的事，我們現在還遠不到這一步，還談不上這個問題——林老也覺得我說得有道理，但是他還是堅持說他已經答應李慎之「不再參與年輕人的事情」；我說：「您雖然答應了，但這不是什麼太大的原則性的事情，再說為了亞洲第一大國、為了世界人口最多國家的民主事業違背一次私人之間的承諾又有何不可呢？」林老說他一個老人不合適，我便提議能否請鮑彤先生一塊做此事——我說：「您和胡耀邦共過事，而鮑老又和趙紫陽共過事，你們兩位老人若能夠出面做此事，這份公開信的分量和意義就會大不一樣了。」（我知道兩位元老人平時有電話往來，二〇〇二年六月三日晚上，兩位老人通電話時，談著談著竟然對著話筒哭起來了……那是什麼樣的淚水啊！）林老思考良久，最後說如果鮑老也參與，他就再「破例一次」，我說「您可以和鮑老聯繫呀！」，林老說他直接和鮑老聯繫不合適，我說我可以去一趟北京，林老思考了一會兒，說：「我給鮑老寫一封信，你帶過去試試，若行就行，若不行，就不要勉強。」於是林老便寫了這樣一封信——

鮑彤同志：

先向全家問好！

前幾年，我先後托北京和西安的中青年朋友帶信、帶書給你，均未衝破森嚴壁壘；我寫過一次掛號信，被你那裡的街道辦退回來，並注明「無此樓號」，我寫過一首打油詩，也無法寄給你：

無緣相見只神交，
咫尺天涯非路迢。
何日神州春意鬧，
吳山越水任逍遙。

趙常青君有事赴京，再請他帶一封信試試，只抱十分之一的希望。全國各地許多志士仁人早就希望你能帶領大家發表一個呼籲和建議。十六大前，大家又有此要求。我知道，你同績偉、李銳、慎之一樣，堅持不參加集體活動，但破一次例總是可以的吧！本來我在今年春初已經宣佈不再參加集體活動，並已付諸實行，但如你能出山一次，我再附驥尾一次，下不為例。如果你仍然不參加集體活動，你我兩人合作一次，如何？

我寫了一封短信，僅供參考，你如參加，請你重新起草，怎麼寫我都贊同。

祝快樂！

林牧

二〇〇二年十月十五日

（注：這封信原日記並沒有，為筆者出獄後根據信件原文抄錄而成）

於是我便帶著這樣一封信去了北京，走之前，林老又叮囑我：「北京這一段時間管制肯定很嚴，你一定要注意安全。」帶著這樣的使命，十月十六號我便去了北京，我先找到北京的友人，向友人說明情況並與她商量拜訪鮑彤先生的方法，她說北京這一段時間風聲很緊，為安全計，她可以去打個前站，先瞭解一下情況，如果問題不大，我再前去，我表示同意，於是這位友人便去了。

第二天，友人來到我的住處，談了她去拜訪鮑彤的經過。她說，鮑老住樓下面有個專門的崗亭，對上下樓的人進行監視。因為她是北京人，說是走親戚也就上去了，推門進去後，又驚訝又高興，說是他那裡難得有朋友來訪，他基本處於半隔離狀態。他說自己住的房子幾乎就是透明的，當局對他的房子都做過精心處理和佈置，因而到他那裡去的朋友都是不安全的。當朱大姐說明來意並說我就在北京時，鮑老說，請西安的朋友不要來了，來了肯定出問題，那樣事情就很麻煩了。同時他說自己出獄後一直沒有參加過集體活動，一直都是在外電採訪時才發出自己的獨立聲音，因而現在也就不好再參加集體活動。在此情況下，考慮到自己如果在北京被捕就會耽誤本次活動的開展，同時出於對鮑老個人意願的尊重，我也就只好打消相關念頭，取消了當面拜訪鮑老的計劃，去中關村拜訪了許良英先生之後便回西安了。

回到西安後我如實向林老說明了情況，林老說，既然這樣，你們就自己搞吧，不要以為少了我們幾個老人，活動就沒有意義了。我不好再說什麼，只得很遺憾地最後放棄由林老出面牽頭的計劃。

接下來我便開始徵集各省名單，到十月底，便徵集了一百九十二人。其中上海人數最多，於是在征得上海方面的意見後，在名單排序上我便將上海排在了最前面。十一月初我將公開信電郵給中國人權主席劉青，由劉青對外發佈。

但就在我從北京剛回到西安的時候（十月二十三日），林老告訴我四川的蒲勇身患胃癌需要緊急援助，並說原定的給他過七十五周歲生日的活動不要搞了，將錢節省出來給蒲勇寄去。我迅速和四川的歐陽懿及蒲勇本人取得了聯繫，將很有限的一點錢（千）給寄過去，關於林老生日的事，西安的朋友們在林老的堅持下，以自助餐的形式集體去到一個泡饃館吃了一頓羊肉泡饃，並在飯後集體合影一張。

又過了兩天，當我打電話給蒲勇詢問病情時，電話那邊卻傳來了蒲勇先生已經病逝的噩耗。蒲勇先生的去世對我的打擊非常大——這裡不妨多說兩句：蒲勇原為四川南江縣某鄉副鄉長，八九年六四屠殺發生後，蒲勇勇敢的站出來譴責北京當局的殘暴並憤然辭去副鄉長職務。結果他被四川地方當局逮捕並以反革命罪判處十年徒刑。與此同時他的弟弟——正在清華上學的熊偉（隨母姓）也被公安部列為全國通緝犯之一（一對好兄弟）。因為獄中迫害蒲勇患上了胃病，一九九九年蒲勇刑滿釋放後因體弱多病一直在家。二〇〇二年十月我為十六大公開信徵求簽名時，蒲勇先生忍著疾病的折磨要求我把他的名字也寫上，可幾天後，他竟然因病去世了，且年齡不到四十歲。倘若他當年順應體制，為當局鎮壓行為叫好，我想他也不會有十年牢獄之災，更不會如此英年早逝。因而當我從電話裡接到他的死訊時，我特別震驚，我都不知道自己說了些什麼，掛斷電話後，我難過得伏在桌子上哭了，那真是同志間的一種巨大的悲哀。悲哀之餘，我立即決定發悼文，並進行相關悼念活動。我迅速起草好悼文並電話聯絡了二十八位元國內同志（均為各省有代表性的民主人士）進行共同悼念。第二天我去到林老那裡，林老對蒲勇的病逝也深表痛心，單獨草擬了唁電文稿交我一併發表。於是我將這一組電文發給美國的劉青及臺灣民主基金會的洪哲勝，洪在《民主通訊》上悉數刊登。

二〇〇二年十一月四號，我忙完了所有該忙的事（包括有關十六大的事情及蒲勇先生病逝的事），當天下午我去到林老家裡閒談，我說：「甘地當年在南非和印度開展過非暴力的自請入獄活動，這個活動社會效果很好，我們是不是在什麼時間也可以開展這種活動？」林老笑著說：「你要是能夠發動起這個活動的話，我一定帶頭參加。」我當時心裡十分感動，我說：「您都這麼大歲數了，還親身參加這種活動？」林老卻說了下面這幾句我一輩子也忘不了的話，他說：「歲數大又怎麼啦，你知道曹操《龜雖壽》這首詩的內容嗎？曹操說『老驥伏櫪，志在千里，烈士暮年，壯心不已』曹操尚能如此，我為什麼就不能參加呢？」誰知道十一月四日下午的這次面談竟成了我和林老之間的「最後一課」——我根本不用再搞什麼「自請入獄」活動，因為三天後的十一月七日，我便被有關方面逮捕了……！

十一月六日，上海的兩個朋友（戴學忠和桑堅城）來到西安，在我陪桑堅城吃飯期間，我的電話不正常的響了多次，我感到不妙，因為十一月八日十六大就要召開，而我在這一段時間做的事太多了，我估計警方正在搜捕我（後來證實），上海的朋友要我十一月八日與他們一塊去上海避一陣風，我表示同意，並約好了十一月八號我與他們在西安見面的地點和具體時間。當天下午我給林老打電話打不通，黃昏時分我接到另一友人的電話，電話中說：「警方正在找你，林老要你立即離開西安！」看樣子，林老給我打電話打不通，故通知協力廠商轉告我，要我立即去外地避風頭。於是我做了簡單收拾，並給美國的劉青發了一封電子郵件，大致談了一下自己的危險處境並說明自己準備去外地避風，目的是防止七月分那種不辭而別所造成的被動局面的再次發生。然後，我回到住處將該處理的東西分別處理。考慮到我住的地方警方一時找不到，我仍然決定第二天去肺結核醫院檢查一下病情（八月下旬至九月我在結核醫院住院治療肺結核）並買些藥，我打算十一月八日與上海的朋友一塊去上海避個風頭。遺憾的是第二天上午在結核醫院我便被西安警方逮捕。

我被逮捕後，林老開始了一系列對我的營救工作，雖然這並未能阻止當局將我送進監獄，但我的心裡卻感到暖洋洋的。

二〇〇四年，我在獄中得到消息說，我被「全美學自聯」授予「人權鬥士」獎（注：實際為「自由精神獎」），雖然我感到自己受之有愧，但我也有些自豪，這份榮譽大概也包含著林老對我的關愛吧，記得二〇〇二年作為「中國人權」理事之一的林老還推薦許劍雄和我作為二〇〇二年度「中國青年人權獎」的候選人，但該獎在二〇〇二年度頒給了北京的李海）。

大凡坐牢的人都有一種巨大的孤獨感，我也一樣。每當我感到一種汪洋大海般的孤獨的時候，我便開始回到昨天，回憶過去的種種經歷，而與林老的交往則是我樂於回憶的主要內容之一。在有幾次夢中我還見到林老，多少次我還幻想出獄後，第一個要去拜訪的就是林老，還幻想著在林老的旗幟下去為民主事業奮鬥，幻想著老人八十八歲過壽時的熱鬧情景。由於思念，去年（二〇〇五年）冬，我還委託妹妹於今年春節時去看望了林老，妹妹後來告訴我說，林老要我在裡面不要著急，保護好身體，當聽妹妹說我因不服從管教而被多次關禁閉時，還給妹妹說要我靈活些，該妥協時還需妥協，將眼光放長遠些，不求一時一事之得失。想不到這便是林老對我的最後遺言和關照。我的心裡真是難過極了，我為自己失去了這樣一位事業上的良師益友而難過。更重要的是，林老的去世對於中國的民主事業是一個無法估量的損失，西安警方在抓獲我後就有一個員警公開詛咒林老是「老不死的東西」，他們將林老視為一個最有影響力的不安定因素，而林老一則由於年齡大，二則由於影響力大，因而警方又不敢輕易動他（九十年代遭到幾次抄家），現在林老終於去世了，政治員警們也終於可以彈冠相慶了吧。

我難過還因為林老去世時我竟然被關在監獄裡，就如去年趙紫陽先生去世時我被關在監獄裡一樣，我無法為老人們獻上自己的花環，甚至連一朵小白花也不能相送，但我知道林老對我的期望是什麼，我會以加倍的努力去為中國的民主化事業而奮鬥的，林老以鞠躬盡瘁、死而後已的偉人風範為我輩青年作出了傑出的榜樣，我相信在林老的愛和關懷裡，在林老的信任和期望裡，我會以實際行動接過林老留下的民主大旗，團結一切力量去為中國的民主事業而奮鬥到底！我相信，中國的未來，一定是民主的未來，中國的明天，一定是自由的明天！

二〇〇六年十二月十三日於渭南監獄悼

悼林牧先生詩詞兩首：《烏夜啼》、《北風歌》

十二月十一日，妹妹來探監看望我，告訴我林牧先生去世了，我心裡真是悲痛，難過之餘，做詩詞兩首，錄於此，以寄悲思與緬懷——

烏夜啼

哲人去了仙鄉，
何堪傷，
總憶當年垂教好時光。

憑鐵窗，
淚千行，
恩難忘，
卻痛只能素花掛心上。

北風歌
悼林牧先生

北風蕭蕭兮渭水蒼蒼，
南山默默兮白雪茫茫，
哲人遠去兮天地鐘鼓，
鐵窗濺淚兮染我心房。

俯首追思兮草木含悲，
老驥伏櫪兮志在千里，
大旗飄飄兮乾坤浩蕩，

烈士暮年兮壯心不已。

長臥冷床兮遙望蒼天，
屈指算來兮相知九年，
九年師恩兮如山如海，
敢不奮起兮勇往直前。

是的，老人能為中國民主事業鞠躬盡瘁，死而後已，我們——這些尚活著的朋友們和同志們又有什麼理由苟且偷生、又有什麼理由不去為這一偉大的事業而作繼續的努力和奮鬥呢？！

是的，林牧先生所未竟的事業便是我（們）——應該繼續奮鬥的事業！

林牧先生所奮鬥的方向，便是我（們）——應該繼續前進的方向！

林老，安息吧！

二〇〇六年十二月十三日悼

劉賓雁先生去世了！

二〇〇六年十一月十八日

對於我來說，這個冬天真是很冷很冷——前不久我才從妹妹那裡得到林老（林牧先生）去世的消息，昨天晚上又從別人的收音機裡瞭解到劉賓雁先生也去世了——不僅去世了，而且去世一周年了……！

VOA說，十二月九號，在劉賓雁先生去世一周年之際，鄭義等流亡海外的部分華人學者在普林斯頓大學舉行了周年紀念座談會。而在距離座談會場不遠的另一個地方，另一部分華人卻在上演一場懷舊歌曲演唱會，曲目竟然有《東方紅》及樣板戲之類的歌頌毛澤東時代的東西。主持座談會的人因此很感慨，對中國人的民族性問題進行了批評，認為毛澤東製造了像反右、大躍進和文革這樣的歷史大悲劇，卻還有不少人依然去為他唱頌歌，而且是在美國這樣的土地上，真是不可思議！主持人說，難以想像德國人會為希特勒唱頌歌。主持人最後引用了劉賓雁先生對中國人曾經承受的專制下的苦難及部分中國人對專制制度的不覺悟、不覺醒狀態後痛心地表示「活該受罪！」——我想，豈止是劉先生痛苦地發出「活該」的譴責，七八十年前的魯迅先生早就對一部分麻木的中國人發出過「哀其不幸、怒其不爭」的吶喊了！

而問題在於魯迅先生早已去世，做同樣吶喊和戰鬥的劉賓雁先生也去世了，魯迅先生尚能在自己的祖國畫完生命的句號——儘管當時的中國處在蔣介石和國民黨的統治之下，但當時的文化界尚能對魯迅先生做公開的悼念和祭奠。但劉賓雁先生卻在海外流亡了十七年後客死他鄉——VOA說，劉先生生前曾向中共當局表示過申請，要求回歸故國，實現葉落歸根的夙願（二〇〇一年前後去世的王若望、王若水先生也曾做過這種表示），但中共當局卻不能原諒劉先生在八十年代力昌自由和民主的行為，頑固的對劉先生等人封死了國門。與魯迅等人的際遇相比，劉先生的遭遇真是何等的不幸……！

其實，這豈止是劉先生的不幸，這也是我的不幸，是迄今仍生活在一黨專制制度下的整個中華民族的不幸！是十來億中國人民的不幸！

當局如此反人道主義的行為，對民主自由人士的如此敵視，並不能證明他們的強大，更不能嚇到所有為中國民主事業而奮鬥的朋友們和同志們！當然，更不能嚇倒我！

一九四八年，邱吉爾先生在對牛津大學的同學們演講時曾說過這樣一段話：

「同學們，我送給你們一句話，那就是——永遠不要放棄！永遠、永遠不要放棄！永遠、永遠、永遠不要放棄！」

我想，邱吉爾先生的這句話除了牛津大學的師生們聽到了以外，遠在亞洲的我也聽到了！對於我來說，儘管現在是第三次生活在共產主義當局為我打造的牢房裡，儘管尋求人道主義、高揚民主自由大旗的王若望、王若水、趙紫陽、劉賓雁、林牧等老人也先後離去，但這並不能阻止我去為祖國的民主事業做頑強的奮鬥！沒有任何力量能使我改弦更張、放棄對民主事業的尋求！相反，我將勇敢的接過老人們所曾經高揚的民主自由大旗，並同樣勇敢的去為民主自由這一偉大的事業做終生的奮鬥！

民主萬歲！

自由萬歲！

二〇〇六年十二月八日於渭南監獄

我的旗幟和奮鬥

二〇〇六年十二月十八日

回想起來，從孩子時代到現在的三十多年人生行程中，我之心靈大地始終高揚著一面飄飄烈烈的大旗，引導著自己向著理想的巔峰前進！

戴高樂先生曾說過：「偉人之所以成為偉人，在於他立志要成為偉人。」能否成為偉人是另一回事，但不能否認的是自小至大我的心中確有這方面的想「想法」，而且一直存在著這方面的「想法」。

我上小學時讀過一本《戰國故事》，對蘇秦、張儀十分佩服，尤其對蘇秦能從一介寒門弟子通過「嘴上功夫」而終佩六國相印、指揮六國合縱抗秦的事情至為掛懷。而上小學時，至為佩服的另一個人是諸葛亮，大概在我十歲第一次去縣城買的第一本小人書便是《三顧茅廬》，對諸葛亮的才能智慧十分欣賞。上中學時最喜歡的另一個人則是周恩來——記得我在八六年九月才讀高二時的一篇談理想的日記裡談到自己對政治的巨大興趣，並明確自己將來「要做周總理式的人」，而且還說「總之，決心達到目的（指考上大學後），要踏平坎坷、致力政壇，振興中華，威震世界」（這是絕對的日記原文）。而當世界歷史上到美國南北戰爭時，歷史老師對林肯的介紹又讓我對林肯佩服的五體投地。八六年暑假我在西安打工時買了一本《希特勒的興亡》又使我喜歡上了歷史，因為希特勒在流浪維也納時，在居無定所、饑寒交迫的情況下，能一連好幾個小時蹲在某一個角落裡讀書——讀德意志的神話和歷史，而對歷史的這種閱讀為他後來登上政治舞臺並成為世界級的演說家和政治家（儘管反動）打下了充分的知識基礎。

大學一年級時閱讀有關五四運動的書籍又使我對毛澤東和哲學充滿了興趣，因為毛澤東在《講堂錄》中說過要改造中國「須從哲學入手、倫理學入手，從根本上變換全國之思想……則沛乎不可禦矣！」

由此可見，在二十歲以前活動在我心靈舞臺上的主要大人物就是：蘇秦、張儀、諸葛亮、周恩來、毛澤東、林肯、希特勒——他們深深地影響了我的青少年時代，並因此而立志要使自己成為「周總理式的人」。

不過，中學時代以前自己只是想做一個像「周總理」那樣的大人物，但思想並沒有定型。所有前述那些歷史「大人物」只是從個人人生「成就」的意義上講為我標定了旗杆，但這根旗杆上究竟掛什麼樣的大旗並沒有決定，或者說那個時候還不知道怎樣決定——只知道要建功立業，但建立什麼樣的功業，心中則是很模糊的。

但這種模糊狀態持續到一九八九年春學潮發生後就結束了。

在學潮發生前我的日記、書信裡就表達了某種渴望「自由」的旋律，在校團委和《大學春秋》編輯部有關紀念五四運動七十周年的徵文活動中，我所書寫的《西化與現代化》一文中更是鮮明地表達了「西化」對於中國現代化的重要意義——尤其是文中談到了民主和多黨政治的意義。四月十五日，耀邦逝世學潮發生後，我更是竭盡所能、投身學潮。在規模空前的五四大遊行中，我為遊行隊伍製作了第一面大旗，這面旗幟上醒目地寫著八個大字——「民主自由人權法治」。我不僅親手製作了這面大旗，不僅親自提出這八個大字，而且親自和另一位同學高舉著這面大旗走在遊行隊伍的最前列。當六四大屠殺後我被捕進秦城監獄時，我一生的理想和志向便有了，那便是為中國的民主事業而奮鬥終生！要做的不是共產黨的「周恩來」，而是民主陣營的「趙常青」！要做的不是帝王將相思想指導下的蘇秦、諸葛亮、毛澤東、希特勒，而是要做以民主、自由、人權、法治為最高憲法的趙常青！

到這時，我也就明確地為自己的百年人生揚起了第一面飄飄烈烈的大旗，經過十餘年來的風風雨雨的洗禮，這面大旗益顯莊嚴奪目。我相信自己會繼續高揚這面大旗走向未來、走向前方！走向燦爛與輝煌！

二〇〇六年十二月十八日於渭南監獄

我的奮鬥

二〇〇六年十二月二十日

在我上初中三年級的時候，為我帶《法律常識》的老師是校長舒守穩先生。在我這個十五歲少年看來，舒校長有著中年男人的一切美德，聽他的課簡直是一種很好的享受。但他對於我的影響最主要的卻不在於書本知識，而在於他在課堂上常常向我們強調的一句帶有箴言性質的話語——「恆心架起通天路，毅力築起凱旋門」，向我們這些十五六歲的青少年大談「恆心」、「勇氣」與「毅力」的重要性。意在訓勉我們不僅要在學習上、而且在做任何事情上都要能夠持之以恆。我不知道其他四十多個同學如今還有多少人能記得老校長當年的訓勉，但二十多年來我始終未敢忘記，並時常以此良祝加以自勵自勉。尤其在我因遭逢挫折而面臨心理危機的時候。

前面說過，我是在一九八九年的學生民主運動和秦城監獄生活的洗禮中確立民主理想的。自彼時至今，將近十八年的歲月已經過去，而這十八年的生活又大致可以分為三個階段：求學階段、工作階段和入獄煉造階段。而在這每一階段中我都未敢忘記自己肩負的民主使命，並做出過不斷地嘗試和奮鬥。

比如說，自秦城監獄出獄後，學校沒有因此開除我，而是讓我繼續回歷史系讀書，在此後至為陰冷、沉悶的校園生活中我除了埋頭讀歷史、讀哲學之外，還在高壓態勢下兩次發起徵文與組團活動，但均被校方取締。八九年十二月二十五日，當羅馬尼亞共產黨總書記齊奧塞斯庫被人民執行死刑時，我還在校園宣傳欄張貼過一張上面寫著「烏拉，齊奧塞斯庫被槍斃了！」的大字報——這張大字報很快被校方撕去。九一年政教系和校團委在文化角舉辦的辯論活動中，我與兩個教條主義的老師就社會主義與馬克思主義的一些問題展開激烈辯論——我們的辯論吸引了幾十個圍觀的男女同學，結果，與我辯論的老師理屈詞窮，只能說我的思想很危險、要注意。而那天下午吃晚飯時在餐廳裡，兩個我不認識的研究生（後來知道其中一個是畢業後分配到山東《大眾日報》社的賈春國）來對我說：「我們看了今天下午文化角的辯論，你有這樣好的理論思維能力，你應該去考李澤厚或劉再復的研究生。」賈春國的這番話還讓我挺激動的。李澤厚和劉再復兩人對我的大學時代影響還是非常大的，尤其李澤厚先生，他的三大思想史論、《批判哲學的批判》、《美的歷程》我均拜讀過，他的〈積澱〉學說，〈救亡與啟蒙的雙重變奏〉、〈西體中用〉理論也均對我產生過重大影響。

九二年六月畢業前夕，為了理想我還專門去了一趟上海看望復旦大學和同濟大學的幾位友人，因為都快畢業了，我找到他們（同濟大學的盧方武、汪巍、李建軍、段克儉以及復旦大學的趙紅綱、胡濱、胥劍麟等）是想和他們建立起正常的聯絡，以圖將來共舉民主大業。不想我在上海的活動被當地警方迅速反映到我的母校，以至於我回到西安後，校方派人對我在上海的活動進行嚴厲追查，若不是系主任兼黨總支書記邵宏謨先生對我的強力保護，我可能連畢業證都拿不到，遺憾的是我因為去上海而錯過了畢業合影，想起來真有一些說不出的心痛……！

九二年參加工作後，我於九三年春節收到母校轉來的大量海外賀卡（歐美港臺日澳都有），這事促使我九三年春去到山東想把西部赴魯青年組織起來，但因種種原因未能遂願。於是決定沉下心來準備考研，決定以合法身分返回中心城市，在更高的平臺上去謀求民主理想的實現。

但由於九三年春陝西省國家安全廳就開始對我進來立案偵查，結果考研道路走不通，九七年我對於考研徹底死心，並義無反顧地選擇了正面鬥爭的道路去尋求民主理想，結果迎來了百年人生行程中一段空前黑暗、空前殘酷的坐監歲月。

但無論這幾次監獄生活發生了多少侮辱、折磨和苦難，我感到除了一種累和疲倦外，我的心靈大地始終飄揚著民主的旗幟，自由的聖火也始終在我心靈的聖壇上燃燒著。不僅如此，我相信在人生的未來我還會為著民主的理想而勇敢的奮鬥下去的（只不過某些奮鬥的方式需要加以修正和改變）。我相信老校長的教導「恆心架起通天路」，我相信北京和中南海不僅僅是帝王將相尋歡作樂的地方，她終會向所有的民眾提供平等的機會並使之成為一個服務於國家和人民的工作場所。我相信她也會給我以機會使我去努力完成自己關於祖國的最高願望的（即一個偉大、民主、統一、繁榮的現代化國家的崛起和騰飛）！

二〇〇六年十二月二十日於渭南監獄

值得注意的連臺「好戲」

二〇〇七年一月十日

最近在宣傳、文化等意識形態領域發生了幾場連臺好戲，這便是電視劇《大國崛起》在央視二套的播出；劉軍寧在《南方週末》上發起的「文藝復興」大討論及俞可平《民主是個好東西》一文的發表所引起的「民主」熱評。

一，關於《大國崛起》

前一段時間央視二套欄目播放了《大國崛起》歷史解說片，在我自費訂閱的《南方週末》上瞭解到該片共十二集，對十五世紀以來先後崛起的九個世界大國（葡萄牙、西班牙、荷蘭、英國、法國、德國、俄國、美國、日本）進行了較為客觀的評價。對這些大國先後崛起的原因進行了分析。我沒有看到這部片子（服刑人員看的均是什麼武打片、暴力片及相關文藝節目）。但從記者的採訪文章中知道該片在央視播出後線民及社會反響巨大。而線民及社會熱議的話題是這些國家尤其是英法美等國崛起的制度原因，這自然不可避免的涉及到「民主」與「自由」話題。當《南方週末》記者在採訪製片人時說不少觀眾從該片中「讀」出了「民主」、「自由」的味道時，製片人則辯白說這是「誤讀」，當記者問起該片的製作是否具有某種「政治」背景時，製片人加以否認。但同時指出，三年前，中央政治局曾邀請有關學者專家為政治局成員講解十五世紀以來世界主要大國的歷史，他們聽到這個消息後，覺得如果能用電視圖像加以歷史解說的形式再現這些大國的崛起歷史可能會產生更好一些社會效果。於是經過三年的努力，終於拿出來這樣一部比較接近歷史真相的作品。

其實製片人出於「政治安全」考慮所作的這種「此地無銀三百兩」式的辯解在中國的政治環境下我認為是可以理解的。但不管製片人有無背景，該片的製作有無高層暗示，我認為其意義都比較大。

其一，這部片子能在央視二套播出，這就很能說明問題，尤其在首度播出引起巨大社會反響後，央視又二度重播，這說明中國高層在意識形態領域已開始表現出相對溫和姿態，至少在目前是默許這種「新鮮事物」的存在。儘管片子說的是別國的事情，但九個大國崛起的諸多原因中都有一個很重要的制度原因，那就是民主、自由與市場經濟在一個大國的崛起過程中充當了第一發動機的作用。當然，早期的葡萄牙、西班牙和後來的德國、俄國

（蘇聯）似乎在民主、自由制度方面的功效要弱一些。而中國高層也早在談論中國的「和平崛起」問題。回顧中國在近二十年的迅速發展，其深層原因正是在經濟領域逐步向自由化、市場化方向前進的結果。但中國要想進一步把自己塑造成內部社會充滿「和諧」旋律的大國，就必須從政治層面解決民主問題。只有整個國家政治生活民主化、社會生活自由化後，一切在高壓態勢下所內聚的諸多矛盾才會得到有效的解決，中國的崛起才會有持久的內部動力。而近現代英法德日美的崛起也正好證明了同樣的原因和規律。現在中國的國家電視臺播放這樣的節目，哪怕根本不是高層的暗示，它也比這種片子胎死腹中不知要好多少倍！

其二，從該片播出後線民及社會的反響來看，我認為中華民族還是很有希望的。從八九年六四事件後，中國社會曾長期處於百花凋零、萬馬齊喑的局面。充斥在各大電視螢幕的盡是些什麼帝王將相劇、才子佳人劇、功夫武打劇、神靈鬼怪劇及為專制帝王歌功頌德的所謂反映主旋律的「歷史正劇」等等。極端娛樂化、庸俗化、愚民化的鬧劇、雜劇讓我感到了一種汪洋大海般的垃圾文化在污染著一個偉大民族的心靈，並為此而感到一種深深的悲哀和憤怒。也正是在這樣的總體文化背景下，《大國崛起》這樣負責任的政論歷史片一經播出猶如一陣「迎面吹來涼爽的風」在廣大電視觀眾心中喚醒了某種久違了的政治熱情——當我在《南方週末》上讀到記者採訪文章中有關「民主」、「自由」的字眼時，我像經歷電擊一樣——我記得當時的眼中充滿了熱淚（而我現在——此時此刻的眼中也是溫熱濕潤的，儘管正是三九寒天）。而透過淚光我感到了廣大人民對於民主自由制度的熱切呼喚。我認為當人民開始對「民主」進行千呼萬喚的時候，一個新的進行民主政治改革的時代也就快到來了。

我希望文藝界、文化人多製作一些這類於國於民都有重要意義的片子，多製作譯介一些歐美民主政治文化中的相關內容，如《自由大憲章》的誕生背景、《權利法案》（英）、《獨立宣言》（美）、《人權宣言》（法）、美國一七八七年憲法及相關權利法案和修正案的解說；英美兩黨民主政治的源流，歐美民主選舉的場景實錄，爭取人權的歷史進程及典型個案分析，以及法治憲政史都應該作為人類文明的結晶拿來展示在我們人民的面前。正如市場經濟已經為包括中國人民在內的絕大多數人類帶來很實在的好處一樣，民主、自由及其相應的制度建設也一定會為我們的國家、我們的民族、我們的人民帶來歐美國家及其人民已經享受、正在享受並將繼續享受的那種同樣的好處！

二，關於「文藝復興」（第二件值得關注的事）

《南方週末》二〇〇六年十二月十四日發表了中國藝術研究院中國文化研究所劉軍寧的動員性文章《中國，你需要一場文藝復興》。

劉軍寧本為中國社科院政治學所研究員，他和秦輝、徐友漁、朱學勤等國內自由主義學者一樣，長期關注中國社會的現代化進程，其言論曾一度被當局列為黑名單。一九九九年劉先生組織翻譯了杭廷頓的《第三波：二十世紀後期的民主化浪潮》，並編譯出版了《民主與民主化》這本在國內學界很受歡迎和重視的論文集。現在，他又公開在《南方週末》這種大型報紙上刊發了這樣一篇呼籲中國文藝復興的文章，這當然讓我激動。作者認為任何先進的文明，任何優秀的價值理念只有通過文學及文藝舞臺的聲像傳播才能使之從少數人欣賞的象牙塔內被推廣普及到民間大眾的心靈及日常生活中去。而這種文明及價值理念也只有被人民大眾所認識和吸收認可才會轉化為推動社會與歷史前進的動力。因此，作者呼喚中國文藝界來一場文藝復興。劉的文章已經引起關注，《南方週末》也先後刊發了一些著名學者如熊培雲、楊鵬、崔衛平、秋風等人的回應文章，除了秋風的觀點有些不當外，其他人從總體上都持好評態度，甚至有學者從文藝復興推進到社會復興層面上來論述此問題。

就我的看法而言，劉軍甯先生在一如既往地為中國社會的民主化、自由化而努力。他力倡的個人主義的價值理念在官方教科書上始終是當做西方「資產階級」的東西來加以批判。但中共意識形態裡所大力鼓吹的集體主義價值觀其實看穿了它終歸還是為了個人，只不過它是讓大部分人損失奉獻自已的利益而讓一小部分官僚特權階層構築起巨大的個人主義利益圍牆而已。而要破特權階層獨享的個人主義圍牆，就必須大張旗鼓、名正言順地宣揚個人主義價值觀並為之正名，洗刷掉官方意識形態所強潑在「個人主義」大旗上的濁泥污水。

我們必須意識到個人主義是自由主義的核心，是自由主義的立身基石。離開了個人主義自由主義大廈是難以建立的。我十分相信亞當·斯密的下列論斷：「追逐個人利益的結果，是他經常地增加社會的利益，其效果要比他真的想要增進社會的利益時更好。」因此從這個意義上講，我十分認同劉軍甯先生的觀點。而《南方週末》能發出這樣的文章及相關討論文章，使我感到了某種「百花齊放，百家爭鳴」的文化氣氛。我希望中國的文化精英們能夠回應劉先生的呼喚，通過電影、電視、戲劇等等文學藝術形式將中國社會推進到一個真正的不設人為邊界的百花齊放、萬紫千紅的時代，從而為中國社會的復興、中華民族的崛起與繁榮奠定深厚的民眾心理文化基礎。

三，關於《民主是個好東西》（第三件值得關注的事）

如果說《大國崛起》在央視的播放，劉軍寧在《南方週末》上的「文藝復興」呼喚讓我確實有些興奮的話，這第三件事則讓我十分地激動、非常地激動了——這件事便是中央編譯局副局長俞可平的文章《民主是個好東西》的公開發表了。

元月八號，顏連長（顏鋒，主管我改造的副監區長）遞給我一份列印材料，說「你把這篇文章看一下，是我專門從網上給你下載列印的。」我原以為這又是什麼教育材料，沒當回事，但拿回監舍仔細一看卻大喜過望。就這篇文章的內容而言，這一點也不像一個共產黨官僚寫的文章，倒是像朋友圈內傳閱的文章，更不像是發在《北京日報》上的文章，倒像是發在《北京之春》及《大參考》這類雜誌上的文章。因為文中關於民主價值觀的論述幾乎表述的就是具有普世意義上的民主價值觀。作者幾乎在每一自然段的開頭都斷然宣佈「民主是個好東西」。在分析「民主」為什麼是一個「好東西」時，作者說——

「民主是一種保障主權在民的政治制度……民主保證人們的基本人權，給人們提供平等的機會，它本身就是人類的基本價值。民主不僅是解決人們生計的手段，更是人類發展的目標；不僅是實現其他目標的工具，更契合人類自身固有的本性。即使有最好的衣食住行，如果沒有民主的權利，人類的人格就是不完整的。」

「民主最實質性的意義，就是人民的統治，人民的選擇。」，「推行民主的基本手段不應當是國家的強制，而應當是人民的同意。民主既然是人民的統治，就應當尊重人民自己的自願選擇。從國內政治層面說，如果政府主要用強制手段，讓人民接受不是他們自己選擇的制度，那就是國內的政治專制，是國內的暴政。」

那麼什麼是作者理解的「民主政治」呢？俞可平說：「在民主政治條件下，官員要通過公民的選舉產生，要得到多數人的擁護與支持；其權力要受到公民的制約，他不能為所欲為，還要與老百姓平起平坐、討價還價。」作者認為民主政治的這個特徵使得「那些以自我利益為重的官員而言，民主不但不是一個好東西，還是一個麻煩東西，甚至是一個壞東西。」

作者還談到民主本身的一些「內在不足」，如「民主確實會使公民走上街頭，舉行集會，從而可能引發政局的不穩定」，民主程序複雜、會降低行政效率等，但作者隨即旗幟鮮明地指出：「在人類迄今發明和推行的所有政治制度中，民主是弊端最少的一種。也就是說，相對而言，民主是人類迄今最好的政治制度。」

在談到實行民主的代價時，作者指出民主可能破壞法制、導致社會失控；在一定時期阻礙經濟的增長；民主可能破壞國家和平，造成政治分裂；民主程序也可能會把獨裁者送上舞臺，「因此，有時民主的代價太高」。但作者立即筆鋒一轉，果斷指出：「然而，從根本上說，這不是民主本身的過錯，而是政治家或政客的過錯。」作者由此指出「推進民主政治，需要精心的制度設計和高超的政治技巧。」

全文用百分之九十的篇幅反複論述了「民主是個好東西」之後，在文章的最後作者說：「我們正在建設中國特色的社會主義現代化強國，對於我們來說，民主更是一個好東西，也更加必不可少。」

雖然作者沿用了一些習慣性說法如「中國特色」、「不照搬外國的模式」、「結合我國的歷史文化傳統和社會現實條件」等，但從前面所引的作者原文來看，作者的本意一目了然，他的「民主」不但不是所謂的「社會主義民主」，不但不是傳統的共產黨官僚所說的那種民主，而且說的就是「民主」的本義，是原生態意義上的「民主」——再說穿了，這種「民主就是「左派」共產黨人所常常批評的那「西方式的民主」，或者說就是我（們）所理解和所尋求的那種「民主」。

這篇文章首先發到中央黨校的《學習時報》上，不久又被《北京日報》轉載。考慮到作者的身分為中共中央編譯局副局長，再考慮到《北京日報》是中共北京市委機關報，而中共北京市委書記劉淇又是中共中央政治局委員，我不能不說我的心中確實有些「吃驚」。如果說這篇文章確實只是作者本人的思想表現（這完全可能），如果說小刊物《學習時報》的刊登也只是出於編輯的「偶然」心靈共振，那麼此後《北京日報》的轉載就絕不具有同樣的「偶然性」了。據我瞭解，中共北京市委及其擁有的《北京日報》向來都是一副偏左的面孔，要在《北京日報》上轉載這樣一篇在「民主」問題上顛覆傳統官樣說辭的文章，我認為如果沒有執政黨中央方面的暗示，《北京日報》自身是不敢如此膽大妄為的。而如果說《北京日報》的轉載是中共中央的授意，聯繫到作者的高幹身分，那麼這篇文章的出臺就絕不僅僅是作者一人思想衝動的結果，在更大程度上，這篇文章從寫作到小型刊物《學習時報》上的發表，再到《北京日報》的轉載，還可能是執政黨中央所釋放出的一系列政改的信號。聯繫到《大國崛起》在央視的兩度播出，我想——共產黨中央的核心人物會不會開始著手運作中國的民主化事業，如果真是那樣的話，則真可謂是國家幸甚、人民幸甚、我也跟著幸甚矣！

按理說，胡溫上臺後是有這樣的政改條件的：

第一，胡溫均接受過高等教育，多次出訪，視野開闊，對中國和世界的總體趨勢一目了然，歐美民主政治文化應該對他們的內心產生巨大的影響力，而且他們的青年時代都經歷過反右、大躍進乃至文化大革命這樣的浩劫，他們應該對這種悲劇的制度性原因有著較為深刻的反省和認識。

其二，胡溫都具有親民傾向。自二〇〇三年以來，在具體施政行為上，如減免農業稅、減免學費、建設新農村、構建和諧社會等，都表現出親民方面的努力。而民主作為提升人民主人地位的政治槓桿，他們不應該有反對的理由。

其三，胡溫看起來好像還是想幹點「大事」的人。但從改革領域上講，最能成就他們「千古英名」的事情便是目前仍處於野蠻狀態的政治疆場了。因為經濟領域的改革隨著二〇〇七年度的到來中國在國內市場化和 WTO 方面難以再有什麼大的動作。因而，要想幹大事最好和最後的選擇便是高揚民主改革的大旗，將中國推向民主化的未來。

其四，從歷史遺產方面講，胡溫基本沒有什麼負面包袱，七十年代以前的歷史悲劇胡溫不沾邊，八九年六四事件對於中共是一個巨大的包袱，但胡溫當時都無發言權，更談不上決策。因為不背六四包袱，因而民主化改革並不牽涉到胡溫自身的利益。相反，若由他們來主導這種民主化改革，剛好可以使中共借坡下驢，解除這一歷史包袱，而人民——包括我在內都會因為這種民主化改革而表現出不計前嫌的寬容。

其五，從現實層面講，胡溫經過數年經營已經控制住中國國家的黨政軍大權。特別是對「上海幫」的分化瓦解和打擊更強化了自身的權威性，再經過十七大之前的黨政軍人事調整，胡溫倘若真有心進行民主化改革，中央及省部級主要當權派應該不會說「不！」同時中共自鄧小平時代以來所從事的比較成功的經濟改革也使政治方面的較大作為有了一個相對良性的經濟環境做鋪墊。如果胡溫決心有所動作的話，目前的中國應該說是一個非常難得的改革時機。

我想上述五個方面的情況，胡溫應該比在牢獄中的我還看的更清楚。而胡溫是不是因為看到了這些改革優勢，所以才有意地做出這樣的輿論試探、才有意地明示或暗示諸如《大國崛起》及「民主是個好東西」這樣的「好東東」出臺呢？

我希望這不是俞可平單個人一時的心血來潮，我希望是最高層的謹慎策劃。正如當年《評新編歷史劇海瑞罷官》的出臺導致一場「文化大革命」一樣，我希望《民主是個好東西》的出臺能導致一場新的「民主大革命」，只不過前者是史無前例的歷史大悲劇，而後者則一定是造福全中國乃至造福全人類的歡天大喜劇而已！

我，高興！

我，祈禱！！！

Amn!

二〇〇七年一月十日於渭南監獄

竟然將《春閨秘史》看了兩遍！！

最近一段時間，我總覺得自己的思想處於一種墮落的、危險的、不健康的狀態，具體說來有以下幾個表現：

其一，心裡很亂，看不進去書。

本來，為了彌補自己經濟學知識的缺位，我從偉峰處找來薩繆爾森的《經濟學》（第十七版），準備花三個月時間好好攻讀一下，但看了幾章，心裡就亂得看不下去。而且就連電視裡的「同一首歌」也對我失去了吸引力，想的事情很雜，總有一種焦躁不安、無所適從的感覺。

第二，說髒話，脾氣變得焦躁易怒，不容易自控，總感到煩！

第三，還有一種奇怪的心理活動。也許是因為自己不搞自慰活動因而體內的「里比多」被長期壓抑的緣故，最近一段時間竟然對一個八十年代才出生的小男孩產生了一種近乎某種初戀狀態才會發生的心理衝動……客觀地說，這個男孩長得白淨、秀氣、靦腆，臉紅紅的，眉毛彎彎的，性格溫和，目光柔嫩——最有意思的是連眼睫毛都有一定的弧度，說話聲音不大、心地善良，言行舉止（尤其是走路）多方面具有女孩子特有的那種羞澀……在這個缺少異性的環境裡，他確實讓我產生過一些朦朧的甚至是一些不健康的聯想，並為這種有些讓人感到好笑的想法而感到巨大的慚愧，但無論如何在目前這種心理活動卻是一種客觀的存在，這也許是過度性壓抑造成的，我希望自己能做好心理調節，不要節外生枝，畢竟這個環境太特殊了。

第四，在看不下去《經濟學》的同時，前天晚上到昨天晚上卻弄了一本黃書看。

渭南監獄不像漢中監獄，我在漢中監獄服刑時沒有看到過諸如賭博看黃書之類的事情，但在渭南監獄賭博與黃書卻時有存在。當然監獄和中隊幹部也嚴厲打擊，一旦發現這類情況，幹部都會做嚴肅處理，輕則扣分，重則禁閉，但無論怎樣打擊，卻無法杜絕這類事情。特別是黃書的流通幾乎有一個地下的鍊條。其實客觀冷靜地從人性角度考察，在監獄這樣清一色的單性環境裡，犯群中流通著黃書也是正常的，在社會上我也買過這種書，如《金瓶梅》。但從道德上講、從個人修養上講，這不會是一個好事情，它只會把人引向一個墮落的陷阱。因而我總是提醒自己少接觸或不接觸黃書。二〇〇五年全年沒看，別人給看也不看。二〇〇六年上半年看過兩本、下半年不看，充其量將書中的彩色圖片看一下就將書還給別人。但昨天心又癢癢了，不但看了，而且還將其中的《春閨秘史》看了兩遍，這不是墮落又是什麼？（不過像《金瓶梅》、《春閨秘史》這樣明清時期的豔體文學還是有些文學藝術價值的）。

記到這裡，我想起了甘地曾經與情欲、性欲做過激烈鬥爭的事情。甘地說在自己年輕的時候，長期經歷著惡劣的情欲的誘惑和折磨，並認為要克服和抵禦情欲的誘惑要比克服其他的障礙要困難得多（經查證，甘地原話是這樣的：「自我純潔的路程是艱難而崎嶇的。一個人要達到完全的純潔，就必須絕對擺脫思想、辯論和行動中的感情。超越於愛、憎、迎、拒的逆流之上。我知道我自己還沒有達到這三方面的純潔。雖然我在這方面一直進行著不倦的努力……在我看來，克服微妙的情欲比用武力征服世界要難得多。我自從回到印度以後，總感到情欲一直在我的內心裡潛伏著，這一種感覺使我感到慚愧，但是並沒有使我氣餒。這些經驗和嘗試使我知道在我的面前還有一條艱難的道路。」——作者注）。也因此，甘地發起過「純潔自身」的運動。對各種各樣的欲望（包括性欲）進行節制和抵制，過著一種清教徒式的生活。

我認為針對自身目前存在的精神狀態，我也需要來一場「自我純潔運動」，要充分認識到自己面臨挑戰的艱鉅性，要認識到肩負使命的神聖性。尤其是自己已從二〇〇四年十二月二十四日平安夜起已經皈依到我主基督的旗幟下，基督因為傳播人道與博愛理想受到全世界幾十億人的尊敬和紀念，自己既然選擇了弘揚我主的事業、既然選擇了為人民為後代兒孫謀民主、謀自由、謀人權、謀法治——一句話，謀博愛的事業，那麼就必須要有高於常人的道德修養，就必須努力提升自己的人格和心靈，就必須有高於眾人的涵養和道德根基，而不是相反。必須努力記住，一個偉大的政治家必然是德才兼備的，必然是在人生的各個方面都是優秀的、卓越的、出乎其類拔乎其萃的！

為了提醒自己保持足夠的清醒，從明天開始，早晨不再用熱水洗臉，每天晚上睡覺前用冷水擦洗身體一次！

決不食言！

二〇〇七年一月二十五日於渭南監獄

婉拒「洋娃娃」

昨天，一個平時關係較好的獄友把我叫到一個無人的地方，說：「給你看一個好東西」，看到他神秘的樣子，我便跟著他去了。

下到二樓樓梯的拐角，他從一個布兜子裡拿出一個塑膠「洋娃娃」，說很大因為組裝好後有一米六高，是一個看上去很漂亮的女性橡皮人。尤其是該橡皮人的下半身全部用的是彈性很好的乳膠（填充乳房的那種材料）做成的，從「膚」色、彈性及光潔度來看和真人差不多……我很有些吃驚，看著那一絲不掛的「裸體美女」咋就覺得有一種深深的羞愧感。他讓我用手去觸摸private secrets我拒絕了。他說，這實際上是男性自慰器，他使用後覺得「舒服得很」，我問他怎麼使用，他說晚上把她放在被子裡使用或者單獨找一個無人的地方使用，他還說可以把 private secrets 部分單獨取下來使用。最後他對我說：「你如果想用的話現在就可以使用，我給你望風，或者你把它拿過去晚上在被子裡使用。」

坦率的說，這個人平時對我確實很好，也懂音樂，也曾接受過高等教育。他曾對我說，他以前談過女朋友，但直到現在（四十歲）也未曾體驗過性生活……我的心裡很感慨，我相信他是真心讓我使用這個東西，但我謝絕了他的好意。也許我能理解他的行為，但如果我也這樣去做的話，那就太墮落、太不像話了，因而無論如何我都必須加以拒絕。而且我還勸他也不要搞這事，我認為做那種事對自己的生理和心裡都是一種巨大的傷害。而且一旦幹部發現，還要受到嚴肅處理……他笑了笑，悄悄告訴我，這東西就是幹部給他買進來的，我感到很驚訝，但又一想，監獄戒備非常森嚴，如果不是幹部從中倒騰謀點小利，誰還有這個能力去監牆外面買這樣大的東西。

我們很快離開了，我不知道他是否接受我的意見和建議。不過我覺得我對這件事情的處理很好！很好！

想起來也真可怕，監獄作為一個高度封閉、高度性壓抑的環境，確實把一些人弄得有些性變態了，一個無期、死緩需一口氣服刑十六、七年才能出獄，任何一個正常男人（或女人）在生命力正旺盛的時候，卻連續十多年沾不上異性的邊也確實是非常可怕的事情。國家對服刑人員的懲罰除了生活的懲罰（食品清淡無油水）、勞動的懲罰（強制勞動）、限制人身自由等等的懲罰外，還有一種很嚴重的懲罰便是性懲罰了。根據我的觀察，由於長期的性懲罰，會帶給一部分人一系列的心理病變，它會給一個人的未來造成許多負面影響，也會給國家和社會帶來一些新的問題。然而對於服刑人員來說這種懲罰又是必然的。國家——絕大部分國家都不會允許在監獄裡出現性生活的自由。因為如果允許這種情況發生的話，社會犯罪率肯定會大幅度的提高，在此情況下，人民的生活環境就會嚴重惡化，這種情況當然是不允許發生的。

因此，在目前還沒有一個兩全其美的解決辦法，因性壓抑而導致的諸多心理問題（如同性戀）只好通過獄內心理諮詢來進行醫治。然而目前的心理諮詢好像根本沒有涉及「性」這個話題。我認為心理諮詢中心應該從科學與人道的角度探索這個領域，從而盡可能的減少一些獄內問題和社會問題。

附記：因性壓抑而造成的心理病變的具體表現：

一，說特別髒的髒話的，如「我幹你」、「把你的屁股叫我日兩下」等等；

二，撫摸行為，眾目睽睽之下，以開玩笑的方式摸對方的胸部、大腿或臀部；

三，個別的同性戀行為，長得漂亮的、年輕的、性格內向的二十歲左右的「男娃」，大都會碰到這樣或者那樣的騷擾，有些小孩就會被死纏爛打的服刑人員長期「圈占」、自願或不自願的與對方過半隱蔽半公開的性生活。

二〇〇七年一月二十九日於渭南監獄

來自美國的明信片

昨天晚飯後一位平時關係很好的服刑人員悄悄告訴我，幹部辦公室裡有很多從外國寄給我的明信片和賀卡，這些幹部會看做是違禁品因而不會給我。因為這個服刑人員是幹部辦公室前的小哨（站崗人員），我請他給我悄悄拿兩張回來看看。他答應了，今天下午下班後，這個人偷偷給了我兩張明信片，要我看後還給他，他明天早晨上班後再給悄悄放回去。我答應了並表示感謝。

去到一個無人的地方趁人不注意我看了一下明信片，上面有好幾個人的簽名，有漢語也有英語，跟我九十年代中前期收到的大量明信片一樣，上面寫著簡單的問候和祝福。簽名的人大部分我都不熟悉，但易丹軒和張前進我瞭解。易丹軒我過去就收到過他的明信片。神奇的是張前進，我與他相識於八九年的秦城監獄一〇六號監舍。他當時是北京語言學院學生自治會負責人，六四後被捕，出獄後我和大部分獄友都失去了聯繫，和前進也失去了聯繫。但現在突然收到他在美國發給我的明信片，真是感到好親切。

對於海外友人們的問候我從內心向他們表示深深的感謝，希望他們能和我一樣繼續為祖國的民主化事業而奮鬥，同時祝願他們在遠離祖國的地方健康快樂如意。

二〇〇七年一月二十九日於渭南監獄

二〇〇六年小結

二〇〇六年終於要過完了。

二〇〇六年我三十七歲，對於我的獄中歲月而言，這一年發生的事情不多，但很重要。從某種意義上講，二〇〇六年對於我此後的人生和事業乃至於家庭都有決定性的意義，現將若干事情記錄如下：

一，二〇〇六年開局之時我便是在禁閉室度過的。饑寒交迫的禁閉室生活使我回隊後向王監獄長寫了一封信，要求改善禁閉室的生存環境，但信還未來得及發出，二月一九號我又被送進禁閉室。

二，我一口氣又被關了三個月，但這第四次禁閉卻收穫極大：

第一，在主的啟示下，我發現了那條符合中國國情的民主化道路！

第二大收穫是我解開了我用十三年時間所未能解開的那位神秘老人留言的真諦。

第三大收穫是我通過努力改善了禁閉室的生活狀況，同時通過與監獄長的談話使得付費借書變為免費借書，使得「三無人員」也能自由借書了。

第四大收穫是我在自己無事的時候用「心」琢磨了十幾首古體詩詞。

（詳細情況前面已有記載，此處略去）

三，二〇〇六年決定了洛梅將成為我的愛情理想、婚姻理想和家庭理想，我對洛梅保留了將近十六年的愛情和思念。這份愛情和思戀經過漫長歲月的淘洗和積澱，現在看來不僅很有些古典式的浪漫，而且很潔淨、很純真，甚至當我本人想到這份感情時都有一種深深的感動。

而最不可抗拒或者說命中註定的緣分在於二〇〇五年中秋節與二〇〇六年中秋節的晚上我在向天主祈禱之後主所發給我的指令，主對我的祈禱做出了十分肯定的答覆，這就意味著在未來——後半生的歲月，我最愛戀、最喜歡的洛梅將會成為我的愛人。每當我想到自己會擁有親愛的洛梅、每當我想到洛梅會為我撐起家庭的風帆時，我的心都會發生強烈的震顫——我感謝主，感謝天主所作的這種安排，我發誓我將以百分之百的忠誠和愛來構築我們的家庭、我們的愛的樓臺！

四，今年我還做了些古體詩詞。當然無論是豪放詞還是婉約詞都需要天分和時間，需要用心加以雕琢。儘管我所作之詩詞在平仄、韻律等方面可能不合古人標準，但這並不妨礙我借助這種文體形式來抒發我的某種情懷，不讓別人看，自己看總可以吧，更何況我自認為有幾首詞還做得有那麼回事呢。如《滿江紅》、《木蘭花慢》、《念奴嬌》、《賀新郎》、《浪淘沙》及《小重山》、《菩薩蠻》、《一剪梅》等等，錄兩首在這裡吧：

滿江紅

奮揚鞭

日照黃昏，
雁行處，
天高雲淡。
驚回首，
心濤澎湃，
思緒如瀾。
開弓豈有回頭箭，
報國敢為萬人先。
雖如今，
再入小牢籠，
無悔怨。

六四旗，
猶未展，
民主夢，
何時圓？
我同志須快馬奮揚鞭。

盡鏟千年劣劣根，
廣播自由神州田。
廿年後，
看花果飄香，
高枕眠。

木蘭花慢

中華帝國

閱中華帝國，
代相疊，
史洋洋。
望三皇五帝，
周秦漢唐，
具披輝煌。
蒙元滿清胡人，
也曾經糾糾服番邦。
故國形同滿月，
列星拱之中央。

龐然帝國民咋樣？
興廢百姓殃。
王者横四海，
芸芸眾生，
諾諾文章。
如此千年老病，
今不除，
更待幾時康。
各路英雄何在？
快造民主華疆。

總之，二〇〇六年所發生之事情並不多，但從事業、從愛情兩方面我都認為三十七歲的二〇〇六年對於我未來的人生來說都是具有決定性意義的一年。特別是那條民主化道路的發現使我此前九曲迴腸的灰色人生有了一種豁然開朗、春和景明的前景，這個偉大發現不僅對於我個人的人生具有里程碑的意義，不僅會為我個人的人生拉開一個花果飄香、萬紫千紅的時代，而且在很大程度上它將會為中國民主化事業拉開一個凱歌行進、際會風雲的大時代！正是從這個意義上講，無論怎樣誇大二〇〇六年的意義，無論怎樣誇大三十七歲這年的貢獻和成就，都是不過分的，都是應該的！

主啊，我愛您！

我愛我的二〇〇六年！

我愛洛梅！
我愛我的祖國！
我愛我的未來！
我愛我的那美麗的未來！！！
感謝主，Amn!

二〇〇七年一月三十日（二〇〇六年臘月十二日）

感恩與祈禱！

主啊，在這農曆二〇〇六年的大年三十之夜，我向我主表示至誠而隆重的感恩。雖然說，在這已經過去的二〇〇六年我遭遇了兩次禁閉，但正是在饑寒交迫的禁閉室裡，我發現了那條推動祖國實現民主化的道路，與此同時，我亦完成了無論對於我的人生還是對於我的事業來說都具有里程碑意義的重大轉變。但是我知道這一切都應歸功於我主的點撥，是我主在我之人生進入極限困境時伸出了神聖的雙手，撥去了籠罩在我心靈大地上的重重迷霧，並以萬丈陽光照亮了我人生的前程、奮鬥的前程！我深深地感到在我主的關愛下，在通向民主、通向北京的歷程上，我不會再出現大的失誤、大的障礙了。我相信隨著二〇〇七年的到來，隨著牢獄生活的結束，我必將為自己的人生開闢出一個全新的、碩果累累的時代！也正因此，我再次向我主表示隆重的感恩——因為民主事業的能否實現，關係到包括我自己在內的全部十三億人民的幸福、自由和尊嚴！

主啊，謝謝您！

同時，在這二〇〇七年大年初一的凌晨，我向我主作至誠的祈禱：

第一，請我主幫我進一步清除思想與心靈深處的雜念，使我更加堅定為民主事業而奮鬥的超人意志，並從各方面加強「自我純潔」方面的修煉，使我遠離各種各樣的邪惡與誘惑（如罵人、說髒話、發火、衝動以及包括性幻想、性回憶之類的思想糟粕等），因為我深知，無論對於我的社會理想還是對於我的人生理想而言，這種修煉都將是非常重要的！

第二，請我主保佑我能平平安安、順順利利地度過餘下九個月的刑期，平平安安、順順利利地走出監獄大門！

第三，我完全相信主在愛情家庭問題上對我的點撥和指引，我因此祈禱我主繼續保佑洛梅幸福平安，當然我百分的希望、萬分的希望我主保佑我和梅君能有一個幸福的、美滿的家庭和未來！

第四，由於出獄後我立即便面臨著如何生存的問題，我必須要打經濟翻身仗，我不想再繼續貧困下去，因此，我請求我主幫我消化經濟學方面的知識（包括金融、商業和股市領域），使我能在較短的時間裡完成相關知識的積累，從而為出獄後的謀生和發展做好相關知識的儲備。

最後，還請我主給我一個健康的身體並保佑我的親人平安！

主啊，您的愛是無限的，您的力量是無邊的，也因此，我向我主做上述五點至誠的祈禱，我相信在我主的愛和光耀裡，我的上述願望都會實現的！

Amn！

常青　二〇〇七年正月初一凌晨二點三十分於渭南監獄

努力吧，永不放棄！

——聽政府工作報告有感

今天是三月五號，今天的天氣很好！

我又將自己的「自修室」搬到了二樓樓梯拐角處，在經過約半個小時的衛生處理後，現在我正在此處收聽中央政府總理溫家寶先生所做的《政府工作報告》。

坦率的說，我對溫家寶先生是很有好感的。他的務實親民作風在他擔任副總理時就已表現無遺。而在他執掌國務院大印時，不僅廢除了禍害國民已久的收容審查制度，而且還制定了一系列親民政策。尤其是自二〇〇六年度開始在全國範圍內免除農業稅的舉措頗得民心、頗得我心。就我內心之感受而言，我確實對溫家寶先生有一種深深的敬意。當然包括減免農村中小學生教育費用在內的各種親民政策的出臺不是溫先生一個人的功勞，它是執政黨總結經驗教訓、順應民心和潮流的結果！無論這些政策能否執行下去，但親民政策總比擾民政策要好得多。我希望以胡溫為代表的執政黨和中央政府能夠高瞻遠矚、順應世界大趨勢，積極推動中國的民主化改革進程，使中國人民不僅從民生意義上、從經濟角度感受到一個大國的崛起，而且也能從民權意義上感受到一個大國公民所應該擁有的那份自由和尊嚴！

當然，要讓人民享受民權、享受充分的自由和尊嚴僅靠執政黨的努力是遠遠不夠的。話說回來，執政黨的親民政策從宏觀歷史角度觀察它只不過是歷史上的「仁政」在新時代的表現而已。而對於一個專制制度來說對人民施行「仁政」並不具有必然性，是否施行「仁政」完全取決於核心決策層的個人素養。也就是說，在專制制度下根本無法保證「仁政」的連續性。當執政者執行「暴政」時，人民是無法通過和平途徑、和平手段來促使其向「仁政」方向的轉變的。再說，既就是歷屆執政者都能良心發現、都能推行「仁政」和親民政策，人民也只是從經濟上、從民生角度滿足了願望，而權力、自由和尊嚴則仍然被執政者玩弄於股掌之間，這當然是不合理的。對於人民來說，固然應該吃得好、穿得好、住得好，從而實現經濟上的充分滿足，但僅僅經濟上的解放是遠遠不夠的，同樣重要——甚至更重要的是政治上的解放，是在自己的國家享受作為國家主人的權利、自由和尊嚴。否則和吃得肥肥胖胖的奴隸豬們又有什麼區別呢？

因此，我們的人民不應該在執政黨的某些親民政策作用下就做沾沾自喜狀，更不可用一種虛幻的幸福感來麻醉自己。有識之士應該團結起來努力與執政黨達成民主共識和良性互動，共同推動中國社會的民主化！

對於我來說，能夠自我安慰的是在一年前的這個時候，我在被關禁閉時發現了那條通向民主化的道路，今年秋天出獄後，最主要的任務便是組建第九黨，努力與執政黨達成良性互動，沿著既定的民主化道路向著理想奮勇前進！

今天是執政黨的溫家寶先生在人民大會堂做施政報告，二十年後，站在人民大會堂做政府工作報告的肯定會是另外一個人——這個人會是誰呢？

也許就是……

努力吧！兄弟！

永遠永遠不要放棄！！！

二〇〇七年三月五日渭南監獄

母校開始免費了！

我的心裡有一些激動！

這份激動來自於溫家寶先生在《政府工作報告》中宣佈的今年將在教育部直屬的六所重點師範大學實行學生免費讀書制度。這六所學校是北京師範大學、華東師範大學、東北師範大學、華中師範大學、西南師範大學（合併於西南大學）及作為我之母校的陝西師範大學。

回想起來，在我青少年時代的十六年求學歷程中（一九七六年－一九九二年），我沒有因為學費問題而發過愁。不是因為我家富（我家很窮），而是因為學費很低廉。具體說吧：

在我上小學時（一九七六年－一九八一年），印象裡每學期開學時只交學雜費五角到二元錢，這還包括書本費在內。因此全村學齡兒童從六、七歲到十六、七歲都會去上學，我上小學五年級時十二歲，但比我大四、五歲的五年級同學就有好幾個，且男女同學都有。

我在初中讀了兩所學校，時間也因為轉學而跨越了四年（一九八一年－一九八五年）。記憶裡，學雜費也很低，每學期各項費用匯總也不過二、三十元。因此我利用每個寒暑假挖藥、燒炭就可以將下一學期的學雜費掙夠，不存在上不起學的問題。

八五－八八年我考上了全縣唯一一所省重點高中——山陽中學，收費也不多，大概每學期開學時交費五、六十元，而我三年高中總共花費也就五、六百元吧。除了家裡提供一部分費用外，我還是利用寒暑假挖藥或打工掙學費，沒有感受到多大的經濟壓力。

八八年－九二年我在陝西師範大學歷史系讀書，由於地處省城西安，花費高些，也主要是生活費開銷，四年八個學期，除了每學年開學上交七、八十元的書費外，根本不用再繳納學費。不但如此，學校每月還給每個學生發三十塊錢左右的菜券和三十斤糧票，生活節儉些，發的錢糧就夠吃了（一份素菜三、四毛錢，一份肉菜五、六毛錢，饅頭、米飯只用糧票、不用錢），像我四年大學總共只花費了家裡三千元左右。

但是自九三年後，高校開始啟動全面付費制，到了二〇〇〇年後，一個大學生不算生活費，一年光上交學費就達上萬元，四年大學就要上交四、五萬元。再把自身生活費加起來，讀完四年大學差不多需要十萬元。因而導致相當數量的貧困家庭無法供養孩子上大學。甚至會出現學生家長因孩子考上大學而自殺的悲劇（如二〇〇一年寶雞一學生考上復旦大學，其父不堪巨額學費跳樓自殺，該學生後在各界捐助關懷下如期上學），而勉強入學讀書的好多貧困生則陷入十分艱苦的工讀生活中，甚至一部分女性學生為付學費而不得不淪為風塵女郎……

在高收費大潮的裹挾下，二〇〇〇年前後，各類師範學校也開始大收其費，收費水準比其他院校差不了多少——前後對比之下，我的心裡卻有許多的感恩，這份感恩來自於我整個的求學時代都基本上接受的是免費教育，也就是說在我長達十六年的求學歷程上，我享受的教育花費（以現價比照不下十多萬），絕大部分都是由國家財政開支也即是由人民的納稅錢提供的。我因此，對供我接受優良教育的國家和人民充滿了深深的感恩。根據我家的貧困程度而言，倘放到現在高收費的情況下，我是很難有機會享受高等教育的，甚至高中都上不起。但是在全面收費啟動之前，我不僅接受了小學教育、中學教育，而且還有幸接受了大學教育。這也是我發誓要尋求民主、報答愛我育我之人民的重要原因之一——這種全面收費的情況曾讓我憂心忡忡，主要原因在於傳統的免費師範教育還讓一部分貧困階層的孩子有機會接受優良教育，但當師範院校也開始大收其費時，高等教育就基本向窮人關閉了，這當然是一種國家悲劇！底層社會的不滿情緒必將因這扇大門的關閉而上升，這當然不是好事，難到國家越發展，窮人還越發沒有受良好教育的機會了嗎？難到我的祖國連緬甸也不如！因為緬甸的人均GDP比中國要低很多，但緬甸卻實行免費教育！

但現在（二〇〇七年三月），溫家寶先生代表中央政府做出了這種決策，即在教育部直屬的六所重點師範大學實行免費教育，這當然為一部分優秀但貧困的學生提供了接受高等教育的機會，作為窮人中的一員，我當然為此而高興，在這個問題上，中央政府開了一個很好的先例，做了一個很好的榜樣。我希望不僅國立師範大學、而且各省各地也能依葫蘆畫瓢，對當地之師範教育也能執行免費政策，則底層子弟接受高等教育的機會就更多了。

百年大計，教育為本，在和平年代，國家對教育的投資應該高於對軍事的投資。如果能將義務教育擴大到高中階段，同時讓中小學教師收入高於公務員收入一到二倍，則中國的長遠發展就不愁人才，中華民族的整體素質就不愁提高，而一個偉大的現代化國家的崛起也就具備了充分的智力條件。儘管現在還做不到這一點，但我們必須向著這一光榮的方向、向著這一光榮的目標而奮鬥！

二〇〇七年三月六日於渭南監獄

關於「官肥」問題的思考

北京天則經濟研究所理事長張曙光指出，二〇〇六年中國財政收入增速是經濟增速的兩倍，這樣的比例不合理，而在財政支出中，行政事業支出更是浪費驚人——光是公車出行就花費三千七百億元，公費吃飯三千七百億元，這兩個數字很可怕，因為多年來政府都表示要增加教科文衛方面的財政開支，實際上從未落到實處。而事實上，二〇〇六年國家財政只拿了三百億元，就減免了農村中小學生的學費，致使全國有一點五億中小學生收益。張還指出，一九九五年我國行政事業支出占財政總支出百分之十一，二〇〇六年達到了百分之十九－二十，二〇〇六年三十一個省市自治區行政更超支了五千七百八十億元（見《南風窗》二〇〇七年二月一日）

張曙光先生的這項研究只是從一個側面解釋了中國社會為什麼始終是一個以官僚為本位的社會，這也可以解釋為什麼大多數中國家長都希望自己的孩子能去當「官」，而且要當大官。這也同樣可以解釋為什麼絕大部分大學生在擇業志願裡都將進入黨政機關公務員隊伍裡當做首選。做這樣的選擇並不需要多高的智商，所有正常人都能看得出來在中國這樣的官僚隊伍裡，官員們不僅擁有很好的政治地位、社會地位這些「形而上」的精神享受，更重要的是這支官僚隊伍掌控了太多的「形而下」的國家社會資源。近水樓臺先得月，官員們可以以各種各樣的名義為自己配備好房好車、好的福利補貼。而且由於這些開支是不透明的，人民不知道自己的納稅錢有多少用於國家的建設事業，又有都是被官僚們以各種各樣的名義裝進了肚皮和口袋——還真以為這些官僚們在為自己「全心全意」的操勞呢！

這種情況當然是極不合理的，看看民主國家和地區的公務員的收入情況吧，遠的不說，就拿中國臺灣來說，去年發生的陳水扁「國務機要費」案將阿扁及其家人弄得焦頭爛額，而「市長特別費」調查則導致國民黨黨魁辭職下野，在這樣剛性的監管體制下，特別是在獨立的司法體制及輿論機制約束下，像中國大陸的這種大規模的化公為私的貪腐現象則會越來越少，官僚們在「透明」的陽光下，只能為選民們（人民）提供真正的「全心全意」的服務了。

這也是我尋求民主制度的一個非常重要的原因。在現行集權體制下，官僚們掌握太多的資源，而人民又無法掌控官僚們，故而導致普遍性的「官肥民瘦」現象。但在民主制度下，雖然說官僚們也掌控相當多的國家資源，但人民卻能通過選票及獨立的司法輿論體制來掌控官僚們的命運，在眼睛「雪亮」的人民監控下，就很難出現「官肥民瘦」現象，人民納稅的每一個銅板和硬幣都會流到它應該流入的地方去！

二〇〇七年四月六日

「你會成為秦始皇那樣劃時代的歷史性人物」

——一個很有意思的「遊戲」

《資治文摘》二〇〇七年第三期有一個測試遊戲——「若生活在中國古代，你會成為哪一種類型的皇帝？」我根據所設題目進行連鎖選擇後書中給出了這樣的結論：

「在中國古代，你會成為秦始皇那樣劃時代的歷史性人物。你做事說一不二，對於夢想和決定，始終有著自己的堅持，為了目標可以不顧艱難，始終保持著鬥志和決心。這樣的你，無疑會最終成為一個成功的人。不要在意別人的看法，大膽地去放手做自己決定的事吧，成功一定離你不遠了！」

這雖然是一個遊戲，但奇怪的是我覺得它所給出的結論好像很符合我的個性特徵，我認為自己確實「做事說一不二，對於夢想和決定，始終有著自己的堅持，為了目標可以不顧艱險，始終保持著鬥志和決心。」而且我相信自己的奮鬥一定會成功。

至於是否「會成為秦始皇那樣劃時代的歷史性人物」，我倒沒有考慮過，但無論如何我絕不會成為奉行絕對專制主義的秦始皇。要做就做民主「秦始皇」，做民主選擇的顛覆幾千年秦始皇政體的「歷史性人物」，做扭轉歷史乾坤的「歷史性人物」！

二〇〇七年四月七日於渭南監獄

最隆重的讚美！

難忘的四月九日夜！

絕對難忘的四月九日夜！因為在這個春天的夜晚，我又夢到了她——夢到我親愛的洛梅了。

夢中的情景有著十分的ROMANTIC——不僅是浪漫的、美麗的，而且十分的醉人，十分的纏綿……她是那樣的可愛、那樣的柔情，我從她的身上再次感受到了一種少女時代的純情和芬芳。想到她我有一種歌唱的衝動，我很想站在她的窗前，為她用笛子奏一曲《心中的玫瑰》，我也很想坐在她的書房裡為她朗誦一首情詩，我甚至覺得自己應該為她畫一幅或剪一紙剪影貼在自己的瞳孔和心上，當然，我更願意依偎在她的身旁牽一下她的小手，或者說上幾句悄悄話，但是——

但是，我還身在獄中……！

雖然夢醒時分，我好像還能感覺到她那絲絲縷縷的柔情和溫香，但伸手可及的鐵窗則讓我仰天長歎、惆悵不已……！今夜，不知她可睡的香甜，不知她可做夢，不知她的夢中是一種何樣的情景？但願她那青春的花圃和臉龐永遠洋溢著朝露、霞光和燦爛的星光！

惆悵之餘，我所能慶幸的是我只剩下七個月的刑期了。七個月之後，哦，洛梅，我親愛的姑娘，我一定會帶著滿腔的愛情去看你，去向你表示我的愛慕和崇拜的。是的，洛梅，我將向你表示我的愛慕和崇拜！張愛玲女士曾說過：「男人對女人最隆重的讚美是求婚」，哦，洛梅，我親愛的姑娘，彼時，我可能在很大程度上會向你獻上「最隆重的讚美」。是的，我愛你，太深的愛，太強的愛！我不知道這份單相思式的愛情能否開出美麗的花，能否結出甜美的果，但是，我祈禱！我向萬能的天主祈禱！我相信我主對我曾經的指示！我相信主的指引便是真理的道路。是的，洛梅，這裡的「真理」不僅僅是宗教意義上的、不僅僅是政治意義上的，而且還有愛情意義上的。我對你的愛情便是真理，我對你的歌唱便是真理，我的親愛的姑娘本身便是真理——我愛姑娘，我愛真理，我崇拜真理，我希望自己能生活在真理的懷抱和真理的小屋中，我希望自己能生活在你的光、你的花圃和你的溫暖裡！

洛梅，我愛！

洛梅，我想你！

我想你……！

二〇〇七年四月十日於渭南監獄

面對「六四」的思考

——兼談中國民主化道路

趙常青

今天是二〇〇七年的六月四日。

十八年了！

距離那個血腥大屠殺的日子已整整十八年了！

十八年前，我的諸多的兄弟姐妹們為了反官倒、反腐敗，為了爭民主、爭自由而被執政黨殺戮於機槍、坦克之下。他們，以自己滿腔的鮮血為中國的民主事業築起了一座巍峨的紀念碑！他們必將因為自己對專制強權的蔑視和反抗、必將因為對民主事業的奮鬥和犧牲而為我們、為我們的下一代、為我們眾多的後代兒女們所紀念、所緬懷！

十八年來，為了六四死難者的未竟之業，為了推進祖國的民主事業，為了人民作為國家主人的自由和尊嚴，又有很多的中華兒女被逮捕、被判刑、被投入到苦難深重的監獄。另有一部分人則不得不流亡異國他鄉，而我自己也因為同樣的原因已被第三次推進監獄。

但令人慚愧的是，經過十八年的努力和奮鬥，中國的民主事業依然未能實現，六四死難者的遺業仍未能完成，中國依然為一個超級大黨所壟斷統治；腐敗，比起十八年前的中國是更為普遍和嚴重。執政黨不僅繼續打壓持不同政見者，打壓宗教人士和法輪功習練人員，而且在很大程度上墮落為權貴資本主義和即得利益集團的代言人。我們的人民不僅仍然缺乏作為國家主人的自由和尊嚴，而且人民中的相當一部分依然生活在貧困當中！強權統治的鎖鍊仍然會以各種各樣的形式套在億萬人民的脖子上！

也因此，身陷囹圄的我不僅感到沉重，也感到慚愧——一種深深的、力不從心的慚愧！我（們）愧對六四死難者！愧對死難者為祖國民主事業所付出的生命和鮮血！但是——

但是，我絕不會放棄死難於十八年前的兄弟姐妹們的理想！我絕不會放棄兄弟姐妹們曾經為之灑盡鮮血的中國民主事業！

今天，十八年後的今天，憑著對我主基督的信仰，憑著對祖國、對人民的愛和忠誠，我發誓要用我整個的後半生去努力實現下列心願——

一、實現祖國民主化，使國家政治生活完成由一黨獨大向兩黨或多黨政治的轉變。

二、維護祖國的統一，絕不允許國家的分裂。

三、在民主和統一的基礎上，推進國家經濟生活和文化生活的繁榮。

四、將「毛主席紀念堂」改為「國家悲劇博物館」，將反右、大躍進、文革乃至於六四大屠殺這樣的國家悲劇展示給後代兒女，以資警惕。毛之遺體可遷葬八寶山或其故鄉韶山。

這不僅是我的心願，我相信這也是十八年前死難於北京的兄弟姐妹們的心願！所有活著的兄弟姐妹們都應該站起來為這樣的願望而奮鬥！因為這不僅牽涉到死者的尊嚴和榮譽，它更關係到所有生者的尊嚴和榮譽。甚至，執政黨也會因為它如何對待六四死難者的鮮血和心願而決定它未來的地位、尊嚴和榮譽！

儘管十八年前死於共產黨槍口下的兄弟姐妹們死不瞑目，但為了後代中華兒女的團結和幸福，為了他們的安寧和福祉，我認為我們不需要復仇，我們不需要以共產黨人的血跡來祭奠六四死難者的英靈，我相信所有死難者的胸懷都是寬廣的、包容的、博大的，我相信他們不需要我們「以血還血」、「以牙還牙」，我相信他們不需要我們拿著機槍、開著坦克去向共產黨復仇，我相信他們只需要我們通過對話、和解、和平談判的方式去實現他們的未竟心願！我相信他們希望看到的是朝野各方共同總結過去的悲劇歷史，共創祖國民主、統一、繁榮的未來！

也因此，對於持不同政見者、對於廣大的民主人士來說，必須實現新的思維方式的轉變！

儘管十八年來，我們付出了巨大的犧牲，儘管執政黨還在繼續打壓我們，還在繼續玩弄政治強權，但我們也必須注意到共產黨在這十八年來的某些好的變化。具體說來我認為有一下幾個方面需要我們重新考慮對它的定位：

一、市場經濟體制的逐步確立；

二、加入世界貿易組織，捲入世界經濟競爭；
三、新一代共產黨執政者的某些「仁政」措施（如減免農業稅、學雜費等）；
四、新一代共產黨執政者緩慢推進民主化的企圖；
五、在共產黨內部的各個層級都存在著一部分民主改革力量。

我認為，鑒於共產黨十八年來在上述五個方面的大小變化，如果我們措施得當的話，是有可能將之引上政治競爭對手（和平合法競爭）的軌道的，就如國民黨在臺灣的歷史演進一樣，我們沒有必要繼續將共產黨當作必須推翻、必須要加以消滅的」敵人」，我們不能再這樣思考了，我們也應該「與時俱進」！在這方面，我認為我們應該向美國學習。

六四之後，不論共和黨的大小布希上臺執政，還是民主黨的柯林頓上臺執政，他們都會主動與北京建立各種「友好」關係。兩國的頭頭腦腦們頻頻握手、頻頻舉杯示好——問題的重要性不在於共產黨的領袖們因此獲得了多少面子，而在於以美國為首的西方大國的「和平演變」戰略對於中國國家體制的轉變、對於中國的現代化進程來說是好處多還是好處少？我認為答案是明擺著的，即好處多，而且多得多。也就是說，西方大國所採取的和平演變戰略是非常有利於中國的民主和自由事業的。相反，如果大國領袖們只是一味地對中國共產黨實行敵視和懲罰，試圖通過制裁的手段搞垮共產黨的統治，那就太不瞭解中國的歷史和國情了。只要看看彈丸小國如朝鮮、古巴的情況就知道制裁不僅不會推進對方國家的民主化，相反還可能強化對方國家的極權主義統治。更何況，中國是一個大國，無論從版圖、人口還是從經濟總量上講她都是一個大國。五、六十年代西方大國與共產黨政權的絕交都沒有起作用，更何況在八十年代後的國際政治條件下。因此，大小布希們的決策是正確的，因為他們與共產黨的積極接觸政策，所以今天的中國比起共產黨統治的任何時候都要更開明、更自由、更進步些（儘管改革的絕大部分成果都為權貴官僚階層所吞食）。

正是從這個角度講，我認為我們應該向美國學習，應該向布希們學習。我們現在應該以建設性的態度去努力改進和共產黨的關係，努力減少彼此間的敵視，努力擴大彼此間的「合作」管道，堅決摒棄「消滅」、「推翻」之類的激憤語言和激憤心理，爭取以各種合法的途徑參與到國家的政治體制改革中去和民主事業建設中去——去邊緣化、去敵對化、去牢獄化、去流亡化，回歸對話與協商——我相信只有以這樣平和的建設性態度才能與執政黨達成良性互動，才能更好更快地推進中國的民主化事業！

正如我去年春天在被第四次關禁閉時所突然感悟到的真理一樣，我認為從中國的實際情況出發，中國的民主化道路必須分兩步走：

第一步，組建與八大民主黨派對等政治地位和法律地位的第九黨，在承認共產黨對國家領導地位的前提下合法參政，參政平臺為各級人大和政協。通過競選各級人大代表和推舉各級政協委員的方式，積極的積累起自己的人氣和民意支持度，同時在現行法政框架內積極協助共產黨的民主改革進程，即合法參政，這是第一步。

第二步，也是民主改革的終極目標，即打破現行法政框架，在憲法上確立各民主黨派與共產黨在政治上和法律上的平等地位，謀求合法的執政權，至於能否執政，就看各黨派努力的程度、就看人民的選票了。

總之，先參政，再執政，先做矮子，再做巨人，這便是我通過十八年的經驗和教訓所觀察到的具有中國特色的民主化道路。那種想一勞永逸、一步到位、「畢其功於一役」的大決戰式思維模式我看可以結束了。因為自七十年代民主牆運動至今的民主化實踐證明在此思維模式主導下的民主化道路是損失慘重、很難行得通的。

我今年已三十八歲，人生過半了。倘若天主保佑我還能活三十八年的話，甚至天主保佑我再活三十年的話，我相信通過我們大家的精誠合作與努力奮鬥，我的前述四個願望都會實現的——在此情況下，十八年前死難於執政黨機槍坦克下的兄弟姐妹們也會在天的國度向我們微笑和致意的！

主啊，請保佑我那死難的兄弟姐妹們！

與此同時，在這苦難的獄中，我也為我關於祖國的美好願望和美好未來而祈禱！

Amn!

二〇〇七年六月四日上午於渭南監獄三連二樓樓梯西拐角處記

「出獄後應該去北京奮鬥」

剛才，二〇〇七年六月四日下午四點八分，主指示說：「今年出獄後應該去北京奮鬥！」我相信主的指示是正確的，那麼就準備去北京這個中國政治的心臟地帶為自己的人生拉開一個萬紫千紅的時代吧！

二〇〇七年六月四日下午

黃菊死了

黃菊死了。

報導說，黃菊死於癌症，享年六十八歲。

我是昨天瞭解到這個情況的，初聞死訊，我的第一反應是有點吃驚，畢竟黃菊才六十八歲，而八十年代以來，在政治局常委層級上還沒有發生六十多歲就因病死亡的事情，畢竟他們的醫療保健太好了。如果是癌症的話，很早便會查出來的，同時也會及時切除或根治病灶，一般情況下是不會年輕輕地就病死的。

如果不是病死的話，那死因就很值得琢磨了。眾所周知，黃菊是「上海幫」的重要人物之一，他與曾慶紅同為老江的腹心人物，但胡錦濤執政以來，力圖與「上海幫」劃清界限，而且胡在上臺前後，就一直與老江、曾、黃之間有著隱隱約約的權力鬥爭，胡在近幾年鞏固了自身的地位後，已經加大對「上海幫」的打擊力度，去年十月借社保案一舉拿下上海市委書記陳良宇（陳被認為係江派人馬），讓上海市長韓正代理書記。但今年四月又沒有「按慣例」將韓正正式任命為市委書記，而是另調浙江省委書記習近平出任上海市委書記，在此重拳出擊下江系在上海老巢的主要根基基本上被清除，而現在，在陳良宇翻把不到半年時間，陳在中央的大老闆黃菊又突然死亡（黃菊在民間並不得好評，甚至總和「上海幫」的腐敗有些干係），難道說陳良宇經不起朝廷命官的審查而一口供出了黃菊等人的「嚴重問題」，從而導致黃某畏罪自殺？！

有這種可能嗎？

我想是不排除的。

兔死狐悲，我看十七大前後的曾慶紅也不會有什麼太清爽的日子，黃死後，常委少了一個，在今年十月召開的十七大上肯定會增加或減少一名常委。如果是增加一名常委的話，無疑會增加胡系人馬，如果是減少一名常委使常委總數保持在七人的話，我看十有八九曾氏慶紅會被淘汰出局。

從我的觀察看來，上海幫出局是好事，但中國政治官場，常常是前門驅虎後門來狼，都不是什麼好東西。希望聲名狼藉的「上海幫」散夥後，不要再來一個什麼以權貴經營為根本目的的這幫那幫了，則國家幸甚、人民幸甚！當然，如果權力中樞能集中起一個強大的民主改革集團則我和人民都是十分歡迎、十分支持的。

二〇〇七年六月四日晚記

再夢女神

洛梅，昨天晚上我做了一個和你相關的夢，夢中在一個弄不清地點的公路邊上，我見到你老公大聲地對你進行辱罵，而你也毫不相讓地和他進行爭吵，看到你受委屈的情景，我好像有些著急，心裡一緊張卻醒了……窗外，依然是雨聲淅瀝的暗夜。

躺在床上，我睡不著了，我做過好多好多有關你的夢，但一般情況下，不是你單獨做什麼，便是我們一塊在做著什麼，而夢到你老公卻是第一次，夢到你和老公爭吵更是第一次。雖然我從未見過你老公，雖然我想像中的你的愛人應是斯斯文文的帶有書卷氣的知識分子，但夢中的那個男的卻是一副有錢的小老闆的樣子，氣勢很凶。我想你的愛人怎麼會是這樣？你怎能承受這樣的語言暴力？要是現實生活中真是這樣一副情景，你還不讓我難受死和心痛死！

洛梅，親愛的洛梅，你現在到底過得怎麼樣？你還好嗎？

從我的心理上講，我一方面希望你過得滋潤、幸福、美滿如意，我不希望你有任何不如意的事，不希望嬌嫩如鮮花一樣的你受到任何委屈，並為此而向我主祈禱。但另一方面，從我對你的愛情而言，我又自私的希望你最近兩年過得不好，希望你和你現在的丈夫發生矛盾、鬧離婚。因為只有出現這種情況，你才有來到我身邊的可能性，只有你原來的婚姻狀態結束了，我才有可能重牽你的小手走向我們的未來，我才有可能向我深愛了十八年的姑娘獻上最隆重的讚美！我雖然不敢為這種自私的願望向我主祈禱，但是，在我想到自己的愛情時，我確實懷著這樣的 skeleton，我不敢向你、也不敢向主隱瞞我的這份心理秘密，因此，現在我在這裡把她說出來了。

而問題在於我為什麼會做這樣的夢呢？難到是日有所思夜有所夢嗎？然而我的經驗表明我的夢在絕大多數情況下是具有前瞻性的，也就是說我的夢在很多情況下不是對現實生活和心靈生活的經驗性總結，相反，倒常常是對某種未來生活的宣告或暗示。如果昨夜的夢境不是 skeleton 發揮作用的結果的話，那在很大程度上將意味著你的小家庭和你的婚姻走向危機和破裂，那也意味著你現在正承受著小家庭的折磨，也就是說你現在生活得很不愉快甚至很痛苦——洛梅，現實真是這樣的嗎？

如果真出現了這樣的情況，面對你的痛苦，我應該怎麼辦呢？我應該痛苦嗎？是的，當想到你流淚的樣子時，我心裡就會是痛的，但是，我必須考慮我對你的愛情，我無法阻止自己對你的強烈愛情和思念，我無法撲滅自己靈魂深處的愛情聖火，我無法掩飾自己擁有你的未來的意志和欲望，也因此——因為這種不可遏制的愛情，我想坦誠的對你說，如果在現實的生活中你的婚姻出現危機的話，那將是我十分期盼的局面，甚至從現在開始我會大膽的為這種局面的出現而向我主祈禱，儘管我因為這種禱告也許會受到我主的懲罰，但為了我的洛梅，為了我心中熾熱的愛情，我願意做此禱告而接受主的懲罰！

但我想我的主是愛憐我的，我想我的主會因為我對你的深厚愛情而感動的，因此，我相信我的主會成全我的愛情的，我這樣說並不是說我主善惡不分，相反，我認為我主始終高揚著正義的大旗並對人間做正義的審判，因此當我說我主會成全我對你的愛情時並不是說我主要有意去拆散你們本來很幸福的小家庭，而是會有另外一些情況出現，譬如說你現在的丈夫虐待你或者在外面包養情人——在這種情況下，家庭破裂不僅不是痛苦的，而且就是應該的。你不必為此承擔任何責任，也是在這種情況下，主才會救你出苦海，才會讓你來到我的身邊，才會讓我們曾經錯失的愛情回歸到幸福的起點，才會讓我牽著你的小手走向生命的未來，走向永恆！也因此，我不僅要向我的主禱告，而且我還要向我的主表示我心中的感恩。洛梅，我希望你也向主禱告，並像我一樣向主表示隆重的感恩。我相信在萬能的主的關愛裡，在不久的將來，我們就會走到一起的！

二〇〇七年六月十八日記

主啊，為這新一代的中國青年賜福！

自六月二十一日開始，《南方週末》開始大規模改版，新增了「評論」板塊。改版後的《南方週末》就由「新聞」、「經濟」、「評論」、「文化」四大板塊組成。而從六月二十一日的評論來看，觀點相當鮮明，客觀指向均是大大小小的社會弊病。其「主旋律」則是以或明或暗或打擦邊球的形式呼喚執政黨進行漸進的民主改革。

其實從去年冬季以來，《南方週末》風格就在向著這個方向轉化，無論是就《大國崛起》對製片人所作的採訪，無論是刊發劉軍寧所發起的「文藝復興」大討論，還是民間維權（重慶釘子戶吳平、廈門化工廠散步事件等等），還是從今年春天開始的「社會主義」大討論（如謝韜民主社會主義、王占陽價值社會主義、高放科學社會主義等等），其意圖都很明顯，那就是推動執政黨進行順應潮流的民主改革，從而解決中國社會所存在的諸多難題，這真是很令人激動的事情。

無獨有偶，其他國內重要媒體也在努力推動這種輿論大合唱，如《南風窗》在今年六月（上）期就策劃了一次「民主」專刊——專題討論有關「民主」的話題。其他如《中國新聞週刊》、《三聯生活週刊》、也有類似的話題。這當然與《北京日報》轉載《民主是個好東西》這樣的小背景有著關聯——在中共十七大召開之前，新聞界、文化界、知識界都在努力呼喚「民主」，都在為中國的未來做著力所能及的努力，我怎能不高興呢？我甚至有些激動，我甚至認為這個時代正在為我的出獄做著十分友好的「準備」呢！

子規半夜猶啼血，不信東風喚不回！

中國，我的親愛的祖國確實應該在政治層面有一個大的符合世界潮流的變化了！

我常常在思考這樣一個問題——如果人死後真有靈魂轉世這樣的事情的話，一九八九年死於六四國難的兄弟姐妹在靈魂轉世後現在也已經整整十八年了！由這些英靈轉世後的「新人」的成長到今年也已經整整十八周歲了。十八歲，正是考大學的年齡，也許有的已經讀完大學一年級了，而大部分則會在今年上大學。而由這些靈魂轉世的青年學子會知道十八年前發生在北京的那場國家悲劇嗎？他們會因為這種感知而願意繼續為十八年前的未竟理想而做新的努力和奮鬥嗎？

當然，我作為一個基督徒不應該有這種想法，但我深信上帝是眷顧眾生的，我深信我主是不會拋棄生活在華夏大地上的十數億人群的。我相信我主會為十八年前的那場抗爭悲劇而深深感動，從而以自己的無邊智慧正在調動著中國社會的各種民主力量，並在不久的將來促成一個偉大的民主中國的到來！

如果十八年前為民主而倒下的先驅因靈魂轉世正在成長為新一代的中國青年，我首先祈禱我主為這新一代的中國青年賜福，同時請求我主召喚他們繼續為祖國的民主事業而奮鬥，繼續向著民主與自由的方向前進！

主啊，保佑他們！

主啊，保佑我的祖國！

主啊，願您的光輝永遠照耀著中國的現在！照耀著中國的未來——一個民主的、統一的、繁榮的未來！

Amn!

二〇〇七年七月十二日於渭南監獄

在渭南監獄的花費

昨天，妹妹又來看望我了。

上午，妹妹給我上了二百元錢的帳，由於自己的褲帶快斷了，我又請妹妹到外面去給我買了一根皮帶，還買了幾個很好的筆記本，總共花了三百元吧。因為正是暑天，天很熱，大中午那幾個小時，妹妹說她就坐在一家賣飯的餐館裡度過的，我心裡真是過意不去。

我覺得我欠妹妹很多，欠哥哥及眾親友也很多。

從物質層面講，我這一次坐牢相對而言並沒有受多少罪，由於妹妹和哥哥都在西安，因而對我照顧很大，在渭南監獄的這四年我幾乎月月接見，哥哥和妹妹輪流來看我對我問寒問暖、關心備至。截止目前我已經花費九千八百元，其中妹妹上帳三千四百元，哥哥上帳二千五百元，眾親友上帳三千八百元（包括楊海八百元、鄭旭光五百元、湯志平五百元以及其他親戚二千元），這還不算兄妹給我郵寄的衣物花費，而且從八月到出獄估計兄妹還是輪流來，估計還要上帳八百元左右，這樣一算下來，總共花費將破萬元大關，估計達到一萬零六百元。如果把衣物錢折合在內的話將會超過一萬二千元。

我覺得這一次坐牢花錢有點多。

上一次在漢中坐牢三年，我總共花費不到一千五百元，只是這一次花費的零頭，不過令我十分感動的是，上一次的花費是妹妹硬從可憐的生活費中擠出來的，當時，妹妹一家的經濟狀況還非常差，全家月收入就她老公一個人打工工資，每月才五百元，這五百元要解決如下開銷：

一，一家三口人的生活費問題；
二，小外甥女的特別費用問題（當時才一、兩歲）；
三，房租；
四，醫療；
五，穿衣；
六，老人花費；
七，我在監獄的花費。

每當我想到這五百元要辦這麼多事，我就特別地感動和心酸。我覺得自己在妹妹一家特別困難的時候不僅幫不了什麼忙，反而大幫倒忙而感到特別地不安。在我花費的那二千元裡其實是妹妹從一家人的生活費中硬擠出來的，甚至因此小外甥女不得不少吃好些奶粉呢。自然，妹妹也無錢添置衣服，妹夫呢也得少抽幾包菸——這是什麼？這是對我的恩情吶！我永遠記住他們的恩情：小外甥女的恩情、妹妹的恩情、妹夫的恩情！

好在是妹妹很會理財過日子，在很艱苦的情況下，還將小外甥女養得白白胖胖、十分的漂亮，而且小女很聰明也很有個性，以我的眼光來看，小外甥女會前途無量。

從二〇〇一年開始，妹妹也開始做點小生意，妹妹性格開朗，人緣也不錯，且很有一些經濟頭腦，到二〇〇五年，已經買了一套三居室的房子，儘管還借有一點外賬，但在西安市已經札下根了，現在一家四口人，兩個小女兒，小日子還是過得去，大女兒今年已經八歲了，下半年就上三年級，而小女兒今年也已經五歲，恐怕正讀幼兒園呢。妹妹說前不久還買了一臺二手電腦，現在一家人也在學電腦呢，而且還能寬頻上網呢。我覺得妹妹的城市化速度比我要快得多，儘管生活品質還有待提高，但比起我這樣一個馬克思意義上的無產者來說，妹妹已經生活在天堂了……我祝賀她——我的妹妹，我相信在上帝的愛和恩典裡，妹妹一定會憑藉著自己的勤勞和智慧而把小日子過得越來越好的。

二〇〇七年七月十六日記

在奮鬥的歷程上！

打概從四月十六號開始，我以此為題，斷斷續續的差不多用了三個月的時間對自己前此三十八年人生行程做了總體性的回顧，形成了一部大約二十萬字的文稿，現將文稿綱目照錄如下：

第一章，我的童年

第二章，我的中學時光
一，好好學習天天向上的 Teen-age
二，初懷理想

第三章，我的大學（上）
一，學潮前的精神準備
二，悼胡公
三，投身學潮
四，進京聲援
五，危機關頭的抉擇
六，被捕入獄

三，心繫理想

第七章，漢中歲月（下）

一，我的競選

二，山有大樹初長成

第八章，在林牧先生的旗幟下

一，西安的朋友們

二，在林牧先生的旗幟下

三，被捕與監視居住

四，在安康醫院的日子

五，可笑的審判與三度入獄

第九章，神聖啟示錄

——我的經驗與教訓

在原計劃中，我還準備將自己在漢中的感情生活以及自己八年的獄內生活也寫一下，但在寫作過程中我放棄了，以後有機會再補錄吧。同時我在漢中競選人民代表的活動由於在二〇〇二年已經寫出七、八萬字的文稿，因而本次也未重寫。只不過在本次寫作過程中我將自己與洛梅的感情生活單獨列出，撰寫了一部近五萬字的愛情小說，綱目簡列如下：

最隆重的讚美

一，風乍起，吹皺一池春水
二，窺睬深心無限事
三，小豔疏香最嬌軟
四，小園香徑獨徘徊
五，手把小枝癡癡語
六，天若有情天亦悲
七，錯錯錯
八，萬千心事何須提
九，醒來懷抱千般味
十，海棠花謝也，雨霏霏
十一，這次第，怎一個愁字了得
十二，良語切切兮如光如電
十三，情愫飄飄垂千尺
十四，惟祈天恩垂萬丈
十五，月照夢裡夢外一朵梅
十六，幾時攜手入長安

在寫作過程中，由於缺乏資料，諸多事件全憑記憶，因而難免錯漏之處，但我自信文中百分之九十九的文字記錄都是經得起考證的，只不過需要補充相當的資料才能使得我對於過去的回憶和總結顯得豐滿翔實些。

需要特別說明的是，我做這項工作的最初動力完全來自於我對於洛梅的愛情，或者說完全由於一種愛情的力量才促使我於四月中旬開始這項並不輕鬆的文字工程的。而且在寫作時，我首先完成的是我與梅君的情感史程以及我對她的愛與思戀。在做完這個工作後，我覺得應該讓梅君全面、全方位的瞭解我才開始對三十八年人生行程做相對系統的勾畫與總結的。其結果，我在這個夏天的「工作」不僅對於我未來的愛情及家庭生活是有意義的，而且對於我的理想、事業和奮鬥來說同樣是有意義的。特別是在《神聖啟示錄》一章中我有關民主事業的經驗與教訓的總結必將為我的未來打開北京的大門。也因此，我覺得自己本次的牢獄生活收穫特別大。當然，我沒有忘記我的這種收穫不僅來自於愛情的力量，更來源於——甚至應該完全歸功於我主基督在暗中的啟示和保護，我因此而向我主表示無盡的感恩！

My God, thanksgiving!
Thanks for ever!
Amn!

二〇〇七年七月十九日於渭南監獄

國家圖書館出版品預行編目 (CIP) 資料

監獄日記 / 趙常青著 -- 初版 -- [臺北市] :
匠心文化創意行銷 , 2019.11
面 ; 公分 -- (對話中國文庫 ;2)
ISBN 978-986-97513-9-1(平裝)

1. 趙常青 2. 傳記
782.887108018591

渠成文化　對話中國文庫 002
監獄日記
作　　者 趙常青
圖書授權 對話中國
圖書策畫 匠心文創
發 行 人 莊宗仁
出版總監 柯延婷
專案主編 王丹
專案企劃 謝政均
美術設計 顏柯夫
內頁設計 顏柯夫
編輯校對 匠心文創
E-mail　cxwc0801@gmail.com
網　　址 https://www.facebook.com/CXWC0801
總 代 理 旭昇圖書有限公司
出版日期 2020 年 5 月　初版一刷
總 代 理 旭昇圖書有限公司
地址新北市中和區中山路二段 352 號 2 樓
電　　話 02-2245-1480（代表號）
印　　製 安隆印刷
定　　價 新臺幣 300 元
ISBN　978-986-97513-9-1

NOTE BOOK
NOTE BOOK
NOTEBOOK
NOTE BOOK

NOTE BOOK
NOTE BOOK
NOTE BOOK
NOTE BOOK

NO.
DATE

囚中的清明

清明时节雨悠悠，
天阴丝丝绕心头。
遥看的坟想的坟，
要到陵前跪拜时？

00.4.4.

今天，又到清明了。

我从八六年腊月将母亲安葬于北陆故乡的山下后，但从八九年正月初十会回到母亲陵前烧炷香后，至今已过有三年时间未回故乡了，想来坟上该长满了荒草吧。前天晚上在梦中梦见回故乡与母亲他们团圆了，醒来知是南柯一梦，后再等三、四年，也有可能明年出狱后回母亲坟上扫墓了。我的心中真想面对墓说：母亲安息吧！